Heinz Grill

Ernährung und die gebende Kraft des Menschen

Heinz Grill

Ernährung und die gebende Kraft des Menschen

Die geistige Bedeutung der Nahrung

Stephan Wunderlich Verlag

IMPRESSUM

Bibliografische Information der Deutschen Bibliothek
Die Deutsche Bibliothek verzeichnet diese Publikation in der deutschen Nationalbibliografie; detaillierte bibliografische Daten sind im Internet über http://dnb.ddb.de abrufbar.

10. Auflage März 2022 bzw.
4. Auflage der vollständigen Neubearbeitung von 2013

Verlagsanschrift
Stephan Wunderlich Verlag
Gorheimerstr. 16
D-72488 Sigmaringen
Tel: +49 (0)7571 725736
Fax: +49 (0)3222 6268144
E-Mail: info@stephan-wunderlich-verlag.com
Internet: www.stephan-wunderlich-verlag.com

Autor: Heinz Grill, www.heinz-grill.de
Layout, Konzeption, Satz und Umschlag: Regina Spirkl
Druck: FINIDR, s.r.o., Lípová 1965, 737 01 Český Těšín, Tschechien

ISBN 978-3-9815855-2-0

Inhalt

Die Nahrungsmittel und ihre Bedeutung für die seelisch-geistige Entwicklung

Vorwort

In diesem Buch wird vor allem Wert auf die Betrachtung der ätherischen Kräfte, die in jedem Nahrungsmittel naturgemäß wirksam sind, gelegt. Diese lebensspendenden und gestaltbildenden Kräfte stehen in Verbindung mit den vier Elementen, was gerade bei den Pflanzen, die in Licht und Wärme im Jahreslauf heranwachsen und wieder vergehen, für jeden anschaulich ist und auf einfache Weise nachvollzogen werden kann. Diese verschiedenen, bei jedem Nahrungsmittel individuell wirksamen Äther- oder auch Lebenskräfte beschreibt der Autor auf eine so anschauliche lebendige Weise, dass man sogleich zu eigenen Studien inspiriert und angeregt wird.

Woher kommt aber diese geistige Fähigkeit, Ätherstrukturen und damit übersinnliche Gegebenheiten in einem Buch wiederzugeben? Heinz Grill hat sich, soweit ich ihn persönlich kenne, über viele Jahre auf einem spirituellen Schulungsweg geschult, um die Gedanken mit Verantwortung und Reife an Dritte weitergeben zu können. Die errungenen Erkenntnisse und Einsichten sind von ihm sorgfältig geprüft und in der Praxis erprobt.

In seiner langjährigen Lehrtätigkeit hat Heinz Grill beispielsweise auch viele Hinweise zu der heilsamen Wirkung von fermentierten Broten gegeben und damit verbunden, wie der Mensch durch seine gestaltende Kraft während des Brotbereitungsprozesses hierzu beitragen kann. Diese und weitere Gedanken von Rudolf Steiner haben uns, meinen Mann und mich, zu eigenen Forschungen in unserer Bio-Bäckerei inspiriert. Aus diesen Erfahrungen heraus konnten wir schließlich ein Backferment nach dem Honig-Salz-Prinzip entwickeln, das es möglich macht, nahezu alle Backwaren ganz ohne Backhefe zu gut gestalteten und dem Menschen entgegenkommenden Ergebnissen zu führen. Wir denken mit großer Anerkennung daran, wie wir Heinz Grill unsere ersten Forschungsergebnisse vorgestellt haben und von ihm weitere Anregungen mit neuen Entwicklungsmöglichkeiten bekamen.

Mit dieser vollständig überarbeiteten und ergänzten Auflage seines ursprünglichen Buches mit dem gleichen Titel aus dem Jahr 1992 zeigt der Autor dem Leser viele, teils völlig neue und umfassende Gestaltungsmöglichkeiten im Hinblick auf die Ernährung auf. Die am Ende des Buches stehenden Vorträge wurden in den Jahren 1989 bis 2005 bei verschiedenen Ausbildungskursen gehalten. Sie erscheinen hier zum Teil etwas gekürzt und wurden anhand von Aufzeichnungen und Mitschriften zu thematischen Einheiten zusammengefasst. Es handelt sich aber immer um das gesprochene Wort.

Dieses Buch bietet meiner Ansicht nach eine wirklich umfassende Grundlage zu einer ästhetischen Ernährungskultur, die im wahrsten Sinne gesunde, ausgewogene und zukunftsfreudige Perspektiven eröffnet. Mein Dank gilt nun vor allem dem Autor für seine unermüdliche geistige Forschungsarbeit und die damit eröffneten Entwicklungs- und Gestaltungsmöglichkeiten, aber auch den vielen mitwirkenden Personen wie Stephan Wunderlich, Elisabeth Oppermann und Antje Örs für deren lektorische Durchsicht, Kerstin Löwenstein für die Ausarbeitung wissenschaftlicher Anmerkungen, Regina Spirkl für Satz und Gestaltung und nicht zuletzt den Zeichnern und Fotografen für ihre ansprechenden künstlerischen Ergänzungen. Damit wünsche ich dem interessierten Leser viel Freude beim Lesen und vor allem eine lebendige Auseinandersetzung mit der Ernährung.

Monika Lepold

Ganzheitliches Verstehen der Ernährung – geistige Individuation

Der Begriff „ganzheitlich" wird heute leider sehr schnellfertig und trivial benützt. Hier in diesem Zusammenhang sollen mit diesem Begriff zunächst einmal die geistige Existenz, die seelische Wirklichkeit wie auch die physische Form in ihrem Verhältnis zueinander beschrieben werden. Weitere Gliederungen dieser Ebenen aber erfolgen schrittweise.

Um im ganzheitlichen Sinne die Ernährung und die innere Bedeutung des Essens zu verstehen, kann die Betrachtung auf die Entwicklung des Ich-Bewusstseins des Menschen gelenkt werden. Das Ich-Bewusstsein ist das Bewusstsein über ein Selbst oder über ein höheres, nicht materielles und daher geistiges Sein. Dieses Ich-Selbst kann die Tiefe der inneren Natur des Menschen in seiner wachsenden Entwicklung und seinen wachsenden Möglichkeiten berühren. Das Ich-Selbst ist jenes Glied, das das Menschsein über alle Begrenzungen zu erheben vermag und die Entwicklung des Daseins im Sinne von Erweiterungen und Aufbaumöglichkeiten fördert.

Da in der gegenwärtigen Zeit sehr wenig die geistige Seite des Lebens gesucht wird, wird auch die Ernährungsfrage von einer sehr intellektuellen Interpretation beantwortet. Dies führt dazu, dass der Wert der Nahrung weniger in den wirklichen Möglichkeiten, die in dieser verborgen sind, gesehen wird. Die Ernährung besitzt aber in sich eine Vielzahl von unentdeckten Geheimnissen.

Eine ganzheitliche Betrachtung der Ernährung bleibt nicht bei der physischen Nahrungssubstanz stehen, sondern schließt die menschliche Natur mit ihrem Wissen und ihren Beziehungsmöglichkeiten ein, denn der Mensch begegnet einmal der physischen Seite der Nahrung, das heißt zum Beispiel den Mineralien, Fetten, Kohlehydraten und Proteinen, aber er begegnet dieser nicht nur in der äußeren Wirklichkeit, sondern auch auf einer Seelenebene und auf einer Geistebene. Die Ernährung im ganzheitlichen Sinne betrachtet deshalb die physische Seite, die die offensichtlichste und am leichtesten erkennbare ist, im Lichte der Begegnung mit einem Bewusstsein über ein existentes Seelen- und Geistesleben.

Die physische Dimension ist die ponderable oder wägbare, diejenige Dimension, die der Wissenschaft durch Forschung direkt zugänglich ist, während die metaphysische Dimension die feineren oder höheren Aspekte der Ernährung wie beispielsweise den Licht- oder Wärmecharakter sucht. Im weiteren Verlauf wird dieser metaphysische Charakter in seiner Bedeutung erörtert.

In den letzten Jahrzehnten wurde in den meisten Ernährungslehren der Ausspruch als Grundsatz gelehrt: „Der Mensch ist das, was er isst." Die folgende Betrachtung führt nun aber zu einer anderen Sichtweise und man könnte dieses Leitmotiv etwa so ändern: „Der Mensch ist so, wie er sich zur Nahrung in Beziehung setzt", denn niemand kann sich Glück und Zufriedenheit eressen. Die Ernährung besitzt nicht nur eine Seite, sondern offenbart viele Aspekte. Sie nimmt im Leben des Menschen eine geheimnisvolle, außerordentlich bedeutsame und zentrale Stellung ein. Lernt man nach und nach die vielen physischen wie auch metaphysischen Seiten und damit tiefen Inhalte der Ernährung kennen, so ist dies ein Reifeprozess, durch den man auf ganzheitliche Weise auch in seiner Persönlichkeitsentwicklung wächst. Ein tieferes und reichhaltigeres Innenerleben oder Gefühlswachstum äußert sich, ein Gefühlsleben, das sich als freudige und gleichzeitig feine Empfindung verkündet, wird innerhalb der menschlichen Seele geboren. Die Ernährung besitzt in sich nicht nur eine physische, sondern auch eine metaphysische Dimension.

Bild links:
Spontanaufnahme aus einem Vortrag – hier demonstriert Heinz Grill, wie die Hefe in einem Backprodukt meist einen inneren dunklen Punkt im sogenannten Äther erzeugt, während sich der Äther nach außen tendenziell mehr verliert.

Es liegt in dem sogenannten Astralleib des Menschen, einem der feinstofflichen Leiber, die an späterer Stelle noch erklärt werden, die Sehnsucht, Wahrheiten zu ergründen und zu entdecken und daraus Harmonie im Leben zu entwickeln. Das Bedürfnis nach Harmonie, das jeder Mensch in sich trägt, liegt diesem Astralleib inne. Indem der Mensch Erkenntnisse, Erfahrungen und Wahrheiten sucht, wird er diesem Harmoniebedürfnis besser gerecht.

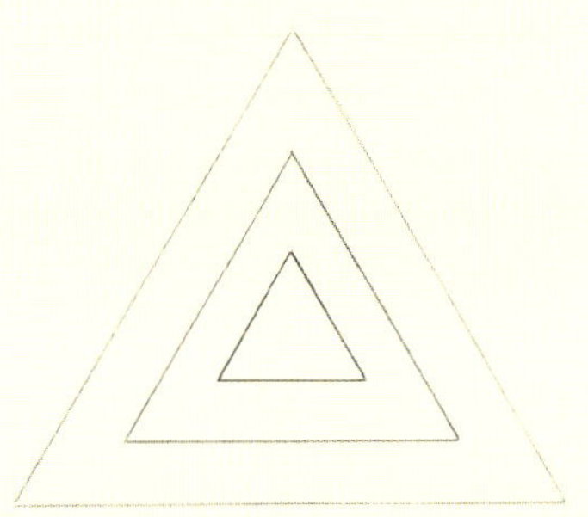

Ein sehr schönes und elementar einfaches Symbol für den Astralleib ist das sich in die Weite ausdehnende Dreieck. Dieses besitzt eine empfindsame Andeutung für die Fähigkeit, sich an den Seiten auszudehnen und dennoch eine geordnete Verbindung beizubehalten. Im Astralleib liegt die Begehrenskraft einerseits nach Verbindung und andererseits nach Ausdehnung der Möglichkeiten. Jedes einzelne Individuum besitzt einen Astralleib und mit diesem eine Sehnsucht nach Harmonie, Weiterentwicklung und Verbindung. Das gleichseitige Dreieck ist ein Bild für Harmonie.

Wohl jede menschliche Seele sucht nach einer Zufriedenheit im Erdendasein und darüber hinaus nach einer Art positiven Anerkennung und nach einer Bestätigung ihres Wissens, ihrer Bemühungen und Erfahrungen. Insgeheim sehnt sich jeder zutiefst nach Wahrheitsgefühlen und dies wohl ganz besonders auf all jenen Gebieten, die ihn unmittelbar betreffen. So suchen viele Menschen auf dem Gebiet der Ernährung nach Richtigkeit, Sinn, Gesundheit und Ethik. Aber die äußeren Ernährungsgrundsätze wie auch die äußeren Erfahrungen, beispielsweise ob etwas gut schmeckt oder nicht gut schmeckt, können auf die Sinnfrage und auch auf die Erkenntnisfrage keine zufrieden stellende Antwort geben, denn mit der Ernährung, die jedem Menschen auferlegt ist, erwacht eine existenzielle Frage und das ist jene, wie sich der Mensch zur Nahrung und damit zu einer höheren Ordnung in Beziehung setzt.

Entwickelt sich ein Mensch durch Auseinandersetzung, Erkenntnisforschung, Interessensvertiefung, Beziehungsaufnahme und eventuell durch meditative Vertiefung im Leben weiter, so wird er auch jene Nahrung, die ihn in seinen Bestrebungen unterstützt, gewissenhaft auswählen. Das Studium eines so wichtigen Lebensgebietes, wie es die Ernährung ist, erfordert sehr viel Aufmerksamkeit, Unterscheidungskraft, Kenntnis und Einfühlungsvermögen und darüber hinaus ein Bewusstsein darüber, wie die Begegnung zwischen der Natur und dem Menschen stattfindet. Nach und nach wird man sich Erkenntnis um Erkenntnis erringen und einigen Geheimnissen näherkommen. Man wird immer wieder neue Dimensionen des Verstehens berühren. Einmal wird der Augenblick kommen, in dem man deutlich ein Gewahrsein von etwas viel Tieferem in der Seele spürt und man wird dann sogar bemerken, dass mit der physischen Nahrungsaufnahme auch eine unmittelbare Seelen- und Geistbegegnung stattfindet.

Das Leben besitzt aber sehr viele Erscheinungs- und Ausdrucksformen. So gibt es auch sehr viele Ernährungslehren, die durchaus unterschiedliche Ideen in sich tragen. Die Makrobiotik, eine ganzheitliche Lehre aus Japan, ist auch im Westen sehr bekannt geworden. Die Anhänger dieser Richtung erlauben in erster Linie nur gekochte Nahrung. Rohes Obst und Salate werden nur in Maßen und unter Berücksichtigung eines gesamten Ernährungsplanes gegessen. Wer sich in die Literatur der östlichen makrobiotischen Ernährungslehre vertieft, wird viele erstaunliche Zusammenhänge und Wahrheiten finden. Die Antwort aber auf die tiefste Frage in seiner Seele, das ist die Frage, wie er selbst die Begegnung zur Natur und zu dem, was er isst, gestaltet, wird er in einer festgelegten Ernährungslehre nicht finden.

Ein großer Gegensatz zur Makrobiotik besteht beispielsweise in der Rohkostdiät. Sie wird heute vielleicht nicht mehr so intensiv, aber dennoch recht weit verbreitet von den verschiedensten Ernährungstherapeuten befürwortet. Diese empfehlen beispielsweise, dass die Nahrung unbedingt in ihrem naturbelassenen Zustand, also roh, gegessen werden soll. Sehr

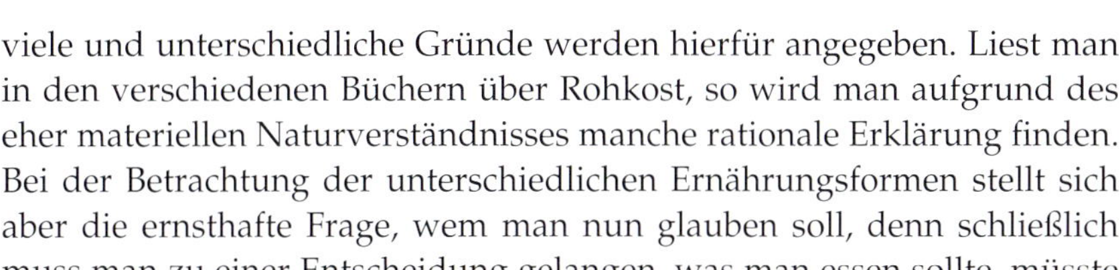

viele und unterschiedliche Gründe werden hierfür angegeben. Liest man in den verschiedenen Büchern über Rohkost, so wird man aufgrund des eher materiellen Naturverständnisses manche rationale Erklärung finden. Bei der Betrachtung der unterschiedlichen Ernährungsformen stellt sich aber die ernsthafte Frage, wem man nun glauben soll, denn schließlich muss man zu einer Entscheidung gelangen, was man essen sollte, müsste oder dürfte.

Das Ziel dieser Ausführungen über das ganzheitliche Verstehen der Ernährung wird erst zur Klarheit und zum Verständnis gelangen, wenn man nicht nur allein von der Ernährung und von einem materiellen Verständnis der Nahrungsmittel ausgeht, sondern die menschliche kreative oder schöpferische Kraft in die Mitte der Betrachtung rückt. Die Reife des Menschen wird von seiner Erkenntniskraft, von seiner Hingabefähigkeit und letztendlich auch von seiner Liebesfähigkeit bestimmt. Findet dieser eigene, aktive Weg zur Erkenntnis, zur Liebe und Hingabe nicht statt, so wird eine Lehre nur als ein Dogma, als etwas Äußeres verstanden und praktiziert. Man benötigt sehr viel Kraft und Eigenständigkeit, um ein von äußeren Glaubenssätzen und Leitlinien freies Herz zu entwickeln und es auch über die Dauer hinweg zu bewahren. Das ganzheitliche Verstehen jedenfalls ist nur dann möglich, wenn man den Geist des Menschen und sein Seelenleben oder seine Bewusstseinsmöglichkeiten als reale Dimensionen und Möglichkeiten zur Entfaltung bringt.

Der Begriff „Hingabefähigkeit" bedeutet soviel wie eine aktive Hinwendung zu einem Objekt, einer Idee oder zur Auseinandersetzung mit einem anderen Menschen. Für diese Hingabefähigkeit sind die aktiven Anteile des Denkens, Fühlens und Wollens unerlässlich. Das Gegenbild zur Hingabefähigkeit wäre die passive Anhänglichkeit oder gar die infantile Anbindung ohne Wollen zu einem Ideal.

Die wissenschaftlichen Forschungen der letzten Jahrzehnte haben viele Kenntnisse und Erfolge für die Menschheit gebracht. Die Forschungen über die Nahrung und über die Physiologie der Verdauung sind ein Bestandteil, der in einer Ernährungslehre nicht fehlen darf. Die Entwicklung geht aber beständig weiter und erobert auf langsame Weise auch den metaphysischen Horizont. Ein neuer Zeitabschnitt bricht in jedem Menschen infolge dessen an, dass er sich allein mit der Stoffkunde nicht zufriedengeben kann. Unabdingbar reifen die Möglichkeiten, auf tieferen Ebenen ein Fachgebiet, wie es beispielsweise die Ernährung ist, zu verstehen und damit etwas Ganzheitliches, das heißt ein Geist-, Seelen- und körperliches Leben zu erkennen.

Diese metaphysische Erweiterung der Forschungen sollte aber nicht, wie es auf dem Gebiet der Esoterik häufig der Fall ist, zu einem emotionalen Einleben in eine geistige Welt, zu einer Vermischung mit vagen Gefühlen und unkonkreten Begriffen führen, sondern mit geordneten Gedanken und klaren Begriffen das gesamte Leben bereichern.

Das breite Gebiet der Ernährung wird von vielen Menschen als eine Möglichkeit zur positiven Lebensgestaltung aufgesucht. Gerade die Verbesserung der Gesundheit und die richtige Auswahl von Nahrungsmitteln werden als Kernpunkte in Diskussionen gewählt. Die meisten Ernährungslehren basieren bis heute noch auf dem körperlichen Bezugsfeld. Nur in wenigen Schriften finden sich Ansätze, die auf die Verbindung der Ernährung zum Seelen- und Geistleben hinweisen. Aus diesem Grund soll in der hier vorliegenden Schrift der Gedanke von jener Warte des Begegnungslebens, das heißt des Seelenlebens, herangetragen werden, sodass durch das Studium der Ernährung direkt ein Bewusstsein entsteht, wie der Mensch mit jedem Essen in einen inneren Austausch mit der Naturschöpfung und den Sozialverhältnissen tritt.

Während einerseits an den Hochschulen verschiedene Studiengänge zur Ernährung angeboten werden, ist andererseits mit dem eigenen Studium der Ernährung, das über wissenschaftliche Informationen hinausgeht, das eigene Interesse stärker verbunden. Das Erforschen der lebenskräftigen Wirksamkeiten – der ätherischen Kräfte – in der täglichen Ernährung, die mit den vier Elementen in Verbindung stehen, stellen ein breites Forschungsfeld und Studiengebiet dar.

In unserer Zeit erfolgt ein Hinüberschreiten von der äußeren sichtbaren Erscheinung zu einer Dimension, die unsichtbar ist, die aber dennoch real vorhanden ist und von welcher im Seelenleben bereits Ahnungen bestehen. Die Erkenntnisforschung zu diesem Begegnungsfeld eröffnet eine Art Entwicklung, die wohl mit dem Begriff der geistigen Individuation bezeichnet werden kann. Sie beginnt, wenn der Mensch seine höhere Natur und damit den Geist als tragende Kraft im Leben erkennt und von diesem ausgehend die verschiedenen Objekte der Welt zunehmend objektiv erforscht und betrachtet. So sollen die hier geschriebenen Worte das Herz berühren und dazu beitragen, dass etwas Unausgesprochenes und Feineres hinter der sichtbaren Erscheinung, das heißt hinter jedem Getreide, hinter jedem Gemüse oder jedem zubereiteten Gericht, erkannt wird. Denn jeder Mensch trägt Geist in sich. Obwohl das Nahrungsmittel nicht bewusst den Geist in sich trägt, so kann aber der Mensch als geistbegabtes Individuum diese geistige Seite zum Leben erwecken. Daher muss von allem Anfang erkannt werden, dass es sich beim Studium der Ernährung nicht um das bloße Erlernen von Ernährungsrichtlinien handeln kann, sondern dass etwas Geheimnisvolles in der Seele zum Erwachen drängt und Wärme für das Denken und das daraus resultierende Handeln gibt.

Der Begriff „Liebeskapazität" ist in diesem Kontext sehr allgemein gewählt. Die Kapazität zur Liebe steigt, wenn jemand Ideale und Spiritualität erringt und diese vertreten, aufrechterhalten, erweitern und schließlich im Leben manifestieren lernt.

Die Aussagen dieses Buches sollen nicht im Sinne einer neuen Lehre über Ernährung aufgefasst werden. Es soll vielmehr zu dem bestehenden Wissen über die Nahrung ein Beitrag zur direkten Bewusstseinserweiterung, Erkenntnisforschung und letztendlich zur Steigerung der Liebeskapazität gegenüber der Natur gegeben werden. Die gesamten Erkenntnisse müssen durch eine gewisse Schulung, Auseinandersetzung und durch ein partiell erworbenes Verstehen reifen. Lernt man die Ernährung zu verstehen, so wird man das Leben auf neue Weise erfahren und man wird unsagbar tiefer, inniglicher und näher mit allen Bedingungen des Daseins mitempfinden. Das Bewusstsein, das von einem Geiste oder einem Ich-Selbst geführt ist, steht dabei im Mittelpunkt der Forschungstätigkeit.

Der Begriff der Ganzheitlichkeit als dreifache Dreiheit

Will jemand einen Begriff sorgfältig erfassen und in eine angemessene Einordnung einfügen, so benötigt er verschiedene Überlegungen und bildhafte, sehr konkrete Vergleiche. Die damit entstehende Zuordnung und Konkretisierung kann wie eine Konturierung betrachtet werden, die den manchmal noch sehr ungreifbaren abstrakten Begriffen eine regelrechte Form und klare Begrenzung gibt. Die Kontur und Tiefe des Begriffes treten dann in einer erweiterten Beziehung im beschreibenden Dialog hervor.

Für das Wort der Ganzheit kann folgende dreigliedrige Darstellung eine bildhafte Annäherung geben. Die sorgfältige Beschreibung von dem, was als „ganzheitlich" hier bezeichnet wird, ist deshalb wertvoll, da dieses Wort häufig modernisiert und trivialisiert gebraucht wird.

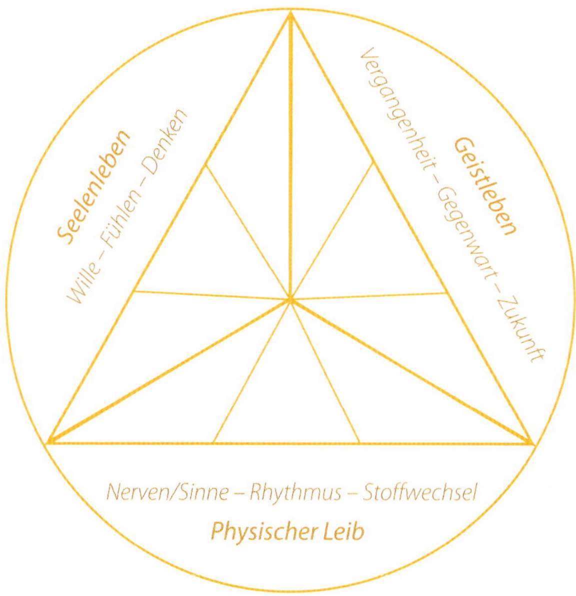

Die Begriffe, die der einzelne Mensch gebraucht, beispielsweise indem er von einem Substantiv wie von einem Baum oder einem Berg, von einer Erde oder einem Wasser spricht, besitzen ebenfalls eine Art Abstraktheit. In der irdischen Welt jedoch lassen sich konkrete Erscheinungen für einen Baum, einen Berg, eine Erde oder ein Wasser finden. Indem der Mensch aber die Begriffe mit Empfindungskraft, guter Vorstellung und bestmöglichem Inhalt belebt, beginnt er sie zu beseelen und vielleicht im weiteren Sinne sogar zu durchgeistigen. Solange die Begriffe aber tot bleiben, ohne Inhalt und ohne Vorstellung, bleibt auch das geistige Reich wie verhüllt, wie eine globale Einheit, ohne das ihm eigene Licht nach außen durchkommen zu lassen.

Die erste Dreiheit beschreibt die Dimension des physischen Körpers. Der Körper gliedert sich in die aufbauende Arbeit des Stoffwechsels, des Atem- und Kreislaufsystems in seiner vermittelnden Funktion sowie die Gehirn-, Nerven- und Sinnesanlage, welche der physische Träger für das Bewusstsein ist.

Die zweite Dreiheit beschreibt das Seelenleben mit den Seelenkräften des Wollens, des Fühlens und des Denkens.

Die dritte Dimension repräsentiert das Gedanken- oder Geistesleben. Dieses ist durch das Existentsein eines Gedankens gegeben, welcher entweder in einer noch nicht erreichten Zukunft, in der unmittelbaren Gegenwart oder in einer bereits wieder vergangenen Periode besteht.

In diesem Sinne kann der Begriff „ganzheitlich" auf der Ebene der körperlichen Dreiheit, der seelischen Dreiheit und der geistigen Dreiheit konkretisiert werden.

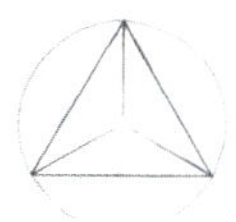

Essen, Zubereitung, Auswahl

Für jede Betrachtung der Ernährung ist es wichtig, dass der Mensch als eine bewusstseinsbegabte, das heißt als eine von Seele begleitete Existenz erkannt wird, denn erst die Anerkennung des bewussten und seelischen Lebens gibt die Möglichkeit zu einer tieferen, wirklichkeitsnahen und lebendigen Betrachtung. Dieses seelische Dasein ist geprägt durch eine beständige Entwicklung in höhere Dimensionen des Verstehens. Im Laufe eines Lebensganges ändert sich die Erkenntnis- und Sichtweise des Menschen sicherlich mehrfach. So ändert sich auch mit jeder errungenen Erfahrung und Erkenntnis das Verhalten des Menschen zu seiner Umgebung und zu seinen Tätigkeiten. Die vielen Unstimmigkeiten, die auf einem Gebiet wie beispielsweise der Ernährung bestehen, lösen sich noch nicht auf, solange man sie nur nach den Kriterien von gesund oder ungesund, bekömmlich oder unbekömmlich wertet. Durch die menschliche Begabung, Erkenntnisse und Erfahrungen zu gewinnen, entstehen langsam tiefere Einblicke in eine natürlich bestehende Ordnung. Bevor man beispielsweise zu einer Beurteilung über gute und schlechte Nahrungsmittel gelangt, ist es wichtig, eine Rangordnung zu beachten.

Das Essen, die Zubereitung und die Auswahl sind in dieser Ordnung wesentliche, zu unterscheidende Gebiete. Eine Ernährungslehre, die beispielsweise die Art der Zubereitung unberücksichtigt lässt, ist nicht vollständig. Ebenso ist sie nicht vollständig, wenn die Art des Essens, die Tischgewohnheiten und die gesamte Kultivierung wie auch Bewusstheit gegenüber der Nahrung außer Acht gelassen werden.

Die Auswahl der Nahrungsmittel wird sicherlich in unserer Zeit, die ohne Übertreibung eine materialistische genannt werden kann, am heftigsten diskutiert. Nahezu alle Ernährungslehren propagieren verschiedene Heilerfolge. Sie suchen, und das ist das Erstaunliche, meist sehr isoliert das Gesundwerden des Körpers und leiten dadurch die Richtigkeit ihrer Grundsätze mit entsprechend sorgfältiger Einteilung der Nahrungsmittel in „gesund" und „ungesund" ab. Mit einem inneren Auge betrachtet wird man die Auswahl von Nahrungsmitteln sowohl als Basis für das physische Wachsen als auch für das Gleichgewicht im Seelenleben erkennen. Die richtige Auswahl von Nahrungsmitteln gibt dem Menschen Einordnung, Maß und eine solide Lebensgrundlage. Diese Arbeit auf dem materiellen Gebiet ist ein erster Schritt zur bewussten Lebensführung und Lebensgestaltung.

Oftmals sind aber dem Menschen in der Auswahl von bestimmten Nahrungsmitteln die Hände gebunden. Nicht immer ist das gewünschte Gemüse in guter Qualität zu erhalten. In fremden Ländern ist dies oft eine große Schwierigkeit. Welche Möglichkeiten besitzt der einfache Arbeiter, der im Zentrum von Kalkutta inmitten von Abgasen und lärmendem Getöse sein bescheidenes Geld verdienen muss und sich nur die allerbilligste

Die Zeichen am oberen rechten Rand sollen eine symbol- und bildhafte Annäherung zu den verschiedenen Ätherqualitäten geben. Dieses Zeichen hier ist ein Bild für den Feueräther, der durch eine weite Umkreisbewegung bei gleichzeitiger Tiefenwirkung charakterisiert ist.
Die verschiedenen Ätherkräfte werden im Verlauf des Buches noch näher beschrieben.

Sowohl in der Kultur des Anbaues als auch in der Zubereitungskunst existieren je nach Land und Zone die verschiedensten Werte. Eigenartigerweise ist der Mensch, obwohl geistbegabt und mit Denken befähigt, genötigt zu essen. Er ist über den Weg zur Nahrung unmittelbar mit der Erde verwoben.

Für die seelischen und geistigen Dimensionen des Daseins kann ebenso ein wahrnehmender Sinn entwickelt werden, wie das Auge ein Sinnesorgan für die sichtbare Welt ist. Dieser bereits entwickelte Sinn kann als „inneres Auge" bezeichnet werden.

Bild links: Über den Anbau von Feldfrüchten ist der Mensch in einer direkten Auseinandersetzung mit der Erde.

Die materielle Seite der Nahrung wird in der Lebensmittelchemie analysiert. Darüber hinaus gibt es verschiedene Prüfschemen und Zertifizierungen von Institutionen wie beispielsweise der deutschen Lebensmittelgesellschaft (DLG) zur Bewertung der Lebensmittelqualität.

Nahrung leisten kann? Hinter jeder materiellen Offenbarung lebt eine unsichtbare, viel tiefere Ordnung, welche das Leben nach Gesetzmäßigkeiten determiniert, die den äußeren Augen und Sinnen unzugänglich sind. Diese ist geistigen Ursprungs. Um diese feinere oder metaphysische Ordnung zu erkennen und den Blick auf weitere Zusammenhänge zu lenken, muss man sich von den äußeren, schnellfertigen materiellen Bewertungen einigermaßen frei machen können und darüber hinaus Fragen an größere Ideale, die in der Menschheit wurzeln, richten.

Während das menschliche Vermögen zunächst einmal nur bedingt die Auswahl seiner Nahrungsmittel treffen kann, ermisst sich aber bereits eine größere Freiheit in der Art und Weise des individuellen Umgangs mit den eingekauften oder erworbenen Nahrungsmitteln.

Die zweite, weitaus gewichtigere Bedeutung für die Ernährung muss deshalb innerhalb dieser Rangordnung der Zubereitung der Nahrungsmittel beigelegt werden. Wer sensibel in seiner Seele reagiert, wird jenen subtilen Unterschied wahrnehmen, ob der Koch mit einer weisheitsvollen, empathischen Hand das Mahl bereitet oder ob er seine Arbeit in Hast, Ungeduld und eventuell im egoistischen Erwerbsstreben verrichtet.

Die Nahrung trägt die Ätherkraft der Natur im Sinne von Licht und Wärme wie auch von harmonischen Substanzen und einer natürlichen Reinheit weiter. Diese Ätherkräfte sind feiner als die äußere Kraft der wägbaren Substanz. Je nachdem, wie die menschlichen Hände, die Sinne und die Gedankenideen nun an dieser bereits von der Natur vorbereiteten Ätherkraft des Nahrungsmittels arbeiten, können entscheidende Veredelungen und großartige heilsame Bereicherungen entstehen. Je weisheitsvoller jemand mit den Nahrungsmitteln umgeht und diese in den Dienst der Menschheit bringt, desto mehr schafft er für andere Menschen Ätherkräfte zusätzlich zu jenen der Natur.

In allen Nahrungsmitteln lebt in aller Stille die gesamte Vergangenheit. Die Nahrungspflanzen wachsen in der Natur und durch das Licht der Sonne. Der Mensch legt seine Hand darauf und gibt ihnen eine sensible, unsichtbare Note. Es wird nie gleich sein, ob der Koch das Gemüse wie Brennholz hackt oder ob er es mit Weisheit und zweckbejahender Bewusstheit schneidet. Das Umgehen mit den Kochtöpfen, die Reinheit in der Küche wie auch der Einsatz von Hitze sind Anforderungen, die nicht allein durch theoretisches Wissen zu bewältigen sind. Der Koch sollte praktische Fähigkeiten mit theoretischen Kenntnissen verbinden können. Darüber hinaus braucht er jenes Einfühlungsvermögen und jene ehrliche Bereitschaft, die Speisen mit sorgfältiger und empathischer, für das Wohl des Menschen tätiger Wahrnehmung zuzubereiten. Jene Kraft, die nicht nur den physischen Körper beeinflusst, sondern auch die Psyche des Menschen harmonisiert und dem Gemüt Kraft zu Ruhe und Frieden schenkt, wird entscheidend gefördert durch die Art der Zubereitung der Nahrung.

So darf man neben der Auswahl der Nahrungsmittel nicht die Bedeutung des Kochens und Servierens vergessen. Wenn man nicht gerade verdorbene oder ganz schlechte Nahrung kauft, so muss die Harmonie bei der Zubereitung höher bewertet werden als die vorhergehende Auswahl.

Die allerhöchste oder wichtigste Stufe innerhalb dieser Einteilung ist aber das Essen selbst.

Als selbstbewusste Existenz ist der Mensch ein Bürger des Sonnensystems. Erkennt er sich im großen Ganzen des Kosmos wie einen Funken, der nicht getrennt lebt vom großen Feuer – vom *agni* – des Lebens, und

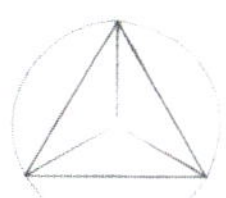

erlebt er sich als eigenständiges, tätiges und verantwortliches sogenanntes Ich-Selbst, so darf er sich niemals durch bindende Handlungen und zu materialistische Denkformen an die Materie haften. Das Essen ist eine Berührung, die in Wirklichkeit nicht nur mit der Natur, sondern mit zahlreichen, vom Kosmos entfachten Ätherkräften stattfindet. Indem der Prozess des Essens nicht auf die Gaumenerlebnisse allein beschränkt bleibt, kann jene große Freiheit, die im Menschsein besteht oder die langsam zum Bewusstsein und zur Wirklichkeit kommen möchte, erlebt werden, denn im Essen lebt das Bewusstsein der wirklichen kosmischen Begegnung. Essen sollte für den Menschen niemals etwas Mechanisches oder rein Materielles sein. Immer sollte es eine bewusste Hinwendung und ein bewusstes Erleben erwecken. Die ungedachten, nicht wahrgenommenen, gewaltigen Möglichkeiten, die in der Tätigkeit des Essens enthalten sind, werden erst in zukünftiger Zeit realisiert werden. In einer gesunden Freundschaftsrunde ist vielleicht das Essen etwas recht Schönes und wird von allen Teilnehmern begrüßt. Je mehr aber das Bewusstsein eines Selbstes und das Bewusstsein für die fein abgestimmte kosmische Begegnung, die in der Berührung mit der Nahrung lebt, wächst, desto mehr erkennt man seine Abhängigkeit von der Natur und von den Nahrungsmitteln und gleichzeitig erlebt man seine innerste Beziehung in einem erwachenden Funken der Freiheit. Dankbarkeit und eine intensivere Verbundenheit, eine Form der Liebe können aus der Seele hervorglimmen. Essen kann zu einem Mysterium werden. Ein Leben mit Kraft und Liebe kann durch das Bewusstwerden der tieferen Bedeutung des Essens erwachsen.

Dieses Bewusstsein, dass das Essen im Sinne der Berührung des Menschen mit den Naturbedingungen und mit dem Kosmos wie auch mit den Mitmenschen, die an der Nahrungsentstehung mitgewirkt haben, wie ein wirkliches Mysterium am Menschen immer gegenwärtig wirkt, eröffnet eine erste seelische und geistige Sinnfrage. So wie das menschliche Leben beständig reift, so wird auch die Ernährung immer wieder neue Möglichkeiten, Tiefen und schließlich sogar Mysterien offenbaren. Die höchste Offenbarung liegt in jener Erkenntnis, dass das Essen eigentlich gar kein Konsum sein muss, sondern eine der tiefsten Bejahungen ist, die man dem Leben mit einer freudigen Begegnungsaktivität entgegenbringen kann. Das Essen, bei dem der Einzelne die von der Natur und von vielen Menschen begleiteten Getreidekörner, Gemüseblätter oder Wurzeln mit seiner Zunge berührt, ist jenes nächste und einfachste Mysterium, das den Menschen durch das ganze Leben begleiten wird.

Agni ist das Sanskritwort für das Feuer im Menschen, das vorwiegend in seinem Verdauungssystem lokalisiert ist. Ursprünglich bezeichnet *Agni* eine hinduistische Gottheit, die das Feuer behütete und die alten kosmischen Rituale, die das Feuer als lichte Seinsinstanz beachtete, lenkte.

Das Schneiden von Gemüse nimmt Einfluss auf das spätere Gericht und auch darauf, wie es dem Menschen entgegenkommt. Hier zeigt sich der Unterschied, ob die Karotten nur wie „Brennholz" zerhackt oder ob sie in eine aufgelockerte, gleichmäßig und damit feinere Form geschnitten werden. Im oberen Bild drückt sich ein etwas undifferenziertes „Chaos" aus, während im unteren eher eine Ordnung enthalten ist.

Der Weg der Spiritualisierung durch das Essen

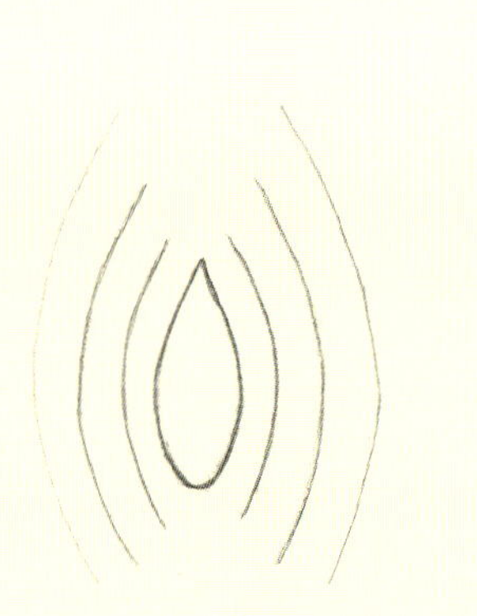

Die Wärmekraft, die der Koch mit seiner Idee der Essenszubereitung hinzufügt, kann bildhaft wie eine Flammenform gezeichnet werden, die eine Zentrierung bildet und gleichzeitig eine Umkreisbewegung eröffnet.

Eine Form im klassischen Sinn ist durch die Vierheit gekennzeichnet:

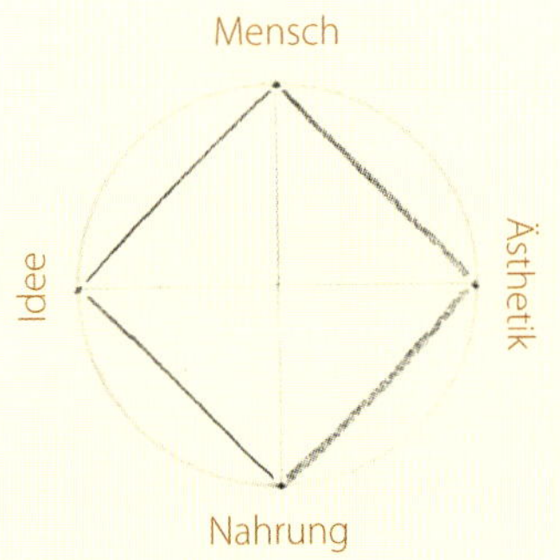

Der Mensch gestaltet die Nahrung, indem er eine geeignete Idee entwickelt und diese mit dem Sinn für Schönheit in die Ausgestaltung einer harmonischen Speise bringt. So gesehen ergänzt sich die Zweiheit zwischen Mensch und Nahrung zu einer Vierheit.

Die Auswahl der Nahrungsmittel eröffnet dem Menschen einen Sinn für eine bewusste Entscheidung, die er der Sache, das heißt den entsprechenden möglichen und wählbaren Nahrungsmitteln, entgegenbringt. Er erlebt auf diese Weise eine Dualität. Indem er eine Sache von einer anderen unterscheidet, muss er sowohl für das ausgewählte, wie auch für das nicht ausgewählte oder zurückgelassene Nahrungsmittel ein Bewusstsein entwickeln. Das Bewusstsein für die materielle und wählbare Wirklichkeit ist ein erster Schritt, der in bewusste Kenntnis genommen werden kann. Das Bewusstsein in diesem Sinne für die duale Weltenwirklichkeit lässt sich mit der ersten elementaren Reifeentwicklung, ein instinktives Bewusstsein zu überwinden, benennen.

Die Kunst der Aufbereitung oder des Kochens, wie auch in der Folge des Servierens bringt auf deutliche Weise die menschliche Gestaltbildefähigkeit zum Ausdruck. Wie grandios kann der Mensch eine Idee zu einem bestmöglichen Ideal durch die Kochkunst ausgestalten. Diese Gestaltbildung setzt voraus, dass sich der Koch seiner Tätigkeit als der Gestaltbildende bewusst ist und dass er des Weiteren ein Bewusstsein für das zu Gestaltende besitzt. Er bringt mit seinem Wissen, seiner Vorstellung oder Idee eine Art Wärmekraft in das Nahrungsmittel noch einmal hinzu, denn nicht nur die physische Wärme, die er am Herd durch das Kochen erzeugt, fließt in das Nahrungsmittel, sondern auch die Souveränität seiner Idee belebt das einzelne Kraut, das Getreide, das Brot oder die Suppe. Gleichzeitig aber legt er einen Wert auf Schönheit, Farbe und Proportion der zubereiteten Speise und will auch, dass diese im Licht anziehend und anmutig erscheint. Insgesamt sind es deshalb vier Komponenten, die zur Gestaltbildung beitragen: Der Gestaltbildende, das zu Gestaltende, der Ideensinn und der lichte Schönheitssinn.

Was ist das Essen? Wir hatten gesagt, dass das Essen ein Mysterium ist. Was ist ein Mysterium? Zunächst kann sich derjenige, der etwas isst, seiner selbst beim Essen bewusst sein, und er kann sich des Objektes, das heißt des Apfels, des Getreides oder des Kuchenstückes, das er in sich aufnimmt, ganz bewusst werden. Sodann kann er sich Gedanken über den Menschen machen, der das Nahrungsmittel geliefert und zubereitet hat, und er kann sich des Schönheitssinnes und wie er diesen in das Nahrungsmittel hineinorganisiert hat, ebenfalls bewusst werden. Auf diese Weise erreicht er die metrische Einheit von vier Gliedern. Nun aber trägt sich über diese metrische Einheit der Vierheit sein Gedankenleben durchaus noch weiter in den Kosmos hinaus. Im Essen lebt die bewusste Berührung oder Begegnung mit der Außenwelt, sein Inneres tritt mit dem Äußeren in eine genau bemessene Beziehung. Richtet aber der Einzelne beim Essen seine Aufmerksamkeit auf die Tatsache, dass dieses Äußere auch ein Teil seines Inneren wird, beziehungsweise sein Inneres erheblich beeinflussen wird, so erreicht er eine weitere Bewusstseinsform, die ihn in seinem Ich-Erleben stärkt. Aber noch ist die Möglichkeit des Essens

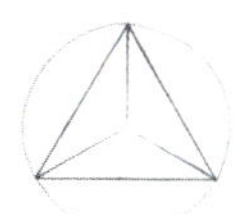

nicht ausgeschöpft. Alles, was der Mensch in sich hineinnimmt, muss er auf seine ihm gemäße Stufe verwandeln oder durchgeistigen. Die äußere Substanz wird zur individuellen Eigenheit. Hier erreicht das Essen die höchste Stufe und mit dieser beginnt die eigentliche Spiritualisierung des Menschen.

Der Prozess der Verwandlung wird aus naturwissenschaftlicher Perspektive vor allem bei der Verdauung von Eiweiß beschrieben. Mit jeder Mahlzeit werden fremde, für den Körper sogar unbrauchbare Eiweiße aufgenommen und durch Stoffwechselprozesse so umgebaut, dass sich am Ende ganz neue, jeden Menschen charakteristisch prägende Eiweißzusammensetzungen ergeben.

Essen und Geben

Das Essen ist ein Mysterium und es ist ein sogenanntes Geben. Eine höchste Aktivität von unbewussten Kräften und Kräftewirkungen lebt in der Tätigkeit des Essens. Die menschliche Existenz tritt mit dieser Tätigkeit unbewusst an die Schwelle der geistigen Welt heran. Durch das Bewusstsein ist es dem Menschen nun möglich, dass er im Essen das Reich der sozialen Umgebung und sogar darüber hinaus das geistige Mysterium erlebt und sich selbst in Dankbarkeit als ein Glied im Universum erfährt.

Das Wort „Geben" hat eine sehr weitreichende und tiefe Bedeutung. Durch eine oberflächliche Betrachtung kann dieses Wort nicht allzu leicht definiert werden, denn es handelt sich wohl nicht nur um eine sichtbare Äußerung, sondern um einen tieferen Bewusstseinsprozess im Inneren des Menschen. Diesem muss sich der Mensch durch langsame Forschung und Bewusstwerdung annähern. Die äußere Handlung des Essens ist der Ausdruck eines inneren Willens. Jeder Mensch hat das Bedürfnis zu essen, so wie jeder das Bestreben hat, am täglichen Leben mit aktiver Handlung und persönlichem Einsatz teilzunehmen. Mit jeder Tätigkeit ist ein innerer, unbewusster Wunsch nach kosmischer und irdischer Teilhabe verbunden, nur erlebt man im alltäglichen Leben normalerweise nicht die tiefere Kraft und Bedeutung der nach außen gerichteten Handlung. Geben im umfassenden Sinne liegt in seiner wahren Natur unter der sichtbaren Schwelle. Es ist dieses Wort mehr im seelischen Sinne wie ein tiefer menschlicher Liebesimpuls zu verstehen.

Die „Paradoxie", dass das Entgegennehmen von Nahrung nicht unbedingt konsumorientiertes Nehmen, sondern tatsächlich ein Geben, eine Art Leistung für andere sein kann, lässt sich nur verstehen, wenn man von dem Bild des Menschen mit seiner realen Geistbegabung ausgeht.

Betrachtet man auf einfache Weise seine eigene Person wie auch die Wesenszüge von anderen, so kann man einige Zusammenhänge erfühlen: Hat man einen gesunden Appetit, so fühlt man sich wohl. Schmeckt es dagegen nicht, so ist auch sicherlich eine Unstimmigkeit in der Seele vorhanden. Auch erfreut uns nach außen der gesunde Appetit von anderen, wogegen die Ablehnung von Essen sehr leicht ein verletzendes Gefühl hervorbringen kann. Mit dem Essen ist ein ganz wesentlicher innerer Aspekt der menschlichen Existenz verbunden, denn wer sich an der Speise erfreut, bejaht das Leben. Diese Bejahung des Lebens wirkt aufmunternd, nahezu erhellend auf die ganze Umgebung, belebt die Lebenskräfte und sie kann die Stimmungen anderer Menschen erheitern. Im Essen zeigt sich im elementaren Sinne das Annehmen. Das Essen ist wie eine Anerkennung für die Natur, für den Koch oder die Köchin, für den Nächsten, für die Mitmenschen und für das Leben.

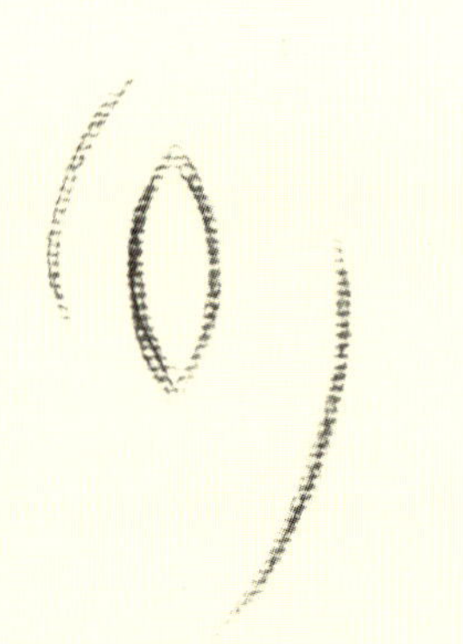

Es ist hochinteressant, wenn man die menschlichen Aurenverhältnisse in ihren unterschiedlichen Bezügen genau beobachtet. In dieser Aura können beispielsweise durch die bewusste Anteilnahme der Sinne an der Außenwelt sehr schöne harmonische Formen entstehen. Diese Formen bilden sich im wahrsten Sinne durch ihre eigene Dynamik zu ganz bestimmten Gebilden und in Proportionen stehenden Bewegungen heraus.

Aus diesen Formstrukturen, die dem Menschen tatsächlich gesundheitlich sehr gut bekömmlich sind, bekömmlich da er durch sie eine Struktur und einen Halt gewinnt und sich auf dieser Grundlage in seiner Seele ernährt, bildet der bewusste Sinnesprozess eine zukünftige Idee, die in jeder Weise der menschlichen Entwicklung dienen könnte.

Diese Zeichnung zeigt, wie sich langsam durch die bewusste Beziehung zur Außenwelt, geleitet von Gedanken und Anteilnahme oder auch von Forschung und beginnender Erkenntnis, eine schöne, sowohl zentrierende als auch umhüllende Formgestalt im menschlichen Wesen oder, besser gesagt, um das menschliche Wesen, wie ein Lichtkleid entwickelt.

Diese Bejahung des Lebens ist ein erster und wichtiger Schritt zu einem zufriedenen und entwicklungsfreudigen Leben. In unserer Zeit ist aber gerade das Gegenteil zu beobachten. Die Erscheinungen von *Anorexia nervosa*, der Magersucht, die diese Bejahung zum Leben nicht finden kann, sowie die vielen Depressionen und allgemeinen Lebensverneinungen äußern sich auch in Formen des Essverhaltens, die sehr wenig die wirklichen Möglichkeiten der Begegnung und des Bewusstwerdens einer inneren Teilhabe an dem Gesamten bejahen.

Um den tieferen Sinn des Gebens zu verstehen, müssen wir das Geschmackserlebnis näher betrachten. Jede Speise besitzt eine bestimmte Geschmackskomponente, sei sie sauer, süß, herb, bitter oder salzig. Beim Essen erfreut man sich an diesen süßen oder pikanten Geschmackserfahrungen. Die äußere Sinnesempfindung wird aber auch im Inneren wahrgenommen und ruft ein bestimmtes Gefühlserleben hervor. Gerade beim Essen ist das Gefühl recht lebhaft beteiligt oder sollte es zumindest sein, und man spricht eventuell von einem sinnenfreudigen Essen. Um den gebenden Aspekt in seiner Tiefe zu verstehen, muss man sehr genau in die menschliche Natur hineinblicken und den Unterschied zwischen Sinnesfreude und sinnlichem Begehren oder auch zwischen realer Empfindung und emotionaler Gier verdeutlichen, denn diese Offenbarungen sind in ihrem Ausdruck gewaltige Gegensätze. Die Bedeutung des Gebens liegt in der tieferen Empfindungswelt und in der wirklichen Sinnesbeteiligung. Das Gegenteil, das Nehmen, liegt in der äußeren, rein sinnlichen oder sinnesverhafteten und emotional gebundenen Vorherrschaft.

Die Sinne sind dem Menschen als Organe, die mit der Außenwelt in Kontakt treten, gegeben. In den Sinnen lebt zunächst eine sehr freie kosmische Kraft. Die menschliche Existenz sieht mit den Augen die Umgebung, hört mit den Ohren Töne und Klänge, riecht durch die Nase die Luft mit jeder Einatmung und erfühlt mit dem Tastsinn die Formen und Gegenstände. Die Sinne selbst können auf natürliche Weise wahrnehmen, sie können jedoch noch nicht urteilen oder entscheiden. Ihre Aufgabe ist von einer ganz freien und universalen Weite geprägt. So wie das Bewusstsein des Menschen entwickelt ist, werden die Sinneseindrücke in der Folge verarbeitet. Die Nahrung wird an der Zunge geschmeckt und die Nerven leiten Impulse bis zum Gehirn weiter, wo sofort innere Gefühle mit den Sinnesreizen verknüpft werden. Dieses entscheidet gewöhnlich über angenehm oder unangenehm.

Jeder Mensch sehnt sich natürlich nach einem angenehmen Geschmackserlebnis, denn dieses verschafft ein Gefühl der Befriedigung und Genugtuung. Nun können sich Gefühle aber sehr unterschiedlich ausdrücken. Je nach Stimmungslage wird man achtvoll, anerkennend, mit offener Sinnesfreude oder mit Emotionen begierig essen. Findet die menschliche Existenz einen guten Zugang zu einer natürlichen Begegnung mit der Nahrung, erlebt sie die Nahrung in einer Art Respekt und mit offenen Sinnen, so entwickelt sie sicher einen ersten Schritt zu diesem geheimnisvollen Geben. Die Begierde dagegen offenbart ein sehr äußerliches Gefühl oder eine

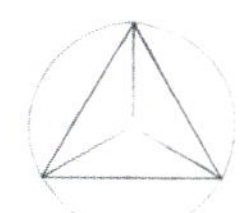

wirklich gebundene Emotion, die weniger von den Sinnen selbst ausgeht, sondern von der körperlichen Triebmacht motiviert ist. Die Empfindung im Herzen jedoch offenbart sich in einem inniglichen Fühlen und ist damit frei von der Macht des an den Körper gebundenen Trieb- und Willenslebens. Es lebt in diesen bereits feiner gewählten Empfindungen ein erster gelöster Gedanke des Gebens. Fühlen im Inneren bedeutet ein Hinausgehen über den Trieb und ein Erspüren des Anderen oder der Umgebung. Die verschiedenen Impulse, die in der Gefühlswelt des Menschen leben, können sich an das eigene Verlangen binden oder sich auch von diesem lösen. In diesem tiefen Fühlen, das sich als innerste Sozialität und Sensibilität verkündet, löst sich das menschliche Gemüt von der Schwere des eigenen Wollens und gewinnt einen Zugang zum tieferen Seelenleben. In der Vorherrschaft der emotionalen Begierde bindet es sich jedoch an die eigenen Impulse zurück, es bleibt dann gewissermaßen in sich selbst wie gefangen.

Die bewusste Sinnesempfindung

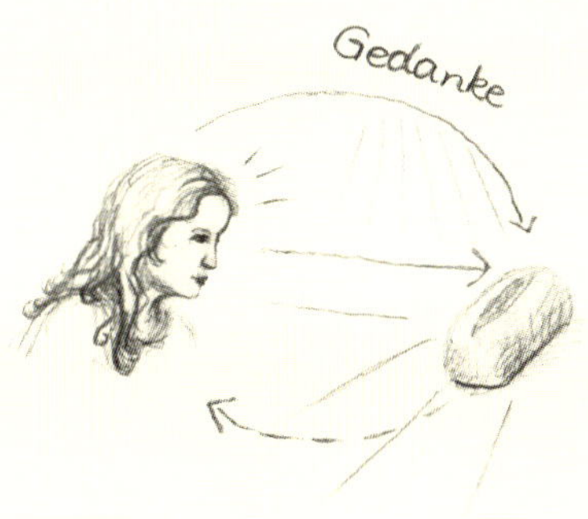

Mittels eines Gedankens wirkt das Objekt frei und erstrahlend zurück.

Der Geschmackssinn, der seiner inneren Natur nach frei ist, kann durch die innere Bewusstheit des Menschen sehr sensitiv erlebt werden. Wer eine Speise schmeckt, nimmt bewusst an seiner Außenwelt teil und nimmt damit über diesen Prozess auch ein viel weiteres Umfeld in sich auf. Die Sinne könnten nicht die Außenwelt wahrnehmen, wenn in ihnen nicht das unendliche Licht des Kosmos ganz gegenwärtig wäre. Mit dem Geschmackssinn nehmen die empfangenden Organe nicht nur die Speise in ihrem Aroma und in ihrer Konsistenz wahr, sondern sie verbinden sich mit dem Seinsstrom des Lebens. Berührt ein Nahrungsmittel die Zunge, so entsteht eine direkte Verbindung zu einer unendlichen Welt des Werdens und Vergehens, zu dem Wachsen, Blühen und Welken, das in der ganzen Natur lebt, denn indem der Mensch essend aktiv ist, nimmt er die Natur direkt in sich auf. Eine Brücke zwischen dem eigenen Wesen und der Außenwelt wird durch die bewusste Sinnesempfindung geschaffen. Wird sich der Mensch dieses Vorgangs aus den Tiefen seiner Seele bewusst, so wird er mit jedem Bissen, den er zum Munde führt, eine Art Lichtäthertätigkeit, welche ein zusätzlicher, bisher noch gar nicht vorhandener Lichtschimmer ist, erzeugen.

Der Sinnesstrom fließt immer direkt zum Objekt, jedoch bleibt ohne Gedanke die freie Rückwirkung vom Objekt zum Betrachter aus. Ein Gedanke könnte z.B. die Frage nach der Wirkung der Kruste des Brotes sein.

In der Seele des Menschen ist der stille Wunsch nach Geben tief verankert. Doch fehlen heute die Anregungen und Hinweise für diese Möglichkeit der Esskultur, und deshalb leiden die meisten Menschen an der Oberflächlichkeit ihrer eigenen Gefühle und binden sich schließlich an ein äußeres emotionales Wollen zurück. Wie viele Menschen essen aus Kummer und Sorge oder benützen das Essen als Medium zum Zeitvertreib? So binden sie sich aus Mangel an diesen Kenntnissen kompensatorisch an die äußeren Gefühle und werden dadurch von ihrer eigenen Körperlichkeit abhängig. Dies ist dann ein Gegensatz zur inneren Entwicklung des Menschen und die Nahrung wirkt eher wie ein passiver Konsum. Lebt man kompensatorisch zu sehr in äußeren Gefühlen, in seinem eigenen emotionalen Wohlwollen, so begehrt man, so lebt man auf diese Weise in einer Art nie satt werdendem Kreislauf von neuen Bedürfnissen und bleibt dennoch unter der Schwelle der Möglichkeiten des Bewusstseins. In diesem Begehrenskreislauf liegen

Essen als Zeitvertreib wird begünstigt durch den kaum noch wahrnehmbaren Rhythmus der Hauptmahlzeiten. Die Auflösung der familiären Strukturen und gemeinsamen Essenszeiten, das große Angebot von Fast-Food, lässt diese markanten Wahrnehmungspunkte verschwimmen.

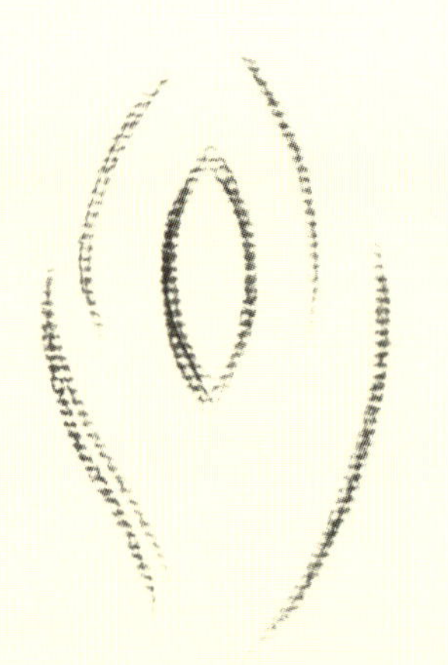

Es ist ein großer Unterschied, ob die Sinne von dem einzelnen Menschen bewusst in der Begegnung mit der Nahrung entfaltet werden oder ob sie rein nach emotionalen triebhaften Äußerlichkeiten unbewusst und ohne Steuerung in die Außenwelt und auf die Nahrung gerichtet sind. Empfindungen, die tatsächlich in der Begegnung der Sinne mit der Außenwelt erlebt werden, führen im Menschen und seinem Astralleib zu harmonischen Hüllenbildungen, während die wirklichen Erkenntnisse, die beispielsweise in der Begegnung mit einem Objekt der Außenwelt eintreten, das menschliche Wärmeverhalten anregen. Eine Erkenntnis ist immer mit einer zentrierenden Flammenform, die energetisch bis in den Ätherleib wirkt, verbunden.

Das Essen ist ohne diesen sozialen Hintergrund niemals zu verstehen. Der Mensch kann keine vollkommen für sich allein bestehende Unabhängigkeit erreichen.

kein Wachstum und keine wahre Möglichkeit zur Bejahung des Daseins. Denn das Bewusstsein zu gebrauchen bedeutet im elementarsten Schritt, sich selbst als der Gestaltbildner bewusst zu werden und sich mit einer präsenten Anteilnahme und kreativen Achtsamkeit in die Beziehung zu einem Gesamten zu bringen.

Diese Art des Gebens ist wohl nie eine äußere, rein emotionale Angelegenheit. Sie ist nur in der tieferen Entwicklung und Empfindungskräftigung möglich. Jeder Mensch trägt diese tiefe Empfindungsbereitschaft in sich und jeder hat des Weiteren die Möglichkeit, sein Leben mit einer sensitiven Sinnesfreude zu bereichern. Die Sinnesfreude ist eine wahre, schöne und klingende Note des Gebens. Durch die Empfindung, die frei von jenen schweren Triebeigenschaften ist, wird eine neue Ätherkraft zum Leben, eine neue lichtvolle und damit freudige Dimension geboren. Die Emotion ist noch zu sehr in dem leiblich Unbewussten eingebunden und damit abhängig von den äußeren Stimmungslagen, denen der Mensch begegnet. Die Empfindung dagegen ist wie ein Hauch der hereintretenden Lichtes- und Liebeskraft, die nicht nur in der Tiefe der eigenen Seele lebt, sondern die sich aus dem Umkreis wie eine schöne, belebende Sonnenausstrahlung an die Sinne heranträgt. Sie ist subjektiv und objektiv, sie ist weit im Umkreis und nahe in der eigenen berührbaren Sinnessphäre. Eine nahezu heilsame und freudige Berührung strömt aus diesen innersten und sensitiven Bereichen der Sinnesbewusstheit.

Jedes menschliche Gemüt sehnt sich nach Harmonie und Geborgenheit, und diese Bedürfnisse sind wohl in jeder Weise zu respektieren. Nur sucht die menschliche Emotion leider allzu oft an einer falschen Stelle, denn in der äußeren Gefühls- und Begierdenwelt kann das menschliche Gemüt die Werte einer höheren Ordnung, die im Universum lebt, nicht finden. Es kann sich der Großartigkeit des Essens nicht in äußeren Stimmungen bewusst werden. Denn Essen ist nicht etwas nur Belangloses, sondern es ist damit immer ein tiefes Annehmen und Anerkennen von Arbeiten und Verrichtungen verbunden. Essen ist eine Aktivität, die jeder tun muss, ob er nun will oder nicht. Er muss durchaus seine Abhängigkeit vom Essen und damit auch vom Gesamten des Lebens anerkennen. Eine lange Kette von Arbeiten aus menschlicher Hand sowie die Einwirkung natürlicher Weisheitskräfte, die in der Natur walten, sind notwendig für jedes Nahrungsmittel. Das Brot wäre nicht auf dem Tisch, wenn nicht der Bäcker sein Handwerk verrichten würde. Der Bäcker wiederum könnte das Brot nicht backen, wenn er nicht vom Landwirt das Getreide erhalten würde. Und der Bauer könnte das Getreide nicht ernten, wenn nicht die Mächte der Natur wie Sonne, Wind und Regen das Korn nährten und wachsen ließen.

Vieles an Details erkennt man durch Forschung und Auseinandersetzung, während man seine eigene Abhängigkeit vielleicht sogar nur als eine Konsequenz eines wirklich eingeordneten Wissens wahrnimmt. Die Ernährung wurde von sehr vielen Seiten untersucht, Theorien stehen neben Theorien, Wahrheiten neben Wahrheiten. Das Unsichtbare, das hinter aller

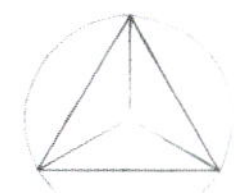

Erscheinung, hinter den Vitaminen, Mineralien, Eiweißen, Kohlenhydraten lebt, ist aber doch immer von einer sehr verborgenen Natur. Es lebt hinter allem Äußeren eine geheimnisvolle Ätherkraft und diese entsteht aus dem Geist. Die praktische Erkenntnis, was die Ätherkräfte sind, wie sie arbeiten und wie sie im Zusammenhang mit dem menschlichen Seelenleben stehen, will sich der Einzelne wieder in das Bewusstsein rufen. Die Disziplin, sich in diesen Wahrnehmungsprozessen unterscheidend zu schulen, öffnet das feinere Empfindungsleben der Seele und verankert eine Stabilität im Herzen. Das Denken wird gleichzeitig flexibel, offen und lebendig. Die bewusste Auseinandersetzung mit dem Leben ist immer mit dem gebenden Wesen verbunden, denn der Mensch kann nicht nur für sich konsumieren, er muss sich selbst mit sich und mit der Sache, die er erforscht, auseinandersetzen.

Es wäre wohl falsch, wenn man den heutigen Wohlstand mit seiner überreichlichen Fülle an Nahrungsmitteln leugnen und einen Weg der Askese wählen würde. Mäßigung jedoch ist innerhalb des luxuriösen Zeitgeistes sicherlich nicht verkehrt. Auch müssen unbedingt natürliche Nahrungsmittel den Speiseplan füllen. Wer jedoch schon eine einfachere Kost mit hohen Anteilen an Gemüse und Getreide gewählt hat, der soll nicht aufhören, den Sinn, die Möglichkeiten und das Mysterium des Lebens, mit Gedankenbildungen und ganz objektiven Auseinandersetzungen, die die Sinne beleben, weiter zu ergründen. Mit Innerlichkeit und tiefer Empfangsbereitschaft, mit Gedankenbildungen und ganz objektiven Auseinandersetzungen, die die Sinne beleben, kann man das Essen neu erleben. Je tiefer die Empfindungen durch den Gedankenbildeprozess in der Seele gedeihen und je deutlicher ein Verstehen von einer Ordnung im Universum erwächst, desto formgebender, stabilisierender und gestaltvariierender offenbart sich das Leben in seinen unbegrenzten Möglichkeiten. Indem sich der Gestaltbildende der Möglichkeiten des zu Gestaltenden über den Gedanken, die Sinne und die daraus entstehende Empfindung bewusst wird, kann auch bei einfacher Kost kein Zwang entstehen, denn der innere Reichtum lebt in den Möglichkeiten der menschlichen Aktivität. Essen kann im ersten Sinne eine Hinwendung mit einem aktiven Sinnesaufbauprozess und schließlich eine Hingabe mit einer Art Feuerflamme der Erkenntnis werden und in dieser erweiterten Interessenserkraftung gedeiht jene Kraft der Fülle, die wärmebildend in der Seele wirkt. Sie wird den Menschen wie das Licht der Sonne ganz automatisch zuströmen.

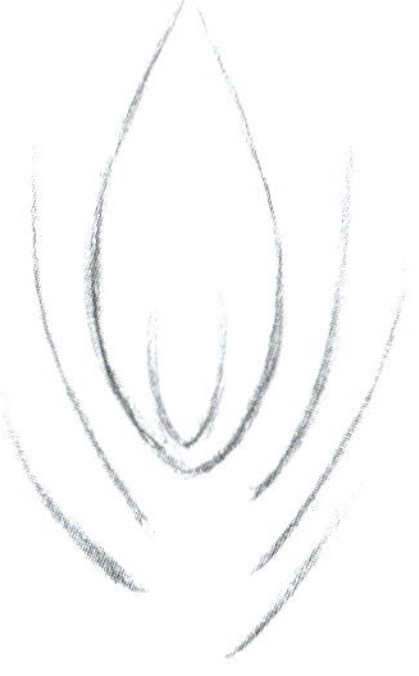

Der Ätherleib entspringt nicht aus dem physischen Körper, sondern aus den Kräften der Sonne, die diese mit den verschiedensten Einwirkungen auf der Erde und den materiellen Körpern wirksam macht. Es ist im Allgemeinen das Leben oder das bewegte Lebendige, das durch seine eigene dynamische Kräfteintension an den physischen Körpern arbeiten kann. Der Ätherleib gibt den Pflanzen das Leben. Aus sich, aus ihrem physischen Umstand oder, besser gesagt, aus der rein stofflichen Welt könnte niemals eine Pflanze entstehen.

Es ist günstig, eine klare Unterscheidung zwischen physischen Stoffen und einer ätherischen Lebendigkeit bewusstseinsgemäß zu entwickeln. Die ätherische Dynamik benützt die physische Stofflichkeit und entfaltet auf dieser Grundlage eine edifizierende Neugestaltung, sie gestaltet die alte Materie um und fügt über chemische Verwandlungsprozesse neue Formen und Gestaltungen hinzu.

Die Zeichnung zeigt eine Äthergestalt, bei der einerseits die fallenden, ersterbenden Kräfte in den absteigenden Linien sichtbar werden, und andererseits die Flamme ein Bild für die aufsteigende und neu auferstehende Form darstellt.

Die Aufmerksamkeit zur Nahrung, die z. B. durch das Interesse für die Ätherqualität entsteht, könnte bereits mit einer Besinnung gleichgesetzt werden.

Die Besinnung am Tische

Das Geben im Sinne des Geistes erfordert eine Art Hinwendung an die Außenwelt und auch an die Nahrungsmittel. Der Gedanke, dass Essen eigentlich nicht Konsum darstellt, sondern eine wirkliche Begegnung, ist wohl dem modernen Menschen noch sehr fremd. Meistens lebt man so sehr gefangen in seinen äußeren Emotionen, dass man diese Art der Hinwendung in Form eines bewussten Sinnesprozesses nicht ausreichend leben und gestalten kann. Durch eine wiederholte Besinnung auf dieses Begegnungsfeld, das mit der Nahrungsaufnahme erwacht, kann jenes innere Bewusstsein des Mysteriums im Geben eröffnet werden. Die positiven Ergebnisse wird man spüren und man wird deshalb auch die Besinnungspausen des Lebens schätzen lernen.

Die Besinnung oder, besser gesagt, die Bewusstwerdung am Tische ist sehr wichtig. Bevor man mit dem Essen beginnt, sollte man von aller Hast und Unruhe des Alltags Abstand nehmen. Hält man für einige Minuten bei sich selbst inne und blickt auf das Wesen des servierten Gerichtes, drängt sich fast automatisch der Gedanke auf, dass die gesamte Nahrung aus verschiedenen Gaben entsteht, dass sie beispielsweise durch das Licht der Sonne gewachsen ist. Mit jeder objektiven und klaren Betrachtung entsteht eine Ruhe im Gemüt. Auch die Emotionen werden durch die Besinnung harmonisiert und die Nerven neu belebt. Nie aber sollte eine Besinnung oder ein Bewusstseinsprozess zum Zwang werden. Es ist wichtiger, die Begegnung, die durch das Essen stattfindet, verstehen zu lernen und auf dieser Grundlage ohne auffällige äußerliche Andacht sein Bewusstsein für das Essen vorzubereiten.

Alle Nahrung ist eine Gabe. Es ist wohl nicht der Sinn des Menschseins, für sich das Beste zu nehmen und immer nur nach dem Optimalen zu trachten, sondern vielmehr könnte man sich mit jedem Bissen bewusst werden, dass man diesen auch im Inneren einmal verwandeln wird. Natürlich ist es aber günstig, wenn gute Nahrungsmittel angeboten, serviert und gegessen werden.

Hier in dieser Schrift wird der Begriff „Gott" nicht verwendet, da die Gefahr besteht, dass man beispielsweise mit einem „Gebet zu Gott" sich illusionärerweise nur innerhalb seiner subjektiven Emotionen bewegt. Alle Begriffe, die für eine Besinnung oder Übung verwendet werden, sollen aber immer konkret vorstellbar und fassbar sein.

Früher betete man vor einer Mahlzeit, um Gott seine Dankbarkeit darzubieten. Das Gebet wird gerne mit einer Konfession in Verbindung gebracht, weshalb viele Menschen dieses ablehnen. Auch hier in diesem Zusammenhang erscheint das Tischgebet nicht unbedingt für die Entwicklung empfehlenswert, da man noch keine konkrete und unmittelbare Beziehung zur Nahrung aufnimmt. Indem man von einem Gott spricht, der die Nahrung gibt und dem man Dank beweisen soll, weiß die Seele noch gar nicht, wie eine solche Gottheit zu verstehen ist und auch woher die Nahrung tatsächlich im konkreten Sinne kommt. Indem sich aber jemand mit dem Begriff der Ätherkräfte auseinandersetzt, wird er auf eine nächstfeinere oder metaphysische Ebene aufmerksam, die ihn schließlich aus seinen subjektiven Emotionen erhebt und ihm ein nächstes und erweitertes Bewusstsein für eine neue Realitätsebene gibt.

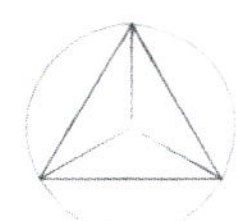

Jede Mahlzeit schenkt ein neues Erlebnis für die Seele. Meist aber nimmt man Frühstück, Mittagessen und Abendbrot fast wie eine mechanische Verrichtung zu sich. Wenigstens ein kleiner Bewusstseinsmoment und ein Blick nach außen, heraus aus den Gewohnheiten und aus den Emotionen, geben dem Essen einen anderen Wert. Alle Nahrung wird bekömmlicher, wenn die Seele empfänglich ist für das Gegenüber, das heißt für die Mitmenschen und auch für die Nahrungsmittel. Der Mensch wird gleichzeitig auch in seinem inneren Erleben bereichert und neue Kräfte strömen ihm aus der Außenwelt entgegen und erfüllen seine Seele.

Die große Gelegenheit, die der Mensch mit dem Essen hat, sollte er nicht versäumen. Gewöhnlich nimmt man dreimal am Tage eine Mahlzeit zu sich. So tritt man dreimal am Tag durch die Geschmacksnerven mit der Natur in eine innigste Verbindung. Man isst sowohl vom Reich der Natur, schmeckt aus der Pflanzenwelt, begegnet aber auch unbewusst und indirekt den Personen, die die Nahrung hergestellt haben. Je bewusster man das Essen aus der Seele heraus erlebt, desto besser wird das Verstehen für das ganze Leben wachsen und man wird bald auf natürliche Weise das Gesunde vom Ungesunden unterscheiden können. Ein objektiver Blick nach außen führt nämlich dazu, dass der Einzelne durch die Empfindung für das Nahrungsmittel eine bessere Bewusstheit findet.

Entzünden sie eventuell am Tisch eine Kerze und betrachten Sie mit stiller, unkomplizierter Anteilnahme das Licht. Die Flamme der Kerze ist wie ein Symbol für das feine Bewusstwerden des kosmischen Lichtes, dem Ursprung der Materie. Die gesamte Materie ist aus dem Licht geboren. Lassen Sie dieses Bild des Lichtes mit einem offenen Herzen wirken. Das kosmische Wesen wandert bis in die kleinsten Teile der sichtbaren Welt und bleibt dennoch für sich eine Offenbarung eines kosmischen Ganzen. Es ist wohl das Bedürfnis des Menschen, dass der Gedanke, den der Einzelne denkt, auch zu seinen Mitmenschen findet. Der Gedanke selbst ist ein Lichtbürger und dieser Lichtbürger will sich mit dem Umfeld berühren. Sprechen Sie nicht nur „Guten Appetit", sondern sprechen Sie beispielsweise am Tisch für die anderen ganz objektiv über eine Einzelheit oder über eine bestimmte Erscheinung, die Ihnen gerade bei der servierten Nahrung auffällt.

Eine Bewusstwerdung oder Besinnung sollte nicht aus einem moralisierenden Zwang entstehen. Das Bewusstwerden ist immer ein dynamischer Prozess, der eine wachsende Begegnungsfähigkeit und eine durchaus elegante Umgangsart im menschlichen Miteinander fördert. Die Kunst, die Sphäre am Tisch anzuheben, kann sehr viele Möglichkeiten beinhalten und den Menschen mit sich selbst und anderen verbinden.

Besteht in einer Besinnung die bewusste Kontaktaufnahme zur Nahrung oder begibt sich der Mensch nur in seine eigene persönliche Kontaktschwäche, sein subjektives Innenleben?

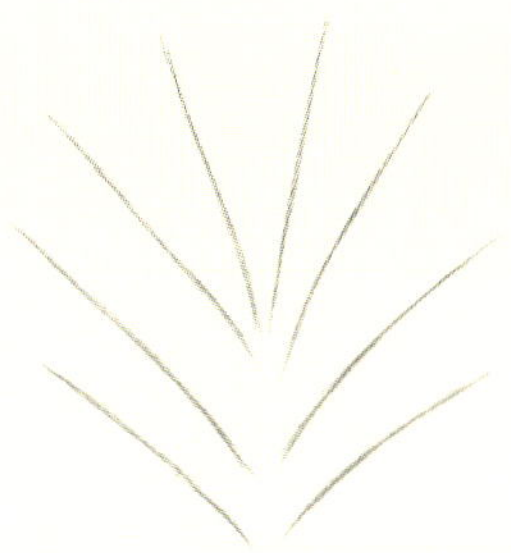

In der Natur findet man, beispielsweise bei einer Baumbetrachtung, immer eine Offenheit. Selbst wenn der Baum welkt, wirkt er immer offen mit dem kosmischen Gesamten zusammen.

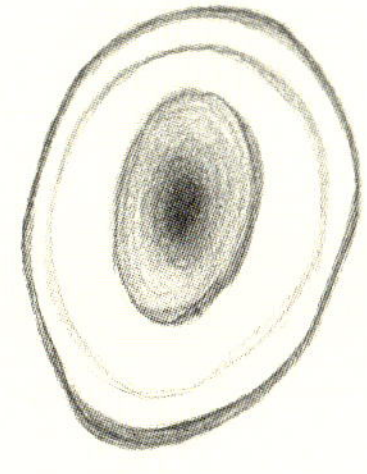

Nur beim Menschen sieht man einen Prozess des sich Einschließens, des wirklich ungesunden Verschlossenseins, der entsteht, wenn er glaubt, denken zu müssen oder sich besinnen zu müssen und sich aber nicht in Beziehung zur Außenwelt und auch nicht zu einem geeigneten Gedanken befindet.

Die Bedeutung der Nahrungsmittel

Die weit verbreitete volkstümliche Meinung, dass bei Naturbetrachtungen das menschliche Bewusstsein demütig wird und bei der Wahrnehmung der vielen einzigartigen Formen eine Art Dankbarkeit zu einem ideenhaften oder gedachten Gott gefühlt wird, mag eine erste Annäherung zu einem höheren Ideal geben. Dieses Ideal kann aber tatsächlich nur, wie es die Erfahrung zeigt, verwirklicht werden und eine tiefe Bescheidenheit in der Seele wird wohl dann umso mehr gefühlt, wenn sich das menschliche Bewusstsein auf den Weg begibt, die Kräftespiele und Wirkensmechanismen, wie sie in ihrer ätherischen oder metaphysischen Dimension bestehen, genauer zu erforschen. Diese Forschungsarbeit kann ohne tiefe Bescheidenheit und wahre Frömmigkeit, das heißt ohne eine fromme Seelenhaltung, die im Wissen gegründet ist, dass man nicht aus dem Körper, sondern nur aus den entwickelten übersinnlichen Fähigkeiten die Ätherkräfte schauen kann, keine sinnvollen Früchte geben. Die Ätherkräfte sind höhere Kräfte als die physischen. Aus diesem Grunde muss der Mensch eine praktische Frömmigkeit in sich ausprägen.

Der Mensch ist infolge seines Körpers ein Teil der Natur. Die gesamte Nahrung ist ein Produkt der Natur und gleichzeitig des Lichtes aus dem Kosmos. Das Studium der Zusammenhänge zwischen Mensch und Natur, zwischen dem Geistwesen des Menschen und der Vielfalt der lebendigen Pflanzenwelt, ist eine wichtige Aufgabe zur Erweiterung der wissenschaftlichen Forschungen. Je mehr der Mensch in den Nahrungsmitteln die Schöpferkräfte des Lebens sieht und die Ätherkräfte, die darin wirken, studiert, desto einfühlsamer werden Denken und Fühlen des Menschen. Durch die erweiterte Sichtweise, bei der Geist und Seele als reale Wesensglieder in die Betrachtung einbezogen werden, erklären sich viele Zusammenhänge zwischen menschlicher Entwicklung und Ernährung.

Jede Zeitepoche hatte ihre besondere Ernährung. Auch die Völker der verschiedenen Erdteile besitzen die ihnen eigenen Nahrungsmittel. Ernährungsformen und Rituale sind von einem Erdteil zu einem anderen verschieden. So ist beispielsweise der Reis das Hauptnahrungsmittel des Ostens, der Weizen das wohl wesentlichste Nahrungsmittel des Westens. Ein Land bietet, abhängig von den Vegetationsbedingungen, bestimmte Sorten von Gemüse, Obst und Getreide. Die Menschentypen und die Nahrungsmittel sind von Kontinent zu Kontinent verschieden. Jedes Land besitzt traditionelle Zubereitungsformen und Gerichte.

In den europäischen Ländern gibt es dank des Handels eine große Auswahl an Lebensmitteln. Die gegenwärtige Zeit ermöglicht eine rege Bewegung zwischen allen Kontinenten. So können die Firmen Früchte aus den tropischen Ländern einkaufen und jede Familie kann bereits fernöstliche Gerichte relativ preisgünstig in den Speiseplan einbeziehen. Das vielseitige Angebot führt aber gleichzeitig zu sehr viel Verwirrung und die langen Handelswege können die Qualität sehr negativ beeinflussen. Kaum jemand, der in einen Supermarkt geht, findet noch einen gesunden und unterscheidenden Überblick über das bestehende Angebot. Sogar in den Naturkostläden gibt es bereits so eine breite Auswahl an Lebensmitteln, dass man für seinen eigenen Bedarf eine weisheitsvolle Auswahl treffen muss. Das bewusste Umgehen mit den verschiedenen Nahrungsstoffen ist für den Menschen in der gegenwärtigen Zeit zur unbedingten Notwendigkeit geworden.

Kenntnisse über die einzelnen Nahrungsmittel bilden eine Basis der Kochkunst und sollten durch das Studium von Büchern beständig erweitert werden. Ohne Wissen kann in der Küchenpraxis keine rechte Zubereitung erfolgen. Das Ernährungsstudium bedeutet jedoch keinesfalls Lernen von trockenen Regeln über Koch- und Quellzeiten. Ein lebendiges Bild von der Nahrung soll erwachsen und schließlich zu freudiger Anteilnahme am Kochen führen. So kommt der Mensch demjenigen immer näher, das er zu sich nimmt und verdauen muss. Es wird dem Studierenden

die Nahrung und das darin enthaltene Ätherkräftewirken vertrauter. Ein reiches Innenleben entwickelt sich und er lernt, indem er die Ätherkräfte studiert, selbst Licht- und Wärmekräfte aufzubauen.

Die folgende Beschreibung der Nahrungsmittel sollte keine nüchterne Beschreibung oder Analyse sein, sondern es werden einzelne Bilder einer geistigen Erkenntnisweise geschildert und auch Anregungen zu einem ersten geistigen Schauen vermittelt. Damit können weitere Zusammenhänge im Sinne einer metaphysischen Ernährungslehre gefunden und praktische Möglichkeiten für eine verantwortliche Auswahl und künstlerische Zubereitung geschaffen werden.

Das Studium von Ätherkräften mittels der Entwicklung einer wirklichen ersten Hellsichtigkeit bedarf Zeit und Geduld und vor allem einer großen Sorgfaltspflicht in der Gedankenbildung. Eine kleine Hilfe, die ebenfalls auf Ätherkräfte und deren Bestehen hinweist, geben die sogenannten bildschaffenden Methoden, die in anthroposophischen Kreisen sehr häufig praktiziert werden. Die Kupferchloridkristallisation ist eine der bekannten und möglichen bildschaffenden Methoden.

Kupferchloridkristallisation von einer Karotte aus kontrolliert biologischem Anbau
Dieses Kristallbild mit seinen feinen Verzweigungen entspricht in seiner Nadelbildung dem Pflanzenorgantyp „Blüte".
(Siehe auch „Anmerkung zu Kristallisationsbildern" im Anhang)

Zeichnung:
Das Studieren der Ätherkräfte an der Pflanze
Betont sei die Klarheit der Stirnregion und das gleichzeitige Verweilen im Gedanken.

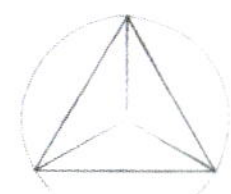

Die Rohkost

Die Rohkost als Diät oder Grundlage der Ernährung wird in vielen Büchern der Vollwertkost angepriesen. Es ist ein großer Verdienst von Dr. Max Bruker, dass er auf die therapeutische Wirkung der naturbelassenen Nahrung hinweist und sie auch mit großem Erfolg bei verschiedensten, oftmals schweren Krankheiten einsetzt. Wer viel Obst, Salat und rohes Gemüse zu sich nimmt, erblüht in seinem Aussehen, strahlt Vitalität und Energie aus, der Teint wird frisch, die Augen blicken schließlich klar und umsichtig nach außen.

Von diesem Bild kann man schon sehr leicht auf die Wirkungsweise der Rohkost schließen. Das ungekochte Gemüse befindet sich noch nahezu in seiner ursprünglichen, lebendigen Form. Es ist nicht durch Kochen verändert, deshalb besitzt es noch jene Eigendynamik des vom Kosmos aufgeladenen Lebens. Mit anderen Worten könnte man auch sagen, dass die Rohkost die unmittelbare, unveränderte Ätherkraft der natürlichen Einflüsse in sich aufgespeichert hat. Das Verdauungssystem muss sehr hart arbeiten, um diese Pflanzen in ihrer natureigenen Dynamik aufzuschließen, sie durch den Verdauungsprozess, der ein Verbrennungsprozess ist, umzuwandeln und die Nährstoffe wie Eiweiße, Kohlenhydrate, Mineralien und Vitamine aufzunehmen. Diese Umwandlung beginnt bereits in der Mundhöhle. Gekochte Nahrung ist in der Regel weicher und lässt sich leicht kauen. Die Rohkost dagegen kann man nicht einfach hinunterschlucken, man muss sich erst mit einigen Kieferanstrengungen durch sie „hindurchbeißen". Schon allein dieser verstärkt geforderte Einsatz fordert die Persönlichkeit heraus und die Willenskräfte steigen. Auch von Magen und Darm werden eine verstärkte Arbeit und ein enormer Kräfteeinsatz gefordert. Die Organe kräftigen sich, ihre Leistungsfähigkeit wird größer. Mit der Organleistung nimmt gleichzeitig die gesamte Spannkraft der Persönlichkeit zu.

Aus diesen bisherigen Angaben kann man ableiten, dass rohes Gemüse wie ungeschnittene Karotten, ungekochte Selleriestücke, große unzerkleinerte Blattsalate, die Rettichwurzel, der Krautkopf in seiner Fülle, der Kohlrabi mit seinen aufsteigenden Blättern oder ein ganzer Blumenkohl eine noch in sich selbst bestehende Eigendynamik und auch Geschlossenheit besitzen. Wenn man diese so wie sie sind, ohne Zerkleinerung und ohne zusätzliches Würzen und Zubereiten unmittelbar serviert, begegnet der Mensch einer kaum ertragbaren und kaum verkraftbaren Naturdynamik. Je roher und frischer das Gemüse ist, desto mehr hilft es dem Menschen, sich „durchzubeißen". Es gibt ihm jene Willenskraft, die notwendig ist, um dem Leben mit Energie und Einsatz zu begegnen. Aber diese Herausforderung, die in dieser Begegnung von Mensch und Pflanze wie ein fast vitales Messen besteht, ist nicht immer sinnvoll. Schließlich wird durch diese eigentlich harte Begegnung mit der Rohkost ein hohes Maß an Willenskräften nur für den Essprozess eingesetzt.

Die starke Lichtsphäre des Selleries, die durch das Blattwerk vermittelt wird, bewirkt eine intensive Aromatisierung, die sich bis in die Knollenbildung in großer Fülle ansammelt. Die Knolle erhebt sich durch die starken Lichtwirkungen ein Stück weit über den Erdboden.

Wenn man ein unmittelbar vom Feld oder Garten geerntetes Gemüse nimmt und es auf den Teller legt, bemerkt man, dass es seine Eigenkraft im Sinne eines eigenen Ätherleibes besitzt. Es ist dem Menschen noch nicht wirklich ausreichend nahegekommen. Der Äther in der vom Feld gepflückten Pflanze ist sehr stark mit den natureigenen kosmischen Rhythmen verbunden. Wie eine geballte Kraft ist dieser Äther im Pflanzeninneren aufgespeichert.

Das gelagerte ganze Gemüse zentriert die Ätherkräfte in der eigenen Natur.

Mit dem Schneiden nimmt der Mensch dem Gemüse seine Eigendynamik und Geschlossenheit und fügt seine Überlegungen hinzu.

Als fertiger Salat erhält die Rohkost einen ganz neuen Charakter in aufgelockerter Form.

*vgl. auch Kristallisationsbilder Blattsalat, S. 119

Anders wird die Rohkost, wenn sie nach dem Waschvorgang einige Zeit in der Küche zur Ruhe gelegt wird. Ein grüner Salat, der vom Feld kommt, nach dem Waschen fünf Stunden in einer Schale liegt, wird gewissermaßen wie sanftmütig, wie gezähmt und er verliert erstmals seine eigene ätherische Naturegozentrik.* Betrachtet man nämlich die Ätherkräfte, wie sie in Pflanzen leben, so lässt sich beobachten, dass sie so sehr eigen sind, dass sie mit dem Menschen sehr schwer in Verbindung treten können. Sie besitzen ihre besondere innere Geschlossenheit, ihren urbildlichen Dialekt, der noch wenig Empathiefähigkeit nach außen zeigt. Diese ätherische Geschlossenheit der Naturpflanzen lässt kein zusätzliches belebendes, neues Licht in sie hinein.

Beginnt aber der Koch nach Lagerung des Gemüses dieses zu zerkleinern und schließlich für den Salat zu kombinieren und auch zu würzen, so nimmt er der eigendynamischen Naturegozentrik ihre eigene Geschlossenheit und beginnt, das menschliche Licht erstmals in die Tiefe der Pflanze hineinzusenden. Das Zubereiten von Rohkost durch Schneiden und Würzen, Kombinieren und Wenden gibt dieser eine wahre Auflockerung und bringt sie dem menschlichen Verdauungsleben näher. Gleichzeitig verlieren sich aber die wertvollen Mineralien und Vitamine noch nicht. Die zerkleinerte Nahrung behält den Rohkoststatus bei und gewinnt dennoch eine angenehme erste menschliche Beziehung.

Bei den meisten Wirbelsäulenbeschwerden, die in der Regel durch starke Abbauprozesse entstehen, bei Gelenkserkrankungen wie Arthrose und bei den meisten Krankheiten mit Stoffwechselschwäche bietet Rohkost eine ganz wertvolle Hilfe, die oft in scheinbar ausweglosen Situationen einen Anstieg der Aufbauprozesse bewirken kann. Doch sollte man die Rohkostdiät in ihrem Wert nicht als die letztendlich gültige Wahrheit sehen. Vor allem über einen längeren Zeitraum hinweg sollte man jede extreme Form einer Rohkostdiät meiden, denn der Mensch braucht neben rohen und sehr naturbelassenen Nahrungsmitteln genauso die gekochte Nahrung.

In der gut zubereiteten Rohkost zeigen sich neu aufsteigende Ätherkräfteströme.

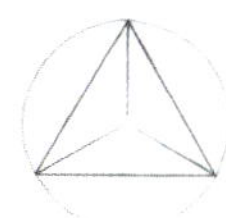

Wie wirken Ätherkräfte in der Pflanze?

Zum Verständnis, wie Ätherkräfte in der Pflanze ursprünglich wirken, kann die folgende Übung einmal ganz natürlich und methodisch aufgebaut werden:

Hierzu nimmt der Übende beispielsweise eine Sorte Gemüse oder drei Äpfel vom Baum, legt sich diese auf ein Tablett und betrachtet sie. Die Äpfel nehmen noch immer den Kosmos nach innen, gewissermaßen wie eine Eigendynamik zentrieren sie sich und organisieren das Licht für sich selbst.

Nach einigen Tagen der Ablagerung ändert sich jedoch dieser Prozess bei dem Gemüse oder bei den Äpfeln. Die Ätherkräfte steigen auf leichte Weise nach außen und bieten sich in der Sphäre um die schönen roten Farbschimmer der Äpfel atmosphärisch ausstrahlend an. Der Äther geht tatsächlich ein klein wenig mehr nach außen, heraus aus seiner Eigenakkumulation und Eigenorganisation. Der Prozess dieses ätherischen Nach-außen-Gehens und gleichzeitigen sympathischen Aufschlüsselns gewinnt schließlich eine Steigerung, wenn der Apfel in Stücke geschnitten und angeboten wird. Der Äther selbst offenbart sich in feinsten, beeindruckenden, lichtorganisierenden Kräften. Geheimnisvoll wirken fantastische Farbtöne, die sich zunächst durchaus in der Pflanze abriegeln, wie es kurz nach dem Pflücken der Fall ist. Dann aber, nach dem Schneiden, öffnen sie sich zunehmend für eine größere Sphäre.

Bildhaft zeigt sich in dieser Übung, wie ein Beziehungsverhältnis zwischen den einzelnen Nahrungsmitteln und dem Menschen entstehen kann und wie die Ätherkräfte in diesem wirken. Wie ein feiner bläulicher Schimmer steigen diese wachsenden atmosphärischen Kräfte in den Umkreis der Äpfel oder des Nahrungsmittels auf. Eine Übung wie diese hier beschriebene kann eine kleine Orientierung sowohl zur Beziehungsaufnahme im Sinne einer Ess- und Ernährungskultur geben als auch Möglichkeiten zur bewussten Erkenntnisbildung fördern.

Die Ätherkräfte bleiben nahezu ohne Sphärenwirkung im Inneren aufgespeichert, bevor das Gemüse oder Obst von der menschlichen Hand verarbeitet und zubereitet wird.

Es würde die Gefahr bei zu übertriebener Rohkostdiät bestehen, dass sich der Mensch tatsächlich nicht ausreichend für Empathie und ein erweitertes Bewusstsein erbaut, sondern sich in seine eigene Vitalität gewissermaßen einschließt und dadurch über die Zeit hinweg ein Entwicklungsdefizit kreiert. Die Wirkungen im Äußeren zeigen auch Wirkungen schließlich bis in das Innere des Menschen hinein.

Die gekochte Nahrung

Der Blattsalat als Rohkost wird dem menschlichen Organismus nicht durch den Wärmeprozess zugänglich gemacht, sondern durch die Zubereitung des Menschen, die bereits mit dem Waschen beginnt.

Viele Aspekte des Lebens fließen ineinander und fördern das seelisch-geistige Reifen des Menschen. Nicht allein das intellektuelle Wissen soll den nach Rat Suchenden zu Entscheidungsfindungen über die Ernährungsfragen bewegen. Im Empfindungsbereich, der sich in einer guten Beziehungsorientierung zur Nahrung und zur Kunst des Kochens befindet, liegt ein sehr tiefer Sinn, der für die Zukunft einer Ernährungs- und Esskultur angeregt werden soll. In einer von der Wissenschaft geprägten Zeit, wie es die heutige ist, achtet man aber meist zu wenig auf seine inneren Empfindungen und seine entwickelten Beziehungen zur Ernährung. Der gefühlsbetonte oder emotionale Charakter lässt sich eher von seiner Subjektivität leiten, während die verstandesbetonte Anlage fast dazu prädestiniert ist, nach einseitigem intellektuellem Wissen die verschiedenen Ernährungsfragen zu lösen. Die Entscheidung für entweder Rohkost oder gekochte Nahrung und die Wahl der Zubereitungsart sind aber eine Angelegenheit von tieferen Empfindungen und wirklichen Erfahrungen. Nie wird eine emotionale oder intellektuelle extreme Form dem Leben und der Wahrheit, die in dem Mysterium der Ernährung liegt, näherkommen. Indem diese hier zugrunde gelegte seelische und geistige Sicht langsam zu einer Entfaltung kommt, wird die Beziehung zum Essen wie auch zur Zubereitung und zur gesamten Natur in jedem Falle gefördert.

Jede Pflanze besitzt in sich ein eigenes Leben oder eine eigene, in sich geschlossene Ätherkraft. Dieses Eigenleben muss ganz durch die Kraft der Verdauung zerstört werden, sodass der Körper schließlich eine ihm gemäße Substanz aufnehmen kann. Würde der Mensch eine Karotte essen und diese nicht in sich zerstören, das heißt abbauen und die beinhalteten Stoffe wieder neu aufbauen, so würde er irgendwann selbst zur Karotte werden.

Die Rohkost ist, wie bereits gesagt, eine sehr lebendige, vitalisierende, die Willenskräfte herausfordernde Nahrung, während die gekochte Kost zu einem gewissen Grad bereits leblos geworden ist. Nachdem eine Pflanze durch die Hitze des Ofens hindurchgegangen ist, verliert sie ihre Eigendynamik. Um die intensive Wirkung der Rohkost aus dem Pflanzlichen mehr dem Menschlichen anzugleichen, ist die Zubereitung von besonderer Bedeutung. Diese beginnt bereits beim Waschen des Gemüses. Indem der Koch die Blätter des Salates unter fließendem Wasser säubert, nimmt er der Pflanze erstmals ihre Eigendynamik. Sorgfältiges Schneiden oder Raspeln ist eventuell ein nächster Schritt. Die Nahrung wird dadurch von der menschlichen Hand berührt und sie nimmt Wesenhaftes vom Menschen auf. Es ist ein feines Berühren und Zirkulieren mit jenen Kräften, die sowohl in der Pflanze als auch im Menschen leben. Mit dem Salzen und Würzen des Salates fügt sich schließlich das Leben der Pflanze und sie wirkt nicht mehr so stark in ihrer Fremddynamik. Sie wird leichter vertragen, auch von Personen, die schwächere Verdauungskräfte besitzen. Der Genuss von Gemüse unmittelbar vom Felde ist nicht im Sinne eines entwickelten ästhetischen Essverhaltens.

Das Bild links zeigt ein Gericht aus Buchweizen mit gedünstetem Fenchel und Tahin-Curry-Soße in Kombination mit Radicchio-Salat. Gerade beim Dünsten von Gemüse gibt es den Zeitpunkt der idealen Konsistenz. Verpasst man diesen Zeitpunkt, gehen die Formen und auch die schönen natürlichen Farben verloren. Bei gekochter Nahrung bringt ein Anteil Salat ein ausgewogeneres Verhältnis.

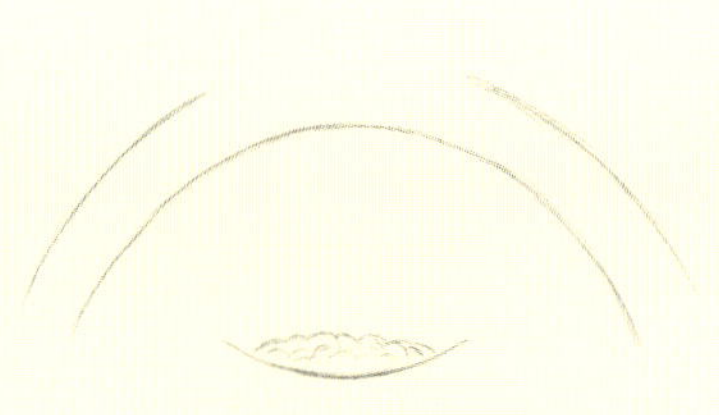

Eine mögliche Form der Ätherkräfte bei gekochter Nahrung

Nach dem Kochprozess müssen die Nahrungsmittel aufgebraucht werden. Sie können aber auch durch Essig oder andere Gewürze neu belebt und zur Farbe gebracht werden. Auf diese Weise kann ihr Lichtcharakter und ihre belebende Wirkung neu entflammen. Diese farberhellende Maßnahme entgiftet die im Zerfall befindliche gekochte Substanz.

Die unterschiedlichen Lebensmittel sind artspezifisch und wachsen in Verbindung mit den vier Elementen durch lebendig wirksame Gestaltungskräfte. Diese Kräfte wirken schaffend, um damit eine bestimmte Pflanze zu bilden. Bei der Verdauung werden diese von den Kräften des Ätherleibes überwunden, damit sie zum Aufbau der eigenen Körpersubstanz dienen können. Dies beschreibt Udo Renzenbrink in seinem Buch „Ernährungskunde aus anthroposophischer Erkenntnis".

Pflegt man diese Grundsätze der Auswahl und Zubereitung, der Kultivierung und des bewussten In-Beziehung-Tretens, so wird jenes Wachstum im ganzheitlichen Sinne einer wirklichen Ernährungskultur angeregt und der Mensch lernt, ein Gleichgewicht mit der Ernährung herzustellen.

Das Kochen ist sicherlich der intensivste Prozess, er ist der alchemistische Eingriff in die natürliche Ordnung der Natur. Es führt zu großen Veränderungen in der Qualität der Nahrung. Die Hitze bedient sich nun des Nahrungsmittels und dieses wird in seiner Struktur zerstört. Die Pflanze verliert ihr eigenes vitales Leben. Den Organen der Verdauung fällt es damit nicht mehr so schwer, den fremden Charakter der Nahrung zu überwinden und diese der eigenen Körperlichkeit zuzuführen. Doch es wird auch ein gewisser Einsatz vom Organismus gefordert, der aber wesentlich sanfterer Art ist als bei Rohkost. Er führt das Kräftewirken, das organisierte gesammelte Ätherkräftewirken der Pflanze aus dieser heraus, sodass sie sich mit ihrem Duft förmlich im Raume verströmt. Dasjenige, was die Rohkost an Willenskräften zur äußeren Persönlichkeitsentwicklung hervorruft, bringt gekochte Nahrung an aufgeschlüsselten, fast in die Sphäre verströmten Gedanken- und Empfindungskräften zu einer vielseitigen und differenzierten Entwicklung mit sich. Die Rohkost lässt die Augen wie aus einem Willen gesammelt nach außen strahlen, während die gekochte Nahrung diesen Willenskreislauf durchbricht und mehr das gedankenorientierte und bewusstseinsbildende Wesen des Menschen in seiner Vielschichtigkeit fördert. Isst man vorwiegend gute und sanft gekochte Nahrung, so ordnet man sich innerhalb seiner Persönlichkeit mehr einem Gesamten zu und man bekommt jenen Zugang zu der Gedankenebene im Sinne eines Geistes, der universal ist. Die gekochte Nahrung ist in einer geistig sich entwickelnden Kultur nicht hinwegzudenken. Mit der gekochten Nahrung erbaut man sich jenen weichen Leib, der durchlässig für die sensiblen Ströme des Gedankens und der Empfindungen ist. Das Bewusstsein wird in der Individualität nicht vitaler, sondern mehr weich und eingeordnet gegründet.

Beide Extreme, sowohl reine Rohkost wie auch ausschließlich gekochte Nahrung, sollten gemieden werden. Die seelisch-geistige Entwicklung kann nur positiv verlaufen, wenn sich die Kräfte im möglichst harmonischen Einklang mit der Notwendigkeit der Willensentfaltung befinden, denn Essen ist immer mit einem inneren Willensweg verbunden. Eine zu starke Abschirmung von den Mitmenschen und der Umgebung führt auf Dauer zu einer einseitig gesteigerten Egozentrik und dem Gefühl, nicht mehr in Beziehung zu stehen. Dagegen bringt ein zu starkes Schwelgen in den Genüssen der weichen, gut gekochten Nahrung eine Art Trägheit und ein aus dieser heraus entstehendes einseitiges Abgleiten in eine materialistische Grundstimmung. Für die Menschheit wird gegenwärtig hauptsächlich die gekochte Nahrung überwiegen müssen. Nach individuellen Bedürfnissen und therapeutischer Notwendigkeit wird ein Anteil von gut zubereiteter Rohkost die Tafel sinnvoll bereichern und eine dynamische Ergänzung für Harmonie und Ausgeglichenheit geben.

Das Ätherkräftewirken im Kochprozess

Für das Üben des Äthererlebens und Äthererkennens kann sich der Einzelne die verschiedenen Schritte der Zubereitung bewusst vergegenwärtigen und den Kochprozess auf genaue Weise verfolgen. Vom Zerschneiden über ein gewisses Vermengen kommt die Nahrung in den Kochtopf und in diesem wird sie schließlich dem ertötenden Feuer mit seiner alchemistischen Wirkung ausgesetzt. Während des Kochens steigt ein Dampf auf und die einzelnen Stücke werden weicher oder zerfallen aus ihrer Form. Was geschieht? Wohin gehen die Ätherkräfte des Nahrungsmittels?

Es ist eine wunderbare Übung, diesen Kochprozess wie einen alchemistischen Vergeistigungsprozess zu verfolgen. Die Mineralien bleiben im Nahrungsmittel erhalten, während die feineren Ätherkräfte, und dies ganz besonders auf den Lebensäther bezogen, aufsteigen, in einen Sphärenkreis übertreten. Ein schonender und leichter Kochprozess veredelt das Nahrungsmittel und erhebt es in eine nächste Stufe des Bewusstseins empor. Die ursprüngliche Naturegozentrik zerbricht in der Hitze und ein neues Produkt, das jedoch nicht als Produkt nur noch in einer materiellen Hülle besteht, sondern in das Leben neu hineinorganisiert ist, erwacht. Die Weizenkörner sind nicht mehr wie geballt, in sich aufgeladen, sondern sie sind zu einem neuen Produkt zusammengefügt. Dieses Produkt besitzt einen Namen und es trägt die menschliche Idee in sich weiter. Während das rohe Nahrungsmittel vom Feld nur die Idee der Natur weitertransportiert, trägt nun das alchemistisch verwandelte Produkt einen intensiven Anteil des menschlichen Gedanken- und Bewusstseinslebens in sich weiter.

Wenn man den Kochprozess verfolgt, wird man durchaus feststellen, wann der sinnvolle Zeitpunkt erreicht ist, diesen zu beschließen. Nicht zu weich soll das Produkt werden, auf der anderen Seite aber auch nicht zu hart bleiben. Die Hitzeeinwirkung soll auch nicht zu scharf, wie aber auch nicht zu lau sein. Es werden die Ätherformkräfte im idealen Sinne sichtbar, und zwar in der Sphäre des Kochens, über der Pfanne oder über dem Kochtopf, wenn die ideale Kondition in der Verwandlung erreicht ist. Die Formen in ihrer Harmonie sind anmutig, ästhetisch und ideal proportioniert. Sie spielen sich im geistigen Tanze und offenbaren ihr wundersames Formgefühl. Materiell gesehen gibt es einen Zeitpunkt der idealen Konsistenz, das Getreide oder auch das Gemüse dürfen eben nicht zu weich werden und sie dürfen nicht zerfallen. Nach den Gesetzen des Ätherleibes entstehen die besten Formgestaltungen in der Sphäre um das Nahrungsmittel, wenn dieses seine ideale Konsistenz erreicht hat. Es gibt keine bessere Übung als den Kochprozess intensiv zu beobachten und einen Sinn für die darin wirkenden Geistwesen zu entwickeln.

Aus ganzen Weizenkörnern entsteht durch Mahlen, Kochen, Zugabe von Gewürzen und Braten eine neue Form, die von der Idee des Kochs ausgehend zu einem neuen Gericht umgewandelt wird.

Umgang mit ungesunder Kost

Als einen kurzen und wichtigen Gedanken können wir noch die Frage stellen: Wie verhält es sich, wenn man durch die gegebenen Umstände gezwungen ist, schlechte Nahrung oder schlecht zubereitete Nahrung zu essen? Dies ist oftmals auf Reisen der Fall. Auch bei Einladungen kann man nicht immer alles ablehnen. Hier ist es sehr wichtig, mit tieferen Gedanken zu leben, zu wirken und die Nahrung von einer höheren Sicht zu verstehen, denn der Mensch ist nicht von der Materie allein abhängig, sondern von seinen Erkenntnisfähigkeiten und seinen Möglichkeiten, durch Gedanken eine neue Dimension zu der bisher bestehenden hinzu zu kreieren.

Man bezeichnet diese Fähigkeit zur Erkenntnisbildung und Gedankenbildung als die Ich-begabte Fähigkeit des Menschen.

In der Nahrung lebt die Schöpfung des Unendlichen. Die Nahrung ist aus dem Licht geboren. Sie stammt aus der einen und immer gegenwärtigen Quelle des Lebens, die alle Erscheinungen hervorbringt, und diese ist in erster Linie die Sonne. Die Sonne ist aber wieder begleitet von weiteren Planeten. Sowohl in guter als auch in schlechter Nahrung ist der Keim dieses Schöpfungslichtes verborgen. Diesen Gedanken, wie das Schöpfungslicht in jedem Nahrungsmittel verborgen ist, soll man sich vergegenwärtigen. Es liegt nicht im Sinne der natürlichen Ordnung, dass man durch die Nahrung, die aus einer höheren oder übergeordneten kosmischen Quelle gegeben ist, krank wird. Das Leben wird von sehr weisheitsvollen Kräften, die auf sehr spezifische und hochintelligente Weise arbeiten, geleitet. Es ist nicht der Wunsch dieser schöpferischen Kräfte, dass man schlechte Nahrung zu sich nehmen muss und dadurch krank wird. Das Krankwerden kann nicht allein eine Angelegenheit von Nahrungsaufnahme sein. Vielmehr wird man krank durch seine eigene Unbewusstheit, in der man keine übergeordnete und freie Kraft gegenüber der Materie kreieren kann.

Die Zeichnung zeigt eine bildlich vereinfachte Darstellung der lebendig aufstrebenden Ätherkräfte, die ihren Ursprung in der Sonne haben. Diese Ätherkräfte bilden die lebenskräftige Basis der gesamten Schöpfung.

So wie man nicht krank wird, wenn man sich bewusst der Kälte aussetzt, so wird man in der Regel auch nicht krank, wenn man einmal oder wenige Male eine nicht optimale Nahrung zu sich nehmen muss. Sicherlich wird man sich aber im geschwächten Zustand nicht der Kälte aussetzen und so wird man sich in misslichen Tagen auch nicht leichtfertig eine schlechte Nahrung einverleiben, sondern wohlerwogen und bewusst ein möglichst günstiges Gleichgewicht erstreben. Allgemein wird man jedoch durch Nahrungsaufnahme allein nicht krank werden.

Durch das Bewusstsein dieser größeren Ordnung kann der Mensch jene heilsame Kraft in sich erwecken und sich dadurch den äußeren Bedingungen, die unveränderbar auferlegt sind, weise fügen. Es wird durch diese Hingabe die Nahrung in ihrer krankmachenden Wirkung eingedämmt. Wenn es nicht gerade Gift ist oder wenn man nicht gerade sehr geschwächt ist, wird man sie gut verwerten. Dieser Gedanke ist leicht, wie er in Worten klingt, man darf aber diesen Gedanken nicht oberflächlich nehmen. Ganz aus der Tiefe des Herzens und des überschauenden Bewusstseins kommend wird er eine große, heilsame Kraft in sich tragen.

Bild gegenüber:
Am Lichtspiel in den langen Grannen des Roggens lässt sich der Bezug der Pflanze zum Licht bzw. zum Kosmos erahnen. Ohne Licht und Wärme wäre kein Leben und Wachstum möglich.

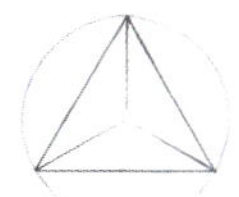

Der Ätherleib und das Erschauen des Ätherleibes

Der Begriff des Äthers, wie er hier gebraucht wird, sollte nicht mit dem physikalischen Äther, den man früher beispielsweise für Radiowellen annahm, verwechselt werden. Wenn in Bezug auf die Nahrungsmittel von Ätherkräften gesprochen wird, bedeutet dies so viel, wie wenn man etwa von den Sonnenkräften, die in den Pflanzen leben, spricht. Der Äther besitzt tatsächlich seinen Ursprung in der Sonne und ist dadurch nicht von der irdischen Welt abhängig. Während die Erde durch das Feste und Mineralische gekennzeichnet ist, bildet der Äther jenes feinere Element, das auf kosmischer Ebene das lebenskräftige oder verbindende Wesen für ein gesamtes, universales Gefüge zur Verfügung stellt.

Diese verbindende feine Substanzialität wird in den geisteswissenschaftlichen und okkulten Traditionen mit dem Element des Wassers in Analogie gebracht. Es darf aber das äußere Wasser nicht unmittelbar mit dem Äther gleichgesetzt werden. Das Wasser ist nur eine Art physische Expression des dahinter liegenden feineren Substanzwesens des Äthers. Dennoch besitzt das Wasser nahezu alle Analogien, die an das lebensspendende und lebenskräftige Element des Äthers erinnern. Eine Pflanze wäre ohne das hinzukommende Wasser nicht zu Wachstum, chemischer Umsetzung, Vervielfältigung und zum Ergrünen und Blühen fähig.

Worin liegt aber die Gemeinsamkeit zwischen dem äußeren Wesen des Wassers und den wärmenden und lichtvollen Kräften der Sonne? Die Sonne sendet Wärme und Licht aus und besitzt dadurch jene großartige Fähigkeit, die Materie wie auch alle physischen Erscheinungen zu verwandeln. Im Lichte der Sonne lebt Transformationsfähigkeit. Diese Transformationsfähigkeit wird äußerlich in der Pflanze und ihren verschiedenen Wachstumsphasen sichtbar. Mit dem Frühjahrslicht beginnen die Pflanzen zu sprossen und zu keimen. Die ersten Blätter offenbaren ihr zartes Grün und schließlich erheben sie sich bis zur Blüten- und Fruchtbildung.

Damit die Transformation aber eintreten kann, müssen sich beständig Abbauprozesse mit Aufbauprozessen begegnen. Der Materie muss förmlich etwas entrissen werden, eine Substanz genommen werden, damit sie in den Kreis der Verwandlung einzutreten vermag und eine neue und nächste Form bildet. Der Begriff der Metamorphose, der Verwandlung von niedrigeren in höhere Formen, wurde beispielsweise von der Anthroposophie geprägt und beschreibt im Allgemeinen die Transformierung, die durch Sonnenkräfte entsteht.

Das Wasser ist nun das Element, das nicht mehr so sicher und stabil wie die feste Materie erscheint. Es ist bereits eine bewegtere, flexible, verbindende, gleitende Substanzialität, die einerseits zur Auflösung in den

Metamorphose bedeutet im ursprünglichen Wortsinn Umgestaltung. Goethe führte den Begriff für die regelmäßige Gestaltveränderung der Blätter entlang des Sprosses vom Keimblatt bis hin zur Blütenblattbildung in die Botanik ein. Zudem bezeichnet man die Anpassung der drei pflanzlichen Grundorgane Wurzel, Sprossachse und Blatt an besondere Lebens- und Umweltbedingungen als Metamorphose.

Die Skizze zeigt eine absteigende und eine aufsteigende Linie, die sich aber nicht berühren. Das ätherische Wachstum folgt beispielsweise dieser Gesetzmäßigkeit. Es ist durch die Sinne nicht erkennbar, jedoch durch die Ausprägung einer metaphysischen Sicht erfahrbar.

Bild links:
Haferähren, die sich in unterschiedlichen Wachstumsphasen befinden. Alles Wachsen geschieht nicht auf lineare Weise, sondern immer in einer Art Polarität von Absterben und Neuschaffen.

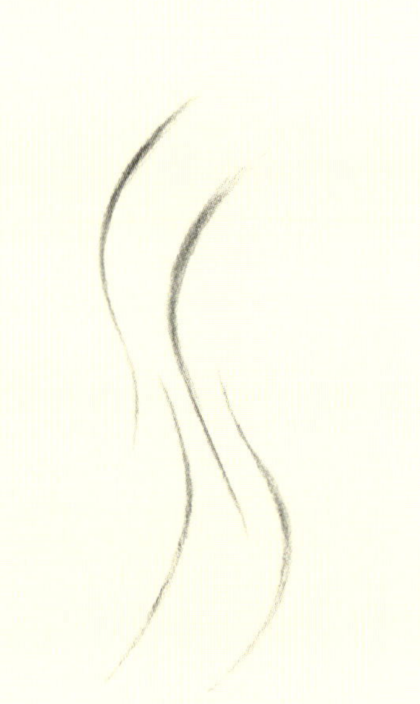

Ein weiteres Beispiel für das Ätherkräftewirken: Jedem Aufbau geht ein Abbau voraus. Keine Linie darf innerhalb der Polarität die andere berühren.

Man könnte sagen, dass diese Denktätigkeit sowohl erbauend als auch zerstörend wirken kann. Sie kann aber bei genauer Betrachtung nicht wirklich zerstörend tätig sein, da sich alle Gewaltsamkeiten und Verfehlungen, die vom Menschen ausgehen, nur in einem Zustand ereignen können, bei dem das sogenannte Ich das Bewusstsein nicht mehr führen kann und deshalb die Denktätigkeit in einen bloßen Intellektualismus oder in eine Art triebhafte Macht entartet. Eine wirkliche Denktätigkeit führt auf ganz natürliche Weise zu einer Steigerung des moralischen Gewissens und der sozialen Verantwortung im menschlichen Dasein.

Dampf und andererseits zur Erstarrung in die Kristallbildung übergehen kann. Gäbe es aber keine Sonnenkräfte, so gäbe es auch kein Wesen des Wassers, denn dieses flexible Gleiten und Strömen bezeichnet jenen Zustand, der nicht mehr ganz der reinen Festigkeit der Materie angehört, sondern der bereits eine Art Zustand von Auflösung und Festwerden beinhaltet. Das Wasser ist deshalb das mobile Wesen, das von der Sonne auf die Erde verbannt wurde und die Arbeit verrichten muss, damit die Sonnenkräfte jene Transformation von Abbau und Neuformung der Materie leisten können.

Die Ätherkräfte müssen aber nicht nur im Wässrigen ihre Aufgabe erfüllen. Sie sind durchaus auch in der luftigen Atmosphäre zu finden. Ganz besonders aber leben sie dort, wo der menschliche Gedanke zur Wirksamkeit gebracht wird. Alle Denktätigkeit, die nicht zu verwechseln ist mit Intellektualismus, sondern die eine schöpferische, mit wirklicher Gedankenarbeit verbundene Tätigkeit ist, trägt zur Transformierung im Leben bei und muss sich infolgedessen der verschiedensten Ätherarten bedienen. Indem jemand auf konzentrierte und bewusste Art eine ruhige Vorstellung ausbildet oder einen gedanklichen Vergleich ansetzt, wird er vergleichsweise wie die Sonne tätig und beginnt auf vornehme Weise sowohl sich selbst als auch seine Umgebung zu transformieren.

Es gibt nach Rudolf Steiner vier Ätherarten, das sind der Feueräther, der Lichtäther und der chemische Äther wie auch schließlich der Lebensäther. Die Vierheit der Äther lässt sich in zwei obere und zwei untere Dimensionen gliedern. Die Feuer- und Lichtkraft in der Weltenschöpfung strahlt von oben auf das irdische Dasein herein, während diejenigen Kräfte wie das gewöhnliche Leben und alle darin befindlichen chemisch-alchemistischen Abläufe scheinbar schon im Erdendasein gegeben sind. Alle vier Ätherarten sind jedoch sonnenhaft und tragen deshalb nicht mehr nur den rein irdischen Charakter in ihrem inneren Wesen. Der Unterschied von dem Feueräther, dem obersten, zum Lebensäther, dem untersten, ist nur derjenige, dass der Feueräther tatsächlich mehr in der äußeren Sphäre der kosmischen Zone verbleibt, während der Lebensäther tatsächlich bis in die innerste Zentrierung der Erde abgestiegen ist. Die Äther gehören in diesem Sinne verschiedenen spezifischen Regionen an. Sie beschreiben in ihrer Summe jedoch alle Lebensprozesse, die auf feinste Weise nicht nur in der Pflanze allein leben, sondern im gesamten Sonnenraum.

Wer den Äther erschauen möchte, muss sich als erste Disziplin einer Vorstellung, wie es etwa diese hier dargestellte ist, hingeben. Würde jemand nur von Lebenskräften sprechen und diese ganz vom Ursprung der Materie aus definieren, so würde er seinem Wahrnehmen tatsächlich eine irrtümliche Vorstellung zugrunde legen. Die Ätherkräfte sind nur in der Materie oder in der Weltenschöpfung beheimatet, sie kommen aber nicht aus der Materie hervor.

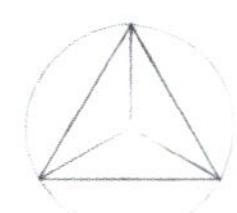

Als eine zweite Disziplin ist es günstig, wenn sich derjenige, der sich dem konkreten Schauen dieser feinartigen Sicht annähern möchte, einigen gezielten Übungen hingibt. Ein erstes Beispiel besteht darin, dass sich der Übende ein Blatt Papier nimmt und zwei Punkte in einer gut überschaubaren Entfernung markiert. Nun stellt sich die Frage, wie diese beiden Punkte in eine Verbindung kommen können. Da die Ätherkräfte im Leben immer das verbindende Element bevorzugen, ist es günstig, wenn sich der Übende mit dem Grundgedanken, wie eine Verbindung zustande kommen kann, beschäftigt. Das Verbinden ist im wahrsten Sinne die Kunst, die der Ätherleib, das heißt der organisierte Leib, in dem die Äther tätig sind, im menschlichen Organismus leistet.

Die beiden Punkte könnte jemand unmittelbar mit einer Linie verbinden. Diese Verbindung wäre scheinbar auf den ersten Blick die beste, da sie geradlinig und direkt ist. Beobachtet jemand aber die Ätherkräfte, bemerkt er, dass es eine direkte Linie niemals gibt. Alle Bewegungen im Ätherleib runden sich, fast wie es die Sonne selbst ist, zu einem Kreis und tragen deshalb ihre Verbindung im Sinne einer Offenbarung des Versuches, eine Gesamtheit zu bilden, fort. Der Übende sollte deshalb die zwei Punkte nicht mit einer Geraden, sondern mit einer schwunghaften Kurve, die etwas Rundes oder annähernd Kreisförmiges darstellt, verbinden.

Indem sich der Übende dieser Aufgabe hingibt, bemerkt er empfindungsmäßig, wie die geschwungene, kreisähnliche Kurvenform bereits weniger ein isoliertes Gebilde, sondern ein größeres, gesamtes Wesen erzeugt. Die gerade Linie hingegen stellt nicht eine wirkliche Verbindung dar, welche die Umgebung mitberücksichtigt, sondern welche lediglich die zwei Punkte in dem Versuch, die kürzeste Verbindung zu nehmen, äußerlich miteinander vereint. Es bleibt aber die gerade Linie eine für sich bestehende äußere Abstraktion, während die geschwungene Linie die erste Andeutung des Ganzwerdens, des Einbeziehens eines größeren Gesamten eröffnet.

Eine zweite Übung soll das körperfreie Erleben im Sinne von ersten Empfindungsformen fördern. Die Ätherkräfte kann man nicht durch die physischen Sinne erkennen, denn die Ätherkräfte sind tatsächlich dem wahrnehmenden Auge nicht zugänglich. Aus diesem Grunde muss sich der Aspirant auf dem Weg des Hellsichtigwerdens in ganz konkreten Schauungen im Sinne eines körperfreien Bewusstseins üben. Diese Schauungen entstehen dann, wenn die Seele durch das Denken und Empfinden soweit geschult wird, dass sie außerhalb des Leibes in freier Verfügbarkeit und getragen durch ein vollreifes bewusstes Ich tätig wird.

Man zeichne hierzu auf ein Blatt Papier einen großen Bogen und markiere einen Punkt auf diesem Bogen. Nun stelle man sich vor, dass dieser Punkt auf dem Bogen auf großartige Weise in alle Richtungen erstrahlt.

Ein Ätherleib ist der organisierte Gesamtleib, in dem die einzelnen Ätherarten ihre organisierende Abbau- und Aufbautätigkeit zugleich tätigen können. So wie der Wissenschaftler von einem physischen Leib spricht, spricht derjenige, der geistige Forschungen betreibt, von einem Gesamtleib, der ein Ätherleib ist. Jeder Mensch besitzt einen mehr oder weniger kräftigen Ätherleib, ohne diesen könnte er nicht leben. Dieser Ätherleib ist aber mit den physischen Augen niemals sichtbar, jedoch gibt der Ausdruck des Lebens eine Andeutung darüber, dass Lebens- oder Ätherkräfte im Inneren eines menschlichen Daseins wirken.

Übungen zum Erschauen der Ätherkräfte:

Scheinbar beste Verbindung

Schwunghaft-kreisförmige Verbindung im Sinne einer Gesamtheit

Das Studium der Äthergesetze ist sicherlich nicht monoton und langweilig, denn es enthält jene eigenartigen Paradoxien, die mit der rein äußerlich messbaren oder rein sinnesgebundenen Forschungsarbeit nicht evidenzierbar ist. Für den Wissenschaftler, der den sinnlichen Gegenstand analysiert, kann deshalb diese metaphysische Forschungsmethode zunächst eine rätselhafte Frage aufwerfen. Unterscheidet man aber die beiden Forschungsmethoden, die geistige und die wissenschaftliche, und ihren ganz unterschiedlichen Ausgang, so können sie sich friedvoll ergeben und mit Sicherheit auch einmal ergänzen.

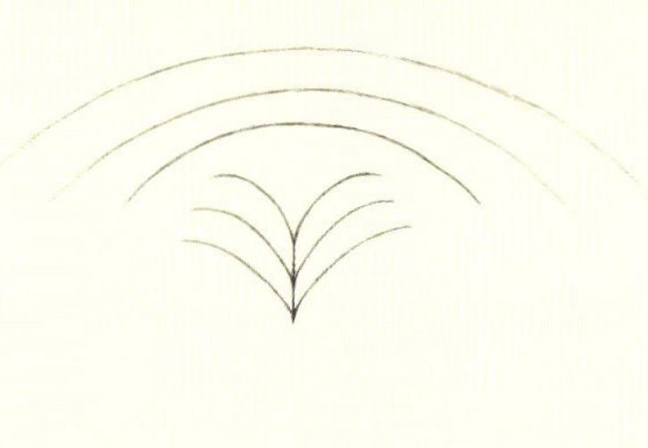

Er wird wie eine Sonne. Der gesamte Bogen, auf dem sich der Punkt befindet, ist wie ein großes Firmament. An jedem Ort kann sich nun dieses sonnenhafte Ausstrahlen befinden. Darunter nehme man nun die Erde und skizziere sie schematisch mit einer einfachen horizontalen Fläche. Nun könnte man sich vorstellen, dass diese Sonne, die aus einem bestimmten Punkt des oberen Bogens erstrahlt, ihre Radiationen nach unten sendet und auf diese Weise die Erdenfläche beleuchtet. In der Tat gibt es aber diese Wirklichkeit nicht, wie sie mit den Augen gegenüber den Sonnenstrahlen, die scheinbar auf der Erde ankommen, wahrgenommen wird. Für den Geistig-Schauenden erstrahlt ein Punkt im Weltenfirmament sonnenhaft, während gleichzeitig ohne Beeinflussung von außen und ohne äußere sichtbare Verbindung dieser Punkt im Inneren des Erdendaseins oder der unmittelbaren Erdennähe ebenfalls aufersteht. Das Ätherlicht der Sonne ersteht in jedem Augenblick auf, offenbart sich aus unmittelbarster Quelle im menschlichen Inneren, im Erleben der Seele, es bringt diese Wahrnehmung und Erkenntnis ebenfalls eine Auferstehung des Ätherlichtes unmittelbar hervor.

Der Übende kann deshalb ebenfalls irgendeinen beliebigen Punkt auf der Horizontalfläche, die die Erde symbolisiert, markieren und ebenfalls wie zur Sonne ausstrahlen lassen. So wie die Sonne oben aufersteht, erstrahlt die gleiche sonnenhafte Kraft durch sich selbst wie eine Auferstehung im irdischen Dasein.

Eine dritte Übung kann weiterhin ein Bewusstsein für das Wirken der Ätherkräfte anregen. Hierzu ist es günstig, wenn sich der Übende ebenfalls wieder anhand einer Zeichnung auf einem Blatt Papier der Vorstellung hingibt, dass verschiedene Kräfte nach unten zu einem Punkt zusammenströmen. So wie die Schwerkraft eine Anziehung Richtung Erde ausführt, kann sich der Übende vorstellen, dass aus verschiedenen Richtungen Kräfte zusammenfließen und sich nach unten zu einer punktuellen Mitte sammeln. Ein Zeichen wie eine nach oben geöffnete Gabelform mit zwei oder auch mehreren Gliedern kann entstehen.

Während diese Bewegung, die von oben nach unten als eine zentrierende und sammelnde empfunden werden soll, gedanklich nachvollzogen wird, muss sich der Übende einer Art Gegenbewegung hingeben. Nach unten findet ein punktuelles Sammeln statt. Was oder welche Kräfte finden aber gleichzeitig mit dem Fall der Kräfte im Kosmos statt? Der Kosmos dehnt sich aus, wird bogenförmig zunehmend offener und weiter. Damit das Zeichnen des fallenden Sich-Sammelns komplett wird, kann der Übende sich weitende Bögen nach oben zeichnen.

Diese dritte Übung zeigt die Gesetzmäßigkeit auf, welche im Ätherleib wurzelt. Während ein „Fallen“ nach unten stattfindet, ein punktuelles zentripetales Konzentrieren oder „Verwurzeln“, steigt ein sich weitendes Umkreiswirken auf. Der Äther arbeitet in dieser Gesetzmäßigkeit von Bewegungen und Gegenbewegungen, von Konzentrieren und Öffnen.

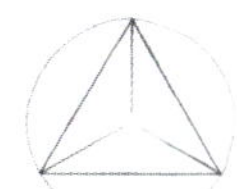

Diese drei Übungen können neben anderen Betrachtungsübungen, die an späterer Stelle angeführt werden, eine erste Hilfe zum geistigen Wahrnehmen darstellen. Die Übungen sind auf jene Weise konzipiert, dass sie den normalen, bisherigen automatisierten und gelernten Sinnesprozess durch eine seelische neue und dem geistigen Gesetze entsprechende Bewusstheit bereichern. Das Denken und das Fühlen müssen bei demjenigen, der ein geistiges Schauen lernen möchte, eine Verwandlung gewinnen. Würde der Übende mit seinen gewöhnlichen Denkvorstellungen eine Pflanze betrachten und wollte er darin den Äther schauen, so würde er sowohl sein denkendes Wollen als auch seine Sinne überanstrengen. Indem sich jemand aber zunehmend den Gesetzen in der Weltenschöpfung, wie sie wirklich gegeben sind, in der Seele bewusst wird und daraufhin seine Gedanken auf eine neue Stufe hebt, legt er in seiner Seelenverfassung die Grundlagen an, auf denen er jene Prozesse, die frei vom Leibe und der Materie wirken, erahnen, empfinden und schließlich real wahrnehmen kann.

Das gewöhnliche Sinneserleben nimmt den Sterbeprozess und den Auferstehungsprozess nicht wirklich wahr und deshalb lässt sich diese Polarität des Ätherwachsens oder Ätherfließens so schwer denken. Für alle Betrachtungsübungen muss deshalb das Denken auf jene Stufe des Bewusstwerdens von scheinbaren Widersprüchlichkeiten von Bewegungen und Gegenbewegungen, von Zentrieren und Ausströmen, von Aufsteigen und Fallen, von Umkreiswirkung und Tiefenwirken geschult werden.

Die Bewegungen im Ätherleib sind sehr unterschiedlich und vielseitig. Es ist jedoch bedeutungsvoll, dass sich die Bewegung, die sich im Ätherfließen vollzieht, immer in der Polarität von Sterben und Auferstehen zum Ausdruck entwickelt.

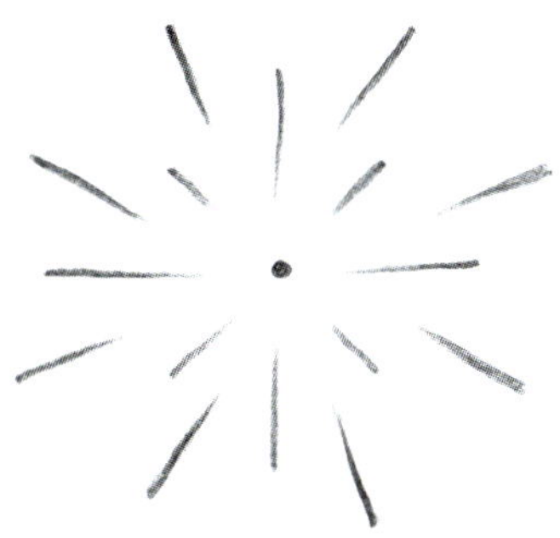

Die Zeichnung zeigt einerseits einen Punkt, eine Mitte, andererseits eine sprießende Peripherie. Die Peripherie trägt zum Punkt bei und der Punkt trägt, ohne mit den anderen Linien in Berührung zu treten, zur sprießenden Dynamik bei.

Die vier Äther

Die vier Äther, nach den Angaben Rudolf Steiners, sind eigentlich nicht in einer schematischen Zeichnung exakt wiederzugeben, da sie auf einer – wie bereits gesagt – sich ergänzenden Gegensätzlichkeit und Bewegtheit aufgebaut sind.

Beim Erleben der Äther darf man jedoch nicht von geometrischen exakten Verhältnissen ausgehen. Der Äther bleibt nie statisch, sondern immer in seinen polaren Ergänzungen dynamisch. Aus diesem Grunde sind die geometrischen Symbole nur eine Hilfe der abstrakten Anwendung und zur Schulung der Denkfähigkeit, damit die Ätherkräfte in ihrer Grundsätzlichkeit erfasst werden können. Indem der Übende denkend die verborgenen Polaritäten erlebt, bereitet er die Schritte zum Schauen der metaphysischen übersinnlichen Bewegungen vor.

Feueräther

Bei dem Feueräther ist beispielsweise eine kosmische Weite oder Unendlichkeit gegeben, während gleichzeitig die scheinbar so widersprüchliche Bewegung mit einer zentrierenden Tiefenwirkung stattfindet. Die Farbe Blau lässt am besten Tiefenwirkung und Weite für die menschliche Empfindung erkennen. Symbolhaft würde der Feueräther mit einem Kreis als Zeichen der Unendlichkeit und einem Punkt in der Mitte als Andeutung für eine Tiefe und Zentrierung dargestellt werden. Die Darstellungen sind nur allgemein zu treffen, denn gewissermaßen ist der Kreis nur ein Symbol.

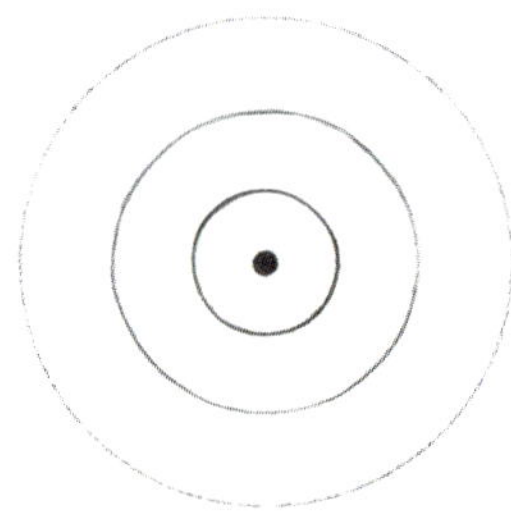

Anregungen und Übungen zum übersinnlichen Erfassen der vier Äther finden sich auch in der Broschüre „Die vier Äther im Brot".

Exakter und trefflicher lässt sich diese Polarität von Umkreis- und Tiefenwirkung in dem Bild eines Kreises, in dem sich ein plastischer Tetraeder befindet, wiedergeben. Die zentrierende Tiefe befindet sich im Mittelpunkt, während der Kreis die plastische Figur des Tetraeders umspannt. Mit diesem Bild lässt sich weiterhin der Feueräther meditativ noch etwas besser erfassen.

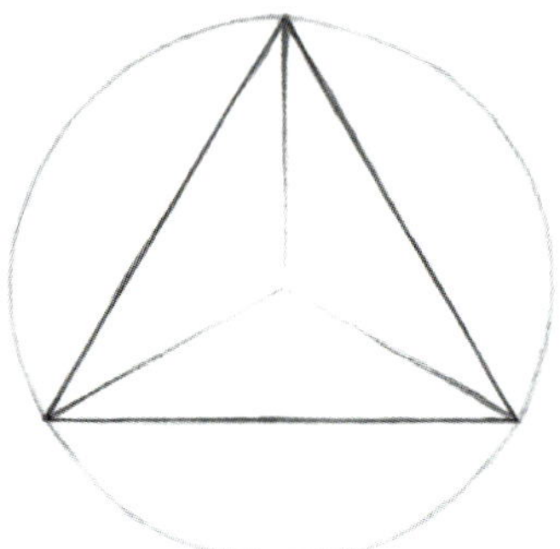

Lichtäther

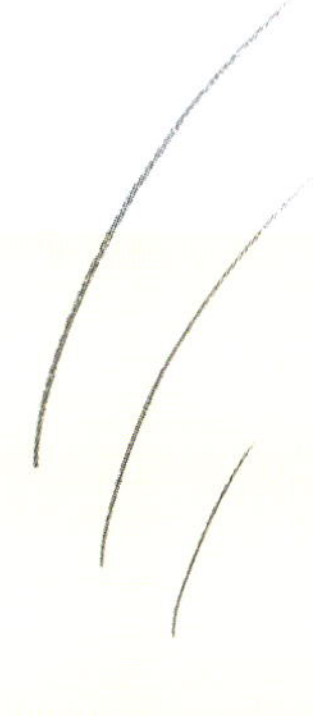

Die Pflanze ziert sich mit dem Licht, damit sie selbst ein spezifischer Ausdruck für das Licht wird. Der Lichtäther strahlt aus dem kosmischen Umkreis, er gibt den Pflanzen ihre Schönheit. Indem der Lichtäther aus dem kosmischen Umkreis strahlt, bildet er keine Fixierungen in einem materiellen Boden oder in einer materiellen Form. Will man ihn zeichnen, muss man von einem kosmischen Gefühl ausgehen und sich einen weiten offenen Raum vorstellen. Der Zeichner darf mit seinem Bleistift nicht in eine Fixierung gelangen, er muss gewissermaßen frei vom Körper, frei von Anspannungen und Zwängen ganz in eine freie Skizzierung von rhythmischen, bewegten und ausstrahlenden Linien gehen. Diese Linien werden eleganter, je weniger der Zeichnende sich selbst bei sich fixiert.

Der Lichtäther, der aus dem kosmischen Raum erstrahlt, begrenzt die Pflanze, er bildet aus dem Umkreis feinste begrenzende Berührungen. Mit diesen Begrenzungen schafft er aber eine wundersame kristallklare Struktur, die ein neues Wachstum ermöglicht. Aus diesem Grunde ist wieder die Polarität von Begrenzung und kristallbildendem Wachstum erfahrbar. Wieder sind im Äther zwei völlig widersprüchliche Pole durch ein gegenseitig sich bedingendes bewegendes Prinzip miteinander verbunden: Das sind Begrenzung und Wachstum.

Nicht die Sonne nährt unmittelbar durch ihre Strahlen die Pflanze, sie berührt und begrenzt sie und dennoch steigt unmittelbar eine kristallbildende neue Struktur aus den Lichtumkreisverhältnissen auf.

Wachsen und keimen können Pflanzen auch im Dunkeln, wenn sie genügend Nährstoffe aus dem Boden, dem Wasser oder ihren eigenen Speicherorganen mobilisieren können. Licht setzt auch aus biologischer Sicht nicht direkt das Wachstum in Gang, sondern wirkt auf die Pflanze wie ein Signal startend und begrenzend. Das Licht wird im Keimling von Rezeptoren, Phytochrom-Proteinen, aufgenommen, welche weitere Prozesse wie Ergrünung, Blütenbildung und vor allem Formveränderungen steuern. Nach den bisherigen Forschungen werden Sprosse länger, schwächer, breiten sich weniger im Umkreis aus und wachsen kurzzeitig auch viel schneller, wenn es ihnen dauerhaft an verwertbarem Licht mangelt. Alle im Dunkeln entstandenen Pflanzenteile erscheinen weicher und biegsamer als im Hellen gewachsene. Die Blätter sind oft undifferenzierter, dünner, schuppenartig klein und blass. Gleichzeitig wächst der dem Spross entgegengesetzte Pol, die Wurzel, schlechter. Vollständig ohne Licht aufgezogene Pflanzen zeigen, dass Licht für die Festigkeit der Aufrichtung und die Ausbildung innerer Strukturen, für natürliche Größenrelationen, harmonische Formen und vielfältige Farben notwendig ist. Schon wenige Minuten täglichen Lichteinflusses lenken die Entwicklung wieder zu einer weitgehend normalen Pflanzengestalt.

Aus den pflanzenphysiologischen Studien ist bekannt, dass grüne Pflanzenteile anorganische Stoffe zu organischen Substanzen, die für Leben und Wachstum grundlegend sind, verwandeln. Diese Verbindungen entstehen im Laufe der Photosynthese, bei der angenommen wird, dass das Licht die Energie liefert. Die Photosynthese ist nach den Forschungen ein komplexer biochemischer Vorgang. Zuerst wird mit Hilfe von Farbstoffen die elektromagnetische Energie des Lichts absorbiert und in chemische Energie umgewandelt, dann werden aus energiearmen anorganischen Stoffen der Umgebung, aus Wasser und Kohlendioxid, neue, eigene und energiereichere organische Verbindungen gebildet. Bei diesen Schilderungen wird deutlich, dass ätherische Kräfte sowohl aus dem Licht wie aus dem chemischen Haushalt der Pflanze wirken und sich der verfügbaren materiellen Stoffe bedienen.

Es gibt in anthroposophischen Kreisen viele Zeichnungen, die auf rhythmischen Prinzipien gegründet sind. Sie werden meist zur Schulung des Denkens und auch zur Verlebendigung des Ätherleibes therapeutisch genutzt. Für diese Schrift bei der die Schulung eines ersten Äthererlebens beabsichtigt ist, kann dieser Aspekt, der in der Anthroposophie therapeutisch eingesetzt wird, wieder neu entdeckt und weiter verlebendigt werden. Die Zeichnungen geben auf möglichst exakte Weise wieder, wie das polare Erleben von Zusammenziehung und Auferstehung im ätherischen Wirken der Weltenkräfte gegeben ist.

Chemischer Äther

Der nach der Anthroposophie benannte chemische Äther, der die eigentliche Kernsubstanz des Äthers darstellt, wirkt durch die Fähigkeit, sich zusammenziehen zu können. Er zieht sich mehr zu einer kräftigeren kompakteren und verbindenden Form zusammen und wirkt dabei auch anziehend nach außen.

Der Widerspruch, der nun im Sinne einer Art Gegenbewegung geschaffen wird, ist jener, dass gerade durch diese Zusammenziehung ein nächstes Wachstum geschieht. Wie eine nächste Umschalung oder Umhüllung entsteht eine neue physische Schicht, ein Blatt oder eine Blütenform. Nicht in einem linearen Wachstum, sondern in einem wechselseitigen Spiel von Zusammenziehung und Neumanifestation entsteht das Wachstum im chemischen Äther.

Jene Wellen, die sich am Ende nach unten verdicken, bewirken eine nahezu wünschenswerte fein ansetzende Gegenbewegung. Das Wachstum des Feineren beginnt unmittelbar gegenüber dem Verdichteten.

Eine andere Zeichnung, die diesen chemischen Äther nahezu mehr geometrisch darstellen kann, lässt sich wie folgend entwickeln: Man nehme einen Kreis als Ausgang und spiegle diesen nach innen in eine sechseckige Form. Die Seiten des regelmäßigen Sechseckes sollen sich nach innen einstülpen. Mit eleganten Schleifen lässt sich nun dieses Sechseck verbinden. Während sich nach innen eine Verbindung entwickelt, offenbart sich nach außen ein genialer Wachstumsprozess. Nun kann diese Figur sogar auf eine dreigliedrige regelmäßige Schleife zusammengezogen werden, während nach außen in der auferstehenden Gegenbewegung sich zum Kreis Bögen in wachsendem Maße bilden.

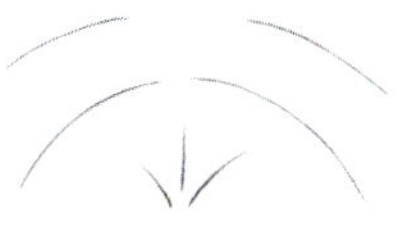

Lebensäther

Der Lebensäther entwickelt sich ebenfalls mit einer Polarität, die man am besten bezeichnen kann mit Abstieg und Aufstieg. Während eine Kraft wie zum Sterben nach unten gleitet, steht eine neue Bewegung wie flammenartig auf.

Alle Äther werden in der Regel wie Flammenformen erlebt, die sich aber gegenseitig ergänzen. Materiell gesehen, nach einem rein äußerlichen Bewusstsein würde man diese Bewegungen im Widerspruch wahrnehmen. Im Äther, der frei von der Schwerkraft wirkt, herrschen aber die Gesetze, dass sich gerade das Widersprüchliche im Sinne einer Gegenbewegung ergänzt. Wenn deshalb eine Bewegung nach unten absteigt, beginnt gleichzeitig eine Art neue Bewegungs- oder Flammenform nach oben aufzusteigen.

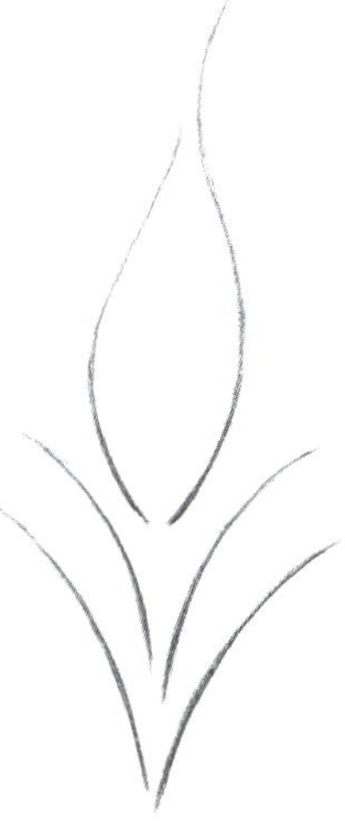

Anmerkung:

Dieser Sterbeprozess einerseits und andererseits Neubildungsprozess zeigt sich beispielsweise auch bereits in der wissenschaftlichen Beobachtung, denn schneller als die Gesamtpflanze altern und sterben ihre Blätter, Blüten, Früchte und einige ihrer Zelltypen. Teilungsfähiges Gewebe in embryonalen Keimzonen bleiben der Pflanze hingegen lebenslang erhalten, sodass stets neue Teile ausgestaltet werden. An der äußersten Peripherie, an Wurzel- und jungen Blattspitzen, an einigen speziellen Stängelabschnitten bleiben die Gewebe immer weich und teilungsaktiv, während sich andere Teile verholzen oder aus dem Gesamten herausfallen. Auch die Beobachtung im Mikroskop zeigen Neubildungs- und Absterbeprozesse, die sich gegenseitig bedingen. Die wissenschaftliche Forschung kann deshalb nicht unbedingt getrennt von der esoterischen Anschauung des Sterbens und Neuauferstehens gesehen werden.

Man nehme einige Samen und betrachte sie. Zunächst wird die äußere Form erlebbar. Auf diese Betrachtung kann nun die Vorstellung erfolgen, dass in diesen Samen die spezifische Pflanze bereits urbildlich enthalten ist. Schritt für Schritt darf der folgende Vorstellungsprozess wie eine logische Phantasie die weiteren Möglichkeiten denken: Das Samenkorn stirbt und der Keim gedeiht. Aber auch der Keim stirbt und ein erstes Wurzel- und Stängelwerk entsteht. Schließlich aber weicht auch dieses wieder zurück und es entsteht eine sich immer weiterbildende Blatt-, Blüten- und Fruchtstruktur. Nachdem in der letzten Stufe eines Zyklus die Samen sich erneut anlegen, stirbt in der Regel die Pflanze ganz dahin.

Mit diesen kontemplativen und in der vorstellenden Phantasie gehaltenen Beobachtungen kann die Lebensäthertätigkeit erstmals erfasst werden. Ein Gefühl der Ruhe wird bei dieser Übung für den, der sie mit Konzentration tätigt, spürbar.

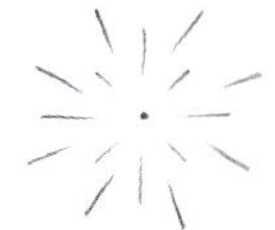

Auswahl der Nahrungsmittel

– Entwicklung von Ästhetik

Sowohl das Wissen über Ernährung als auch das Gefühl für harmonische Zubereitung und Zusammenstellung können beständig erweitert werden. Die Entwicklung des Menschen darf im Laufe eines Lebens niemals stagnieren. Sie kann auch nicht zu einem Ende kommen, zu einem Punkt, an dem alles erreicht sein könnte. So ist auch die bewusste Auseinandersetzung mit Nahrungsmitteln, Kochkunst und Essverhalten an eine beständige Erweiterung gebunden.

Früher war Spiritualität vielleicht naturgegeben noch ein Teil des Menschen und eine besondere Spiritualität wurde nur in bestimmten Klöstern und spezifischen Einweihungsschulen gelebt. Heute jedoch sollte Spiritualität eine bewusste Disziplin für jeden Menschen werden.

Gegenwärtig stehen wir am Beginn eines von zunehmender Spiritualität geprägten Zeitalters. Viele Menschen spüren eine unausweichliche Sehnsucht nach einer neuen Dimension des Erlebens. Das Leben muss einen höheren Sinn erhalten und daher mit einem tieferen Inhalt bereichert werden. Aus der Melancholie des Alltags strebt die menschliche Seele nahezu unbewusst zu freieren Formen der Wahrnehmung, des inneren Erlebens und schließlich der Sinngebung. Wie viele Menschen sind es, die nicht mit dem Wohlstand der Zeit konform gehen wollen und die sich daher über die gegebenen Verhaltensweisen eine freiere Sichtweise erarbeiten und eine größere Unabhängigkeit in ihrer Persönlichkeit wünschen? Nur ist es eine große Schwierigkeit, nicht als Revolutionär gegenüber traditionellen Formen zu reagieren, sondern die wirklichen Tiefen des Lebens zu berühren und sich selbst in der Sinnfrage zu finden. Nach der Lehre der katholischen Kirche, die bis heute noch nicht korrigiert wurde, müsste der Vegetarier exkommuniziert werden. Zu einer Revolution gegen bestehende Dogmen muss heute jedoch sicherlich nicht aufgerufen werden. Die Suche nach mehr Freude, Zufriedenheit und Einssein ist nicht ein Weg der Revolution, des nur Alternativseins oder gar der Trennung von dem gewöhnlichen, konventionellen sozialen Leben, sondern es ist ein tiefer Wandel in den subtileren Bereichen des Denkens, Fühlens und Wollens. So soll das Verständnis für die Ernährung auf solche Weise wachsen, dass die innere Natur des Menschen berührt wird. Eine spezifische Kochanleitung oder ein bestimmtes Verhaltensmuster für das Essen kann nur das Äußere ändern. Diese Dinge leben nur an der Oberfläche. Eine Wandlung soll gleichzeitig durch die Möglichkeit der Erkenntnis und der daraus möglichen Sinngebung geschehen. Die Erkenntnis wird aus der Aktivität der Seele geboren, sie ergreift die feinere Empfindungswelt und wirkt sich schließlich auf das gesamte Leben aus.

Die katholische Kirche hat den Vegetarismus bereits früh verurteilt. Noch heute gilt der Bannfluch von Papst Johannes III. (561 bis 574) für Menschen, die Fleischspeisen für unrein halten und darauf verzichten, obwohl Gott das Fleisch den Menschen zum Genuss gegeben habe.

Das Leben oder die Ätherkräfte sprießen aus einer Quelle, die durchaus kosmischer Art ist, und die einzelnen Pflanzen zeigen sich in einer weiten Vielfalt. Stellt man die Nahrung für sich und seine Angehörigen zusammen, so kann diese Aktivität bewusst oder unbewusst geschehen. Wohl jeder Mensch kann auf dem Gebiet der Ernährung seine eigenen Bedürfnisse einbringen und die Ernährungsfrage für sich gestalten. Eine innere

Gerste – in der Natur mit ihren verschiedenen Formen ist die Ästhetik gegeben, während der Mensch die Ästhetik selbst entwickeln kann.

Das Wort Ästhetik kommt aus dem Griechischen (*aísthēsis* = Wahrnehmung, Empfindung). Allgemein wird die Natur als schön und ästhetisch bezeichnet. Je intensiver sich aber auch der Mensch mit den spirituellen Fragen des Lebens auseinandersetzt, desto mehr kommt er zu der Herzenseigenschaft der Ästhetik. Ästhetik ist so viel wie eine Harmonie, die sich vom Menschen zur Natur und auch unter den Menschen offenbart. Je mehr die eigenen Schöpferkräfte gebraucht werden, desto mehr wird der Mensch auch seine harmonische soziale und spirituelle Verbindung fördern.

Produktivität oder Kreativität ist wünschenswert und sollte die gesamten Verrichtungen in der Ernährungsgestaltung begleiten. Ein Sinn für Ästhetik ist wohl immer zur harmonischen Gesamtgestaltung wegweisend und vor allem außerordentlich hilfreich für die richtige Auswahl der Lebensmittel und ihre Kombination. Die Ästhetik als wirklicher Wertbegriff ist dabei nicht irgendein Gefühl, das den Stimmungen von Lust und Überschwänglichkeit unterworfen ist. Ganz tief aus dem Herzensfühlen entspringt der Sinn für Ästhetik. Jeder Mensch besitzt diesen Sinn und kann ihn auch weiterentwickeln. Jedoch leben die meisten Menschen sehr oberflächlich in den Gefühlen und eilen von einem Eindruck zu einem anderen, sodass noch keine tieferen Empfindungen von wirklicher Harmonie und Schönheit bemerkt werden. Der Sinn für Ästhetik entwickelt sich, wenn tiefere Gedanken, Ideale und höhere Ziele gepflegt werden. Den Mut zu handeln und Neues zu wagen, braucht der Koch ganz notwendig, denn die Auswahl von Nahrungsmitteln und das Kochen selbst sollen keine routinemäßige Nachahmung sein, sondern produktive Tätigkeiten aus der interessierten Seele selbst.

Die Ausprägung eines ästhetischen Empfindens erfordert Einfühlungsvermögen und Offenheit gegenüber den verschiedenen Umständen und Lebenssituationen. Dies schließt ein wachsendes bewusstes Handhaben aller Verrichtungen wie Einkaufen, Auswählen, Zusammenstellen, Kochen, Servieren mit in die Gestaltung ein. Im Umgang mit der Ernährungsfrage kann man nicht eine Grenze der Möglichkeiten erreichen, sondern man wird sich beständig in der Kreativität weiterentwickeln. Immer wieder gibt es neue Ideen und tiefere Erkenntnisse, die die Gestaltungsprozesse bereichern. Wer den Weg zur Ästhetik aufsucht, wird bald spüren, wie sich sein ganzes Leben daran zum Positiven verändern kann. Mit der bewusst gestalteten Ernährung beginnt eine Entwicklung, die tiefere Schaffenskräfte erweckt, die die seelisch-geistige Entwicklung des Menschen beständig fördert.

Bei der Reis-Hafer-Torte werden separat gekochter Reis und Hafer übereinander, zuletzt mit der Heidelbeerfruchtsoße, geschichtet. Hier führt der Formgestaltungsgedanke durch die einzelnen Schichten zu einem differenzierten Geschmackserleben, bei dem die Sinnestätigkeit angeregt und nach außen motiviert wird.

Beginnt man mit der bewussten Ernährungsgestaltung, so wird man in der Regel mit der allgemeinen, in unseren Landen gebräuchlichen Vollwertkost konfrontiert. Das heißt, dass man Weißmehlprodukte durch Vollkorngetreide ersetzt, mehr Salate und Gemüse auf den Tisch bringt, Sauermilchprodukte bevorzugt und Fleisch reduziert oder ganz wegfallen lässt. Schon nach wenigen Wochen spürt man deutlich Veränderungen im Organismus und auch ein subtiles Sensitivwerden in seinem psychischen Wesen. Man sucht schließlich in den Gestaltungsfragen des Lebens immer weiter, erarbeitet sich die verschiedenen Grundsätze der Ernährung und ergänzt sein Wissen, indem man die verschiedenen Nahrungsmittel aus der Naturküche erprobt. Auch der Körper wird empfindsamer gegenüber den unterschiedlichen Lebensmitteln und der Geschmackssinn verfeinert sich. Hat sich der Organismus einmal an das Vollkorngetreide gewöhnt, so verspürt er eine gewisse Schwächung, wenn er wieder über längere Zeit Weißmehlprodukte erhält. Das aus Sauerteig bereitete Vollkornbrot wird man bald besonders schätzen. Sogar den Unterschied zwischen mit Hefe gebackenem und durch Sauerteig gesäuertem Brot wird man kennenlernen. Die Entwicklung ist in direkter Weise am Organismus spürbar, und diese kann der Gesundheit einen wahren Wohlgefallen erweisen. Eine innere Entwicklung der Grundkräfte der Seele geht aber gleichzeitig im Stillen mit der Ernährung einher. Vor allem das Gemütsleben und die seelische Aufnahmebereitschaft wandeln sich mit der Umstellung von konventioneller auf vegetarische Kost. Es sollte das sensitive Erleben der Ernährung nicht über gewisse Grenzen schreiten. Die Gefahr wäre nämlich tatsächlich gegeben, dass sich jemand nur noch im Spüren der verschiedenen Nahrungsmittel und Nahrungssubstanzen befindet und dadurch eine überdurchschnittliche und schwächende nervliche Sensitivität ausprägt. Indem die Aufmerksamkeit mehr auf die Harmonie und damit auch auf die Ästhetik im Sinne einer Gesamtfrage und eines gesamten sozialen Umgehens mit der Ernährung gelenkt wird, können sich sehr stabilisierende Bewusstseinskräfte entwickeln.

Wird der Sinn für Ästhetik geboren, so wird dadurch ein sehr natürlicher und unkomplizierter Bezug zur Ernährung gewonnen. Automatisch wird man sich von synthetischen Stoffen wie Konservierungsmitteln und Farbstoffen abgestoßen fühlen. Überwürzte oder zu sehr verkochte Speisen, lieblos zubereitetes Essen oder einseitig zusammengestellte Gerichte werden nicht mehr anziehend sein. Auch das Essen in einer unruhigen Umgebung mindert die Attraktivität der ästhetischen Frage.

Gerade die richtige Auswahl von Nahrungsmitteln soll nicht nur eine Sache des intellektuellen Wissens sein, sondern sollte mit subjektiver Wahrnehmung des Schmeckens und objektiver Empfindungskraft für Harmonie und Schönheit geschehen. Wird ein höherer Gedanke oder ein Ideal für die Ernährung in der Seele erweckt, so wird dadurch nicht ein Dogma errichtet, sondern die ganze Person wächst infolge eines ganzheitlichen Ideals zu Reife und Achtsamkeit.

Für eine kräftige Miso-Suppe können die Zutaten nach individuellem Maß und Bedürfnis ausgesucht werden.

Der Koch kann weiterhin die einzelnen Zutaten zu verschiedenen sich ergänzenden Formen beim Schneiden phantasievoll gestalten.

Aus den individuell gestalteten Zutaten kreiert der Koch dann durch diese empfindsame Zusammenstellung eine harmonische Gesamtheit.

Man könnte auch ein Salatblatt auf sehr schöne, natürliche und ästhetische Weise servieren. Braucht aber der Einzelne etwas mehr Substanz als ein Salatblatt, so kann man beim Servieren des Salatblattes noch nicht von einer wirklichen ganzheitlichen Harmonie sprechen. Das Wort Ästhetik sollte für die Gesamtheit von harmonischen Bedingungen und für deren angemessene Schönheit gelten.

Der Begriff Ästhetik in der menschlichen Entwicklung schließt drei wichtige Komponenten ein. Die erste ist die eigene Ich-Grundlage im Sinne einer eigenen Denk- und Beurteilungsfähigkeit. Die zweite liegt in der Fähigkeit, soziale Kontakte herzustellen und die Außenwelt in Freiheit und Unabhängigkeit gewähren zu lassen, wobei dennoch die Fähigkeit zur intensiven Beziehungsaufnahme und gemeinsamen Tätigkeit zwischen Menschen vorliegt. Die dritte Komponente liegt in der Idealität des Strebens. Es müssen wirkliche Ideale und gute Inhalte dem menschlichen Tun zugrunde liegen. Die Handlungen und die menschlichen Ausdrucksformen werden durch das Zusammenwirken in dieser Dreiheit ästhetisch. In diesem Sinne lässt sich die Zahl Drei der Ästhetik zuordnen. Sie ist eine lebendige Entwicklungszahl.

Die Unsicherheit, dass der Körper mit vegetarischer Ernährung zu wenige Mineralien und vor allem zu wenig Eiweiß erhält, beschäftigt viele Menschen. Die essentiellen Aminosäuren kann der Körper nicht selbst bilden, sie müssen in genügender Menge zugeführt werden. Verzichtet man auf Fleisch und Eier, so fällt eine wesentliche Eiweißquelle hinweg. Nun liegt es aber nicht an der bloßen äußeren Substanz und Menge des Eiweißes. Die richtige Zusammenstellung eines Gerichtes ist von entscheidender Bedeutung. Die feinfühlige Hand des Koches kann hier so manche Probleme beseitigen. Bei jedem Menschen ist ein bestimmtes Gleichgewicht im Körperhaushalt gegeben. So braucht meist der leptosome Mensch etwas mehr Eiweiß, während der pyknische weniger benötigt. Der Eine braucht mehr Fette, und der Andere wiederum nur ein Minimum. Dieses sind Unterschiede, die nach individueller Entwicklung und verschiedenen Umständen gegeben sind und die man beim Kochen beachten kann. Das Wesentliche ist die Harmonie, die immer das Gesamte und nicht nur die Einzelheit betrifft. Zu den gesamten Bedingungen der Ernährung zählen die gesundheitlichen, die sozialen und schließlich auch die geistigen oder spirituellen Bedingungen. Die Gesamtharmonie gibt den eigentlichen Gehalt an positiver Entwicklungskraft für Körper, Seele und Geist. Durch die Ausprägung eines inneren Sinnes für Harmonie und Schönheit, für Ästhetik, für Reinheit und für eine angemessene Begegnung von der Nahrung und dem Menschen wird die Ernährungsfrage direkt aus sich selbst heraus beantwortet. Die Entwicklung der Ästhetik erfordert eine Aktivität im Seelischen. Diese ist notwendig, weil der Mensch dadurch im ganzheitlichen Sinne reift. Er entwickelt durch innere Auseinandersetzung weitaus mehr Verständnis als ihm isoliert stehende und damit äußere Anleitungen über Kalorien und Vitamine geben können.

Jeder Mensch besitzt ein natürliches Gefühl für die Nahrung und hat auch seine besonderen Vorlieben für bestimmte Speisen. Den Gefühlen sollte man hier aber nicht nur den alleinigen freien Lauf lassen, denn ohne Ideale führen diese allzu schnell zur Genusssucht oder anderen Einseitigkeiten. Eine Erkenntnisgrundlage sollte durch ein feineres Spüren und bewusstes Unterscheiden geboren werden.

Einheimische Getreidesorten wie Weizen, Roggen, Gerste und Hafer ergänzen sich sehr gut mit Milchprodukten und auch mit verschiedenstem Gemüse. Würde man nur Vollkorngetreide und sehr viel Fleisch servieren, so müsste man eine Einseitigkeit im Inneren seines Empfindens spüren, denn man würde sich tatsächlich mit Eiweiß überladen. Die richtige Zusammenstellung gibt die harmonische Grundlage. Es sollte nicht zu viel, aber auch nicht zu wenig Eiweiß oder auch von anderen Stoffen zugeführt werden. Die ästhetische seelische Entwicklung sucht nicht nur das einzelne und das rein an die Materie gebundene Wissen, sondern will die verschiedensten Bedingungen in einer angemessenen und idealen Weise zu einem ganzen und einheitlichen Gefühl kreieren.

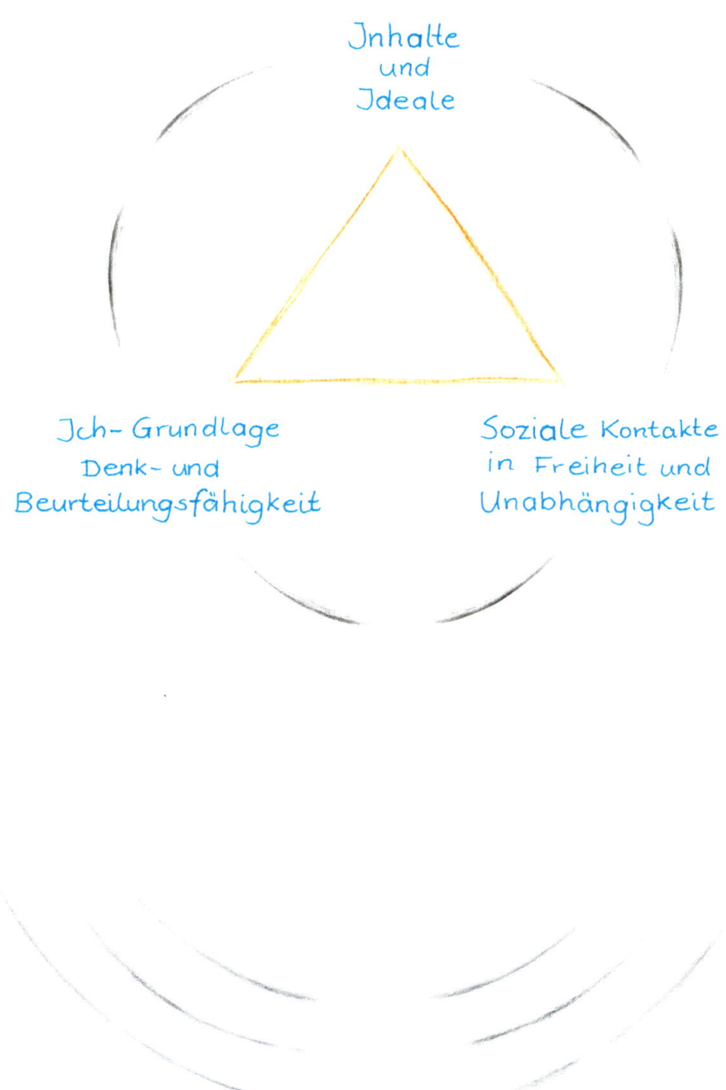

Auf die Ernährung bezogen braucht die menschliche Entwicklung Ideale, die mit verschiedenen Lebensbereichen in Verbindung treten. Damit kann der Mensch eine Grundlage ausbilden, auf der er die Auswahl der Nahrungsmittel weder nach Instinkten, noch nach rein materialistischen Kriterien trifft.

Die Ich-Grundlage ist diejenige Fähigkeit, die sich dann entwickelt, wenn der Mensch tatsächlich sein triebhaftes Verlangen und auch seine rein intellektuelle Anlage durch eine wirkliche Weisheit und Beziehungsfähigkeit überwindet.

Daraus ergeben sich weitere soziale Kontakte mit größerer Interessensbereitschaft und wachsender Anteilnahme an den verschiedensten Lebensbedingungen. Die Ernährung endet deshalb nicht nur in der Gesundheit des physischen Leibes, sondern in erhöhter Sozialität und Soziabilität und zuletzt sogar in einer ausstrahlenden Spiritualität.

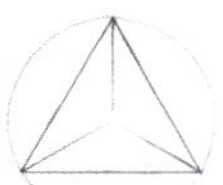

Das Getreide

Die Nahrung ist ohne die kosmischen Einflüsse, die aus den Gestirnen herniederstrahlen, nicht denkbar. Das Getreide beschreibt ein Urbild eines Nahrungsmittels, das von einer göttlichen Hand gesegnet ist. In vielen Legenden und Überlieferungen wird vom segensreichen Getreide berichtet, das mit dem Menschen in einer ganz besonderen und inniglichen Verbindung lebt. Ein geistiges Geheimnis liegt im Wesen des Getreides.

Die zunächst sinnliche Betrachtung der Natur führt das menschliche Bewusstsein den irdischen Sphären und auch den Äthersphären näher. Eine Pflanze sprießt aus dem Keim eines Samens hervor. Etwas sehr Geheimnisvolles, Gestaltbildendes, Lebendiges entsteht aus dem Zusammenwirken von den sogenannten Himmelskräften, beispielsweise von Sonne und Mond als den bekanntesten, mit den Erdenkräften, vor allem mit dem Wasser und den Mineralien. Das Besondere in der weiteren Beobachtung, die das sinnliche Auge und das mögliche Bewusstsein einschließt, ist, dass es ohne die Einflüsse aus der Gestirnswelt, ohne Licht und Wärme, keiner Pflanze möglich ist zu wachsen und zu gedeihen. Die schaffende Kraft aus den unendlichen Sphären liegt als eine übergeordnete Wirkensdimension allem Leben zugrunde, und wäre das Leben in seiner Gestaltbildung nicht tätig, so gäbe es schließlich auch keine Materie. Mit bloßen intellektuellen Spekulationen lässt sich das Wesenhafte der Schöpfung noch nicht befriedigend erklären. Um zu erkennen, wie die obere Sphäre auf die untere wirkt, bedarf es eines tiefen künstlerischen Einfühlungsvermögens und vor allem auch eines offenen Herzens, um die Geheimnisse in der gestaltbildenden Pflanzenwelt zu ergründen. All jene Erscheinungen, die auf der Erde sichtbar entstanden sind, tragen die ursprüngliche Lichtwirkung eines hereinstrahlenden kosmischen Prozesses in ihrer Mitte. Der Urquell aller Schöpfung ist sicherlich als Erstes einmal das Licht der Sonne. Dieses arbeitet an der werdenden Pflanzenwelt, gibt ihr Anregungen und Lebensimpulse. Aber mit der Sonne sind die Planeteneinflüsse unsichtbar verbunden. Der Boden ist schließlich nur der Verankerungsgrund für die Wurzeln und für die Pflanzen. Ein materieller Boden kann ohne kosmische Einflüsse noch kein Leben hervorbringen. Die Erde ist nur die materielle Trägerseite für das werdende pflanzliche Wesen, das direkt durch kosmische Lebenskräfte in die Gestaltbildung gelangt.

Für die menschliche Entwicklung in seelisch-geistiger Hinsicht trägt dieses erweiterte, sogenannte kosmische Verständnis von Natur und Leben eine sehr wichtige Bedeutung in sich, denn mit der Akzeptanz des real wirkenden Kosmos setzen wir den Grundstein zur Einordnung der menschlichen Persönlichkeit in das Leben als Ganzes. Durch die Anerkennung der größeren Kraftwirkung des Lichtes als schöpferische Quelle des Lebens erwächst eine tiefe Seelenstimmung, die zu einer geordneten und offeneren Grundhaltung in der Persönlichkeit führt. Der Intellekt könnte glauben, dass das Leben ausschließlich aus dem Keim hervorgeht.

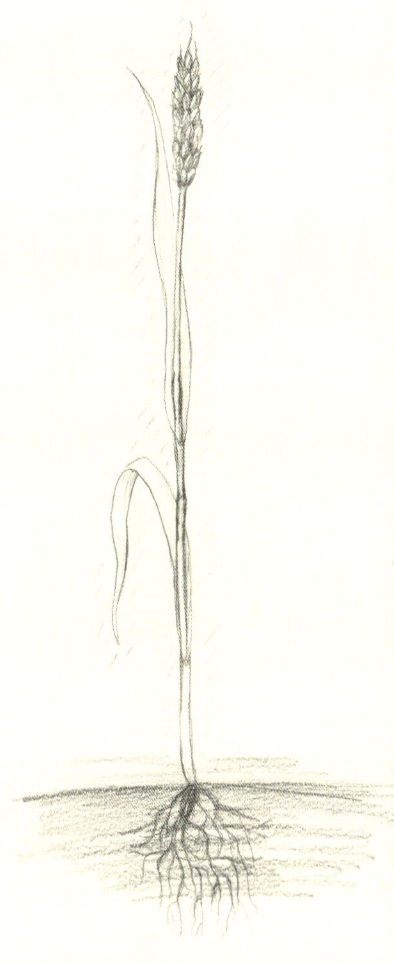

Mit dem Licht arbeiten kosmische Einflüsse an der Pflanze, die sie einerseits begrenzen, andererseits zu einer neuen Struktur aufbauen.

Bild links:
Das Getreide im aufstrebenden Wachstum und in der wiegenden Höhe, in der sich die Ähren befinden, lässt die sensible Beziehung zum Licht erahnen.

Je nachdem, welche Ideen der Mensch seiner Sicht zugrunde legt, gelangt er zu entsprechenden Erkenntnissen.

Im aufsteigenden Wachstum des Getreidehalms und in der Formbildung der Ähre lässt sich die unsichtbare Ätherkraft erahnen. Während sie nach oben steigt, gründet sie sich tiefer im Mineralischen.

Das Wachstum einer Pflanze ist für das Auge nicht sichtbar, dennoch aber weiß man, dass eine Pflanze gedeiht und wächst. Der Gedanke des Wachstums im Sinne der Gestaltbildung von aufsteigenden und gleichzeitig absteigenden Bewegungen eröffnet eine erste Grundlage für die reale Evidenz von wirkenden Ätherkräften.

Sowohl die Geheimnisse der Sonnen- und Mondrhythmen als auch der anderen Gestirnseinflüsse sind ja zunächst mit den Augen nicht immer so deutlich sichtbar und dennoch aber auf feinste und intensivste Weise an der Gestaltbildung der Pflanze beteiligt. Die hereinstrahlende Quelle des Wachstums kann durch das Denken nur erkannt werden, wenn sie auch als eine reale Idee akzeptiert wird. Der Mensch würde ein mechanisiertes Wesen ohne moralische Verantwortung und Glaubenstiefe werden, wenn er nicht eine größere Dimension, die real im Leben vorhanden ist, akzeptiert. Wie viele Menschen fühlen sich leider wie hineingestellt in einen mechanisierten Weltenbau, da sie die Idee eines kosmischen und übergeordneten Bewusstseins, das an allem Leben arbeitet, nicht mehr denken.

Betrachtet ein sensibler Mensch das stille Leben der Pflanze ohne intellektuelle Beschwernisse oder gefühlsmäßige Romantik, so ahnt er ein tiefes Geheimnis. An der Pflanze arbeiten höhere Kräfte, die für das physische Auge nicht sichtbar sind. Der Same beginnt im Frühjahr zu keimen, schlägt seine Wurzeln in den Boden und bringt das erste Grün an die Erdoberfläche. Eine unsichtbare Lebenskraft, eine Ätherkraft, die fast wie aufblitzend in die Ahnung oder Wahrnehmung gelangen kann, fördert das Wachstum der Pflanze bis hin zur Reife. Wäre diese unsichtbare Lebens- oder Ätherkraft nicht vorhanden, so könnte die Pflanze nicht himmelwärts wachsen, sie würde ganz den Kräften der Schwerkraft unterliegen. Auf der Höhe der Reife bildet sie Nektarien mit meist harzigen oder duftenden Ölen. Die Blüte mit ihrer leuchtenden Farbe drückt, wie es die Anthroposophie beschreibt, eine Antwort zum Lichtmeer des Kosmos aus. Im Laufe des Vergehens zerstäubt sich die Blüte, sie bildet Pollen und verströmt ihr Wesen in die Welt hinaus. Dann zieht sie langsam ihr geheimnisvolles Leben zurück, bis schließlich das einst saftige Grün in dürres Gelb aufgelöst ist. Der Same verbleibt in der schlafenden Erde und wartet auf die nächste Wachstumsperiode im Jahresrhythmus. Alles Leben webt in Zusammenarbeit mit den kosmischen Welten. Licht und Wärme wirken auf die Erde und ermöglichen erst damit alle chemischen Abläufe. Die lebendige Gestaltbildung kann deshalb mit der Idee, dass kosmische Einflüsse als reale Wirkenseinflüsse tätig sind, gedacht werden. Indem das menschliche Bewusstsein diese Idee der Gestaltbildung im Zusammenhang mit dem Kosmos denkt, erweitert es sich über die sinnlichen Grenzen hinaus.

Betrachtet man die Getreidefelder in der Landschaft, so bekommt man gerne ein warmes, angenehmes Empfinden und ein Gefühl der sensitiven Geborgenheit. In den Sommermonaten, wenn das Korn zur Reife gelangt und ein gelblicher Schimmer über den wiegenden Feldern ruht, lässt sich die verborgene Sphärenkraft, die im letzten Stadium des Wachstums arbeitet, leise erahnen. Mit dem Getreide ist dem Menschen ein ganz besonders wertvolles Nahrungsmittel gegeben. Es ist sogar mehr als nur ein Nahrungsmittel, das er als stoffliche Grundlage nehmen und zubereiten kann.

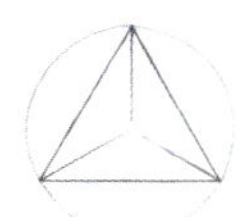

Wie eine große, liebevolle Hand liegt über den Getreideähren eine übersinnliche Wesenheit. Diese ist für die hellsichtige Wahrnehmung erkennbar. Die reifen Samenfrüchte nehmen, wenn man es so ausdrückt, einen Funken göttlicher Liebe in sich auf. So ist das Getreide nicht nur die Nahrung für den Körper, sondern auch für den Geist. Diese Nahrung macht den Menschen zu einem Bürger der kosmischen und schließlich auch der geistigen Welten. Sie gibt Kraft zur freien Entfaltung des Empfindungslebens, zur Loslösung von aller Erdenschwere und Bindungen. Getreide gibt aber auch die Kraft zu Hingabe und Geben, sodass das menschliche Bewusstsein eines Tages die Grenze seiner eigenen Verhaftung und seines egoistischen Wollens durchbricht und sich einem größeren gesamten Ideal hinwendet. Das Getreide ist die beste Kraftnahrung für die sich weitende Seele und für den werdenden Geist.

Hier wird zwischen den Kräften, die das kosmische Licht gibt, und den höheren Welten, die mehr die inneren Geheimnisse des schöpferischen Geistes darstellen, unterschieden. Man könnte diese geistige Sphäre als die innere Lichtsphäre bezeichnen, während man die kosmische Lichtsphäre als die empfindsame äußere Lichtsphäre bewertet.

Getreide ist deshalb so wichtig für den nach Selbstverwirklichung strebenden Menschen, weil mit diesem ein ganz spezifisches Kräftewirken in der Seele gefördert wird. Jene Eigenschaften des inneren Menschen werden durch die Getreidekost auf intensive Weise gefördert. Wer viel Getreide isst, gewinnt Erkenntniskräfte, Vertrauen in die eigenen Entscheidungen und Handlungen, Stärke in der Konzentrationsfähigkeit, Klarheit im Denken sowie auch physische Kräfte. Das Nervensystem wird durch Getreidekost ganz wesentlich gestärkt, ohne dass die Sensibilität herabgesetzt wird. Getreidenahrung steigert sogar die Empfindungsfähigkeit, während auf der anderen Seite auch stabile Tendenzen im Menschen aufgebaut werden.

Wer eine gut zubereitete Getreidespeise nach übersinnlichen Kriterien betrachtet, bemerkt an dieser, dass sie eine sehr schöne, weite und freie Äthersphäre nach außen ausstrahlt und gleichzeitig eine gute Zentrierung in sich selbst verbirgt.

Es ist sehr wesentlich, dass diese Idee real genommen wird: Fortwährend und ohne Grenze wirkt der Geist aus der unsichtbaren Welt des Lichtes. Die Sphäre des Kosmos ist wie ein weites schaffendes großes Wesen, das mit besonderer Feinsinnigkeit über den Feldern, den Ähren und Körnerfrüchten strahlt und damit aus übersinnlicher Quelle eine höhere Kraft in die Pflanzen trägt. Wer das Getreide als seine Nahrung wählt, nimmt neben der physischen Grundlage die geistige Substanz für eine Persönlichkeitsstruktur auf, die zur Befreiung von den irdischen Abhängigkeiten beiträgt.

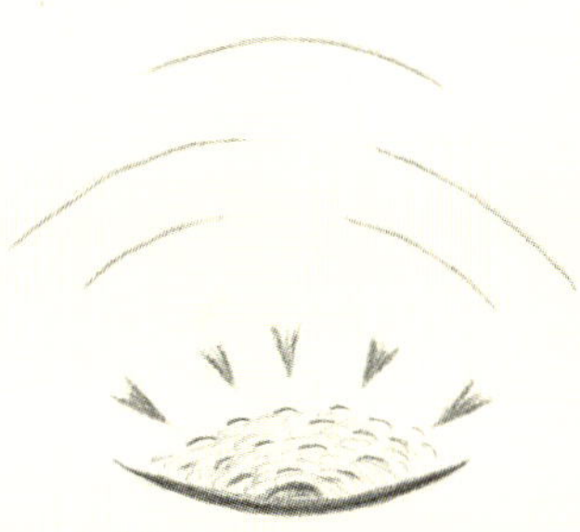

Zwei große Äthertendenzen, diejenige der Zentrierung und diejenige der Ausstrahlung, kommen bei der Getreidekost zur Entfaltung.

Genau betrachtet ist das Getreide sogar ein sehr starkes Nahrungsmittel. Wer sich eine Zeitlang vorwiegend oder gar ausschließlich von vollen Körnern ernährt, wird im gesamten Leben eine wachsende Leichtigkeit verspüren. Diese kann durch Übertreibung andererseits wieder so weit führen, dass das Interesse an allen irdischen Dingen verloren wird.

Die Anthroposophie bezeichnet diese Tendenz des mangelnden irdischen Interesses als „luziferisch". Die Weltenflucht, die Flucht vor dem praktischen Leben, wird den Wesenheiten von Luzifer zugeordnet.

Für den Menschen, der aber nach höheren Idealen strebt, ist das Getreide ein wichtiges Hauptnahrungsmittel, das mit anderen Nahrungsmitteln kombiniert werden sollte.

In der gegenwärtigen Zeit ist die sogenannte Selbstverwirklichung, die ja eigentlich nichts anderes als eine Geistdisziplin darstellt, nicht mehr in isolierter Abgeschiedenheit möglich. Ein zu stark isoliertes oder asketisches Dasein würde die Seelenkräfte, das sind das Denken, Fühlen und Wollen, an das eigene egoistische Verlangen binden und der Einzelne würde durch sein Streben nach Erlösung nicht wirklich frei, sondern wiederum unfrei werden. In den früheren Zeiten stand man jedoch bewusstseinsmäßig den irdischen Dingen und Geschehnissen noch ganz anders gegenüber. Die intellektuellen Fähigkeiten, die die gegenwärtige Epoche zeichnen, waren vor wenigen tausend Jahren noch gar nicht vorhanden. Vor 2000 bis 3000 Jahren besaß man ein sehr instinktives Wissen und ein natürliches Gemeinschaftsempfinden oder sogar menschliches Gruppenempfinden. Mit dem kosmischen Leben und dem Weltenrhythmus war man auf innigere Weise in Verbindung und es war selbstverständlich, dass der Mensch mehr aus dem Kosmos als aus den irdischen Verhältnissen lebt. Im Laufe der Entwicklung jedoch, und ganz besonders die letzten beiden Jahrhunderte, verlor der Mensch diesen restlichen kosmischen Weltenbezug und wurde immer mehr ein sogenannter irdischer Einsiedler. Mit dem Verlust des kosmischen Gefühls einhergehend prägten sich vorwiegend die intellektuellen Fähigkeiten des Menschen aus. Doch allein mit dem Verstand kann das Bewusstsein die Welt und das Leben noch nicht begreifen, denn das Denken ist im Intellektualismus aus dem lebendigen Zusammenhang gerissen und überschattet das eigentliche geistige wie auch kosmische Sein in der Seele. Der einseitige Intellektualismus verhindert damit die Öffnung für ein tieferes Gedankenleben und auch für das in der Folge entstehende seelische Erleben. Das menschliche Bewusstsein besitzt heute nur noch eine sehr dumpfe Ahnung von den höheren Welten. Anstelle dieses kosmischen Gefühls ist aber sein Bewusstsein für die irdische Welt auf einer sehr hohen Stufe angelangt.

Eine Geste der aufsteigenden Ätherdynamik bei gleichzeitiger Zentrierung wie auch einer Zusammenziehung nach unten.

Blühender Weizen
Weniger die aufsteigende Blütenbildung steht beim Getreide im Vordergrund, sondern die bereits mehr zur Zentrierung führende Konsolidierung.

Um das Denken und Fühlen des Menschen wieder lebendiger werden zu lassen, muss man alle Erscheinungen der Natur mit tieferen Augen und bewusst gedachten Ideen betrachten lernen. Ein Getreidekorn ergibt eine Pflanze mit neuer Ähre. Ein Halm wächst in der Regel nicht einzeln, für sich isoliert stehend, sondern es bilden sich ganze Familien und Felder. Unscheinbare, winzige Blüten sitzen an den Sprossen der Ähren. Sie öffnen sich nicht nacheinander, einzeln für sich, sondern alle gleichzeitig. Die zarte Struktur der ganzen Pflanze ist dem Licht und der Luft innig zugewandt. Die Bestäubung geschieht innerhalb weniger Stunden. Der Wind streicht über das Feld und nimmt eine Wolke von Blütenstaub mit sich auf. Die Elemente wirken auch auf der rein physischen, und damit der sinnlichen Beobachtung zugänglichen Ebene, intelligent und weisheitsvoll zusammen. Welche Kräfte aber sind wiederum mit diesen Elementen als höhere Seinskräfte oder höhere kosmische Wirkungseinflüsse gegeben?

Eine geistige Kraft lebt sich aus ätherischer Schwebe in die Körnerfrüchte hinein. Sie ist durch eine tiefe Empfindung im Sinne der übersinnlichen Erkenntnisbildung erfahrbar. So wie das kosmische Licht der Pflanze

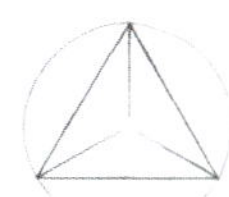

Impulse gibt, so ist auch der Mensch von Einflüssen geleitet, die nicht nur von der Erde, sondern auch aus dem Sternenmeer kommen. Im gesamten Dasein existiert nicht nur ein einziger Einfluss, sondern eine Vielzahl von verschiedensten Wirkenseinflüssen, die im Gesamten ein großes Meer des Äthers darstellen. Die gesamten Erscheinungen auf unserer Erde sind der Ausdruck einer großen astralen Sternendimension und eines in der Folge daran geknüpften ätherischen, gestaltbildenden Kraftfeldes. Das Licht strahlt auf den Boden der Erde, auf die Vegetation, auf alle Tiere und auf die Menschen. So wie sich der Mensch nicht aus dem Körper allein erschaffen kann, so kann er auch keine Macht entfalten ohne die Einflüsse von Kräften, die von dritter Art sind, und von außen, aus dem Umkreis, an ihn herantreten. Alle Ätherkräfte gehen aus einem übergeordneten Gesamtäther hervor und werden auch wieder in diesen zurückkehren. Jede Pflanze ist ein Teil dieser Schöpfung und sie kann somit keinen Anspruch und keine Forderung an sich selbst stellen. Sie demonstriert einfach nur das Leben und ihre Gestaltkraft. Sobald das Licht zurückgeht, beginnen sich die Ätherkräfte ebenfalls wieder zurückzuziehen.

Eine einzige Sache für sich allein besitzt keine Macht. Ein Mensch kann beispielsweise ebenfalls nur machtvoll wirken, wenn er sich mit bestimmten Wesen oder auch mit anderen Menschen auf unlautere Weise verbindet.

Die Getreidenahrung sollte für denjenigen, der nach Spiritualität strebt, ein Zentrum bilden, denn derjenige, der Spiritualität erlangen möchte, muss sich im besten Sinne zu einem gewissen Grade selbst verwirklichen oder, wenn man es mit anderen Worten ausdrückt, seine Ich- und Selbstkraft entfalten. Worin liegt aber diese Selbstkraft? Sie liegt in der Fähigkeit, nicht nur von den Schöpferkräften von Licht und Wärme im Äußeren abhängig zu sein, sondern diese Licht- und Wärmekraft auch selbst, durch Weisheit und eigene Disziplin zu organisieren. Nicht nur die Sonne erschafft Ätherkräfte, sondern auch der Mensch kann durch seine Seelenkräfte des Denkens, Fühlens und Wollens das Leben erbauen und organisieren und in diesem Sinne schöpferisch tätig sein.

Bei der Betrachtung eines Weizenfeldes lassen sich verschiedene Lichtspiele, die auch von der Tageszeit abhängig sind, beobachten. Das Getreide nimmt intensiv an Licht- und Wärmekräften teil.

Wenn der Übende nun die gestaltbildenden Kräfte in der Natur beobachtet und ganz besonders das Getreide studiert, so wird er im besonderen Maße auf die verschiedenen Ätherwirkungen ahnend aufmerksam und prägt langsam in sich erste Grundlagen zur Hellsichtigkeit und schließlich zur gebenden Kraft in seiner Seele aus. Je mehr die schöpferische Seite des Lebens erkannt wird, und dies nicht nur schwärmerisch, desto mehr verwirklicht sich der Mensch. Die schöpferische Tätigkeit ist schließlich das Ergebnis einer wirklichen Selbstverwirklichung. Das Getreide ist für diese Tätigkeit sein bester Begleiter.

Die Zeichnung veranschaulicht eine sich gleichzeitig zentrierende und ausweitende Ätherdynamik.

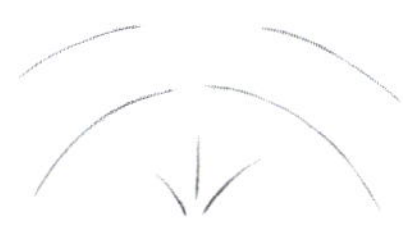

Das Brot

– eine veredelte Getreidekost

Das tägliche Brot als Urbild der Nahrung ist nicht nur physische Substanz, sondern gibt in erster Linie jene geistige Grundlage zur Selbsterkraftung, zu einer gebenden Ausstrahlung und tieferen Erkenntnissen. Jedoch nur das in der Ganzheit belassene Korn kann dem Brot als geistiges Nahrungsmittel ganz gerecht werden. Die letzten Jahrzehnte führten zu einem Höhepunkt im materialistischen Denken. Hingabebereitschaft und auch Hingabefähigkeit, denn es handelt sich wirklich um eine Fähigkeit, sich hingeben zu können und Erkenntnisse zu entwickeln, gingen fast gänzlich verloren. Die Menschheit erschöpft zunehmend in ihren innersten Kräften. Das menschliche Bewusstsein kennt seine inneren Gesetze nicht mehr und aus Mangel an sogenannter Urbildekraft oder, anders ausgedrückt, an nervlichen Lebens- und Substanzkräften findet es kein Interesse mehr an höheren Lebenszielen. Das ganze Korn kann manchmal vom Menschen gar nicht mehr leicht verdaut werden und infolge dieser Schwäche gewinnen die raffinierten Weißmehlprodukte noch weitere Verbreitung.

Das große Übel aber ist, dass Brote leider nur noch mit Hefe gebacken werden und der Sauerteig in den letzten Jahren fast gänzlich aus den Bäckereien entschwindet. Betrachtet jemand ein Hefebrot im Vergleich zu einem reinen Ferment- oder Sauerteigbrot, so stellt er in der Ätherkonfiguration einen erstaunlichen und wichtigen Unterschied fest: Das Sauerteigbrot ist durch die Säuerung strukturiert und verbunden, während das Hefebrot mehr durch das Getreideklebereiweiß, das Gluten, verbunden ist. Die Art der Verbindung, und Brot muss eine Einheit und Verbindung darstellen, ist vollkommen unterschiedlich. Der Äther im gesäuerten oder fermentierten Brot webt förmlich die Verbindungen aus und erschafft eine integre Einheit. Die Hefe dagegen zeigt diese innigliche ätherkräftige Verbindung nicht. Das Mehl wird nur an der Oberfläche berührt und zu einem vitalen Wachstum getrieben.

Die Hefe nimmt zu ihrer Triebkraft die Zucker aus dem Mehl, verwandelt diese in Alkohol und Kohlensäure und bringt auf diese Weise ein Triebvermögen hervor. Sauerteig- oder Fermentbrote *organisieren* hingegen die einzelnen Zucker und bilden ein Ganzes. Aus diesem Grunde werden Ferment- und Sauerteigbrote bevorzugt.

Das Brot aus Sauerteig oder Fermentierung ist das beste Heilmittel, um über lange Zeit das Immunsystem zu stärken. Warum ist gerade der Prozess der Säuerung so bedeutungsvoll für das Immunsystem? Das menschliche Immunsystem arbeitet bei genauer Betrachtung nicht nur als ein Abwehrsystem, sondern wie ein integratives System. Es bringt diejenigen Stoffe zur Ausscheidung, die ausgeschieden werden müssen, und integriert auf der anderen Seite die Substanzen, die zum gesamten Aufbau notwendig sind. Damit jedoch die Ausscheidung auf richtige Weise funktionieren kann, muss sich der Organismus zuerst einmal mit den verschiedenen Stoffen bekannt machen, sich mit ihnen zu einem gewissen Grad verbinden, um sie schließlich an den Ort der Integration oder an den Ort der Ausscheidung zu führen. So wie eine menschliche Zusammenarbeit nur dann effektiv sein kann, wenn die einzelnen Personen miteinander verbunden

An der Entstehung von degenerativen Krankheiten ist die Hefe sicherlich nicht unwesentlich beteiligt. Das menschliche gesunde Leben leidet über die Zeit hinweg infolge des Konsums von Hefe-Backwaren.

Roggen-Backhefebrot

Roggen-Backfermentbrot

Bei der Betrachtung beider Brote lässt sich die Empfindung zur inneren Brotqualität, der Ätherkonfiguration schulen. Es entsteht der Eindruck, dass bei einem Backfermentbrot die Krumenstruktur von innen heraus nach außen miteinander verbunden, durchgestaltet und entgegenkommend wirkt. Bei einem Backhefebrot entsteht der Eindruck einer unruhigen Porung, in der Mitte stärker als außen, die sich zur Mitte zurückzieht.

sind, so kann auch das Immunsystem als Integrationssystem nur sinnvoll arbeiten, wenn es in sich die Fähigkeit zur Adaption und Verbindung ausgeprägt hat. Die Milchsäure beispielsweise wirkt auf besondere Weise im Brot transformierend und verbindend. Sie erschafft aus dem Mehlprodukt über den weiteren Backvorgang ein Produkt, das eine integre, aus sich selbst verbundene Einheit darstellt. Das Immunsystem benötigt am allerdringlichsten diese Einheit des Brotes im Sinne einer integren Ganzheit.

In der europäischen Kultur ist sicherlich längst die Zeit herangerückt, um zu einer lebendigen Durchdringung der Materie mit dem Geist zu kommen. Viele Menschen spüren, dass sie an der Grenze ihrer äußeren Leistungsmöglichkeiten angelangt sind. Infolge der Erschöpfungen der Zeit erwacht die Forderung nach wirklichen, möglichen Idealen. Das Getreide, und besonders das Brot, ist das Nahrungsmittel, das auf das innere Immunsystem, aber auch auf die bewusstseinsbildenden Kräfte einwirkt und dem Menschen hilft, Erkenntnisse von kosmischen Zusammenhängen zu finden. Die Sensibilität des Nervensystems wird durch das Vollkorngetreide, wie bereits beschrieben, nicht abgeschwächt, sondern tendenziell sogar gesteigert. Im richtigen Maß gegessen bringt das gute Vollkornbrot aber auch gleichzeitig physische Stabilität und eine gesunde, aufbauende Kraft für den ganzen Organismus. Der hohe Gehalt an Kieselsäure stärkt beispielsweise das gesamte Bindegewebe. Degenerative Krankheiten wie Arteriosklerose, Bandscheibenschäden und Gelenkserkrankungen werden durch Getreide- und gute Brotkost begrenzt. Ganz besonders auch die Krebskrankheit bräuchte zur Therapie ein gesundes Immunsystem und somit das gesäuerte Brot. Die Aktivität der inneren Organe steigt harmonisch, wenn das Nahrungsmittel in sich eine integre Einheit besitzt. Weiterhin werden das Atem- wie auch das Kreislaufsystem gestärkt, sodass die Vitalität des Menschen nicht im überdurchschnittlichen, sondern im harmonischen Maße zunimmt. Zahlreiche weitere Heilwirkungen sind mit der Immunstärkung und auch der Stärkung des Bindegewebes, die durch das Vollkornbrot entsteht, gegeben.

Indem der Konsument die hohe Lichtkraft und die damit gegebene feinstoffliche Wesenskraft mit dem Getreide und der Brotnahrung aufnimmt, erschafft er in sich jenes segensreiche Denken und Fühlen, das nicht an die eigene egoistische Haltung gegenüber dem Leben gebunden ist, sondern er durchströmt sich mit der anregenden Kraft, die im Äther des Kosmos selbst liegt. Der Unterschied ist sehr groß, ob jemand eine integre Einheit mit dem Brot aufnimmt oder ob er nur ein stark aufgetriebenes Brot isst. Die gute Verbindung im Nahrungsmittel schenkt die Freiheit des Altruismus nach außen. Je besser die integre Einheit eines Nahrungsmittels ist, desto mehr wird eine Brücke vom eigenen Wesen zu den Mitmenschen und der Natur geschaffen.

Wer eine wirklich profunde Wahrheit im Leben sucht, der muss sich im Laufe seines Werdegangs von sehr egoistischen Sehnsüchten und vor allem von einem falschen Begriff der Selbstverwirklichung befreien. Die

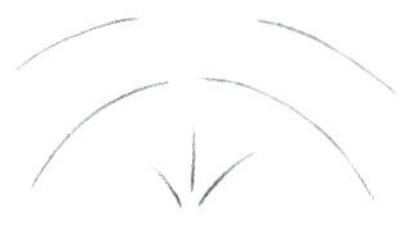

sogenannte Selbstverwirklichung kann nicht eine Angelegenheit der rein persönlichen Sphäre sein. Die Fähigkeit zur Hingabe trägt in sich die Fähigkeit, dem Leben eine Gabe entgegenzubringen, und in der Fähigkeit der Hingabe liegt die Stärke, sich selbst zu finden und auch den anderen zu erkennen. Das Brot ist jenes Nahrungsmittel, das den Menschen von der eigenen Selbstisolation und vielleicht von den falschen Begriffen der Selbstverwirklichung befreit und ihn zur Weite des Daseins hinüberführt. Mit dem Brot wird er ein kosmischer und schließlich sogar ein geistiger Bürger. Wer sehr viel Getreide isst, bereitet sich für ein Leben des wirklichen Sozialfähigseins vor, denn er erkennt schließlich mehr und mehr die wahre Natur seines Wesens und wird durch sein Bewusstsein auch zur Erkenntnis des anderen gefördert.

Gerade die heimischen Getreidesorten und die Möglichkeiten, daraus Brot und andere Speisen zu backen oder zu kochen, geben dem Menschen die Grundlage zur weiten Bewusstseinsentwicklung. Diese sind in erster Linie der Weizen, der Dinkel und die Gerste, aber auch Roggen, Hafer, Reis und Hirse. Der Buchweizen als Knöterichgewächs ist dem Getreide und seinen Ätherkräften unmittelbar wesensverwandt. Der Mais kommt vorwiegend aus fremden Ländern. Alle Getreide geben jene Grundlage einerseits zur Loslösung von zu stark werdenden irdischen Verhaftungen und öffnen andererseits den Menschen zu einer Bewusstseinsentwicklung, die eine Erkenntnisfähigkeit zu den Mitmenschen einschließt und eine Art gebende Kraft in das soziale Leben führt.

Natürlich kann man sich die Gesundheit von Körper und Seele wie auch ein gesundes Immunsystem nicht eressen. Niemand wird durch das Essen allein erlöst, denn man muss sich im gesamten Leben Ideale aneignen und nach höheren Erkenntnissen ringen. Vielleicht mag es ein mühsamer Pfad sein, der sehr viel Zeit und Disziplin kostet, damit man die Empfindungskraft aus der Tiefe des Herzens zu den Mitmenschen, zu der Natur und allen Seinsbedingungen ausprägt. Hingabe und Geben dürfen nicht falsch im Sinne äußerer Rituale oder äußerer Bekenntnisse verstanden werden. Eine wirklich gebende Ausstrahlung ist kein romantisches Gefühl. Der subtile Herzenswunsch des Gebens und schließlich auch des immer damit verwandten Erkennens liegen jenseits von äußeren Emotionen. Gute Erkenntnisse erfordern eine Aufmerksamkeit zur Sinneswelt und zu den Kräften, die an der Sinneswelt arbeiten, und wer diese erringt, bereitet ein reines Empfindungsleben vor. Auf eine wirkliche Erkenntnis erfolgt eine große Stabilisierung des persönlichen Lebens und der Mensch wird mit seinem Wissen und seinen Erfahrungen authentisch. Fühlt man in allen Nahrungsmitteln wie auch in allem schöpferischen Kräftewirken eine reale ätherische Dimension, so wird man selbst auch schöpferische Kräfte im Sinne des Gebens für andere ausstrahlen. Das wirkliche Geben kann keine Emotion der äußeren Persönlichkeit sein. Es gründet sich vielmehr auf einer tieferen Form des Verstehens und führt zu einer veränderten Bewusstseinshaltung. Dankbarkeit im sozialen menschlichen Zueinander ist beispielsweise eine erste und unkomplizierte Form des Gebens.

Die Äthersicht bei einem Hefebrot oder bei Hefebackwaren lässt einen inneren dunklen Punkt in der Backware selbst erkennen und zur Überraschung nach außen hin eine dispersierende, fast sich auflösende, zu helle Ausstrahlung. Der dunkle Punkt zeigt die Natur der Hefe im Sinne einer Abdunklung der Lichtätherkräfte an. Auch der Lebensäther kann sich nicht bis in sein Zentrum entfalten.

In der Ätherkonfiguration einer Getreidespeise sind diese beiden Pole deutlich sichtbar. Einerseits lebt die Zentrierung, die Sammlung nach innen und andererseits besteht eine Sphäre der Berührung mit der Außenwelt.

Der Weizen gilt als ein harmonisches Getreide und geographisch als ein Getreide der Mitte. Dieses lässt sich aufgrund seiner Ausbreitung nachvollziehen. Denn er wächst in den mittleren Zonen von Europa, während der Reis im Osten, der Mais im Westen, der Hafer im Norden und die Hirse im Süden gedeiht. So beschreibt es Udo Renzenbrink in seinem Buch „Die sieben Getreide".

Das Gemüse
im Rhythmus des Jahreslaufes

Das Wachstum der Pflanzen folgt einem natürlichen, sich immer wiederholenden Rhythmus im Jahreslauf. Wenn die Erde nach dem Winter weich wird und die Gräser und Kräuter zu grünen beginnen, so können in den Beeten schon sehr bald die ersten Salate gesetzt werden. Zahlreiche Wildkräuter sprießen auch mit den ersten längeren sonnigen Tagen hervor. Da gibt es beispielsweise die Brunnenkresse, die Blätter des Löwenzahns oder die des Spitzwegerichs. Innerhalb einiger weniger Wochen werden die Felder tiefgrün. Im Garten gedeihen der erste Spinat und der zarte Blattsalat. Bald darauf folgen Radieschen und Rettiche. Je länger und wärmer die Tage werden, desto reichhaltiger bietet der Garten seine Gaben. Im Sommer besteht schließlich eine bunte Auswahl an verschiedenem Gemüse wie Blumenkohl, Kohlrabi, Kohl, Mangold, Fenchel, Zucchini, Zwiebel, Rote Beete, Gurken und vielem mehr. Im weiteren Jahreslauf zum Herbst hin reifen kompaktere Gemüsesorten wie Karotten, Pastinaken, Kürbis, Petersilienwurzeln, Lauch, Grünkohl und Sellerie. Diese Gemüse bleiben länger erhalten, manche sind winterfest oder können in Mieten gut gelagert werden, sodass auch in der kargen Winterszeit genügend Auswahl besteht.

Mit dem Getreide ist ein Nahrungsmittel für das ganze Jahr gegeben. Es ist fast unbegrenzt lagerfähig. So kann es im Sommer wie auch im Winter als ein Grundnahrungsmittel verwendet werden. Das Gemüse ist jedoch mehr an die Saison gebunden. Es gibt zum Getreide eine variable Ergänzung. Betrachtet man den Jahreslauf und das Wachstum der Pflanzen, so sieht man in den verschiedenen Tönungen und Farbenspielen einen Ausdruck des großen kosmischen Geschehens. Man kann die unterschiedlichen Kräfte, die durch die veränderten Lichteinflüsse im Nahrungsmittel angereichert werden, erahnen. Die Erde strahlt im Frühjahr elementare Kraft in die Welt hinaus. Mit zunehmender Sonnenkraft beginnt das Wachsen. Alles wird rege, erwacht, treibt aus. Die Tage werden länger, die Sonnenkraft nimmt zu. Das Wachstum der Pflanzenwelt wird immer üppiger und gelangt in den Sommermonaten zur Kulmination. Die Erde behält nichts mehr in sich. Sie antwortet auf das einstrahlende Licht und die hereinwirkende Wärme mit hinaussprießender Elementarkraft. Die Pflanzen wachsen himmelwärts, dem Licht entgegen. Dann beginnt wieder das Welken, das Grün verliert seinen gesättigten Ton, wird gelblich. Im Herbst gelangen die Früchte zur Reife, das Blatt beginnt zu sterben, Samen verbleiben. Die Erde begibt sich mit der sinkenden Sonne zur Ruhe. Nach der großen Erntezeit erfolgt die Stille des Spätherbstes und des schlafenden Winters. Die geistige Elementarkraft oder auch Ätherkraft zieht sich in sich selbst, in das Innere des Bodens, zurück. Die Tage werden kürzer, die Lichteinflüsse weniger. Dasjenige, das die Erde

Die Bewegung der hinaussprießenden Elementarkraft bei einstrahlenden kosmischen Kräften.

Zwei Ätherbewegungen wirken auf feinstofflicher Ebene immer zusammen: eine von oben kommende und eine von unten aufsteigende Bewegung.

Bild links: Der Fenchel ist ein typisches Sommergemüse, bei dem die hinaussprießende Elementarkraft als Antwort auf das hineinwirkende Licht und die Wärme besonders in den Trieben und feinen Verästelungen des Krauts zu sehen ist. Sein Mineralgehalt an Magnesium, Eisen, Kalzium und Kalium ist beachtlich hoch.

Es ist eine sehr gute Übung, sich mit seiner Aufmerksamkeit den sprießenden und dann im Gegensatz dazu wieder den welkenden Pflanzen hinzugeben. Die Erlebnisse bei den Betrachtungen werden unterschiedlich ausfallen. Auch kann man sich der sommerlichen Sphäre über den Wiesen im Verhältnis zur herbstlichen oder winterlichen hingeben. Die Entwicklung von inneren Empfindungen zu diesem unterschiedlichen Geschehen bereichert das seelische Empfindungsleben.

im Frühjahr an Kraft hinaussendet, wird in der Winterszeit ganz tief nach innen eingebettet. Ein Gefühl der Ruhe und Unbewegtheit liegt über den gepflügten Feldern. Dieses Gefühl wird noch intensiver wahrgenommen, wenn eine Schneedecke die Erdoberfläche bedeckt. Kein Wachstum ist in diesem Moment möglich. Erst wenn die Tage wieder länger werden und die Sonne die ersten Wärmestrahlen aussendet, regt sich im Boden der Same und beginnt zu keimen. Die Erde mit ihren Wachstumsphasen ist ganz von diesem kosmischen Geschehen abhängig. Fortlaufend antwortet die Erde auf das Licht der Sonne. Immerwährend besteht ein Rhythmus von Sprießen und Welken, von Blühen und Zerfallen, von Wachsen und Ruhen.

Das Getreide nimmt ebenfalls an den Frühjahrs- und Sommerkräften teil, und doch ist das Getreide anders als das Gemüse. Der Roggen wird bereits im Herbst gesät und nimmt dadurch die Kraft des ganzen Jahres in sich auf. Das Gemüse nimmt nur an einer entsprechenden Vegetationsperiode teil. Der Spinat beispielsweise kann im Frühjahr schon nach wenigen Wochen geerntet werden, das Wurzelgemüse überdauert meist den Sommer und kann im frühen Herbst die Tafel bereichern. Das eine ist Frühjahrs- und Sommergemüse, das andere Herbst- und Wintergemüse. So wird der Speiseplan entsprechend der Jahreszeit abwechslungsreich und lebendig gestaltet. Die Augen können sich an der bunten Vielfalt erfreuen und damit ein inneres Element der Phantasie wachrufen.

Die verschiedene Farbigkeit der Gemüsesorten über das Jahr hindurch kann mit bewusster Anteilnahme das Erleben über die Sinne anregen.

Das Sinnesleben im Zusammenhang mit der Ernährung ist ein wichtiger Teil, der das menschliche Bewusstsein fördert. Im bewusst getätigten Sinnesleben zeigt sich ein lebendiges Element der Persönlichkeit. Niemand schreitet mit geschlossenen Augen und ohne Anteilnahme durch Wiesen und Wälder. Wer sich zu einem bewussten Leben und durchaus zu einem werdenden geistigen Schauen entschließt, verfeinert fortwährend seine Sinneswahrnehmungen und bereichert mit Interesse sein Innenleben, denn je mehr man die durchlichtete Welt durch seine Sinne wahrnehmen lernt, desto tiefer prägt sich ein Gefühl des lebendigen Seins aus. Die Verarbeitung von äußeren Eindrücken geht bis in die innersten Schichten der Persönlichkeit. Alle Sinneseindrücke sind Nahrung für den physischen Leib und können auch das seelisch-geistige Leben beeinflussen. Alle Formen und Farben, die der Mensch sieht, alle Klänge und Töne, die er hört, und alle Sinneseindrücke von Wärme- und Kälteströmen, die er an der Haut empfindet, die Aromen, die er an der Zunge schmeckt, und die Düfte und Gerüche, die er an den Riechzellen der Nase wahrnimmt, bewegen sich nach innen und führen zu Empfindungen, an denen die Seele, wenn sie bewusst teilnimmt, wachsen kann. Durch selektive Hinwendung kann sich der Mensch den Eindrücken der äußeren Welt öffnen und dadurch an allem lebendigen Geschehen Anteil nehmen. Es ist wirklich ein Licht, das durch die Tore der Sinne in die Tiefe des eigenen Körpers gelangt. So ist es keineswegs belanglos, ob man durch laute Straßen mit eckigen Häusern schreitet oder durch den Wald einer ruhigen Berglandschaft wandert.

Die seelisch-geistige Entwicklung geht gleichzeitig mit einer Erweiterung des Bewusstseins und einer Verfeinerung wie auch Ordnung der Sinnesempfindungen einher. So sollte man sich den Jahreslauf mit den verschiedenen Vegetationsperioden bewusster machen und eventuell gelegentlich eine Übung zu den verschiedenen Wachstumsphasen absolvieren. Wenn im Frühjahr die Erde alle Elementarkraft zu mobilisieren beginnt und damit das Pflanzenwachstum himmelwärts strebt, erlebt auch der Mensch in seiner Seele, wenn er in seine Seele wirklich hineinhorcht, eine Art Ruhigwerden wie ein Verschmelzen mit einem blauen Horizont. Nach der introvertierten Winterszeit öffnet er die Augen und blickt nach außen. Die Sonne lockt ihn zu Tat und Unternehmung. Die Tat ist aber nur die eine Seite, die innere Seite ist wirklich ein Ruhigwerden im Sinne eines Blautones. Im Herbst und kommenden Winter ist das Gegenteil der Fall. Der Mensch lässt von den äußeren Seiten des Lebens los und besinnt sich nach innen. Er denkt nach und gönnt seinem Körper eine Ruhepause. Aber im Inneren erlebt er ein wachsendes Lichtwerden, ein Hellwerden, fast wie etwas Gelbliches. Im Herbst löst sich der Mensch von seinem extrovertierten Verlangen und bereitet sich auf das häusliche Dasein des Winters vor. Er wird im Inneren selbst mehr wie eine Sonne. Während das Licht im Äußeren abnimmt, nimmt seine Sonnenseite im Inneren zu.

Diese Betrachtung ist nicht immer unbedingt genau wörtlich zu nehmen. Im Allgemeinen beschreibt sie eine innere Erlebenstendenz, die sich in der Art eines empfindsamen Farberlebens der Lichtverhältnisse ausdrückt.

Wie die Pflanzen an den Rhythmus des Sprießens und Welkens gebunden sind, so ist auch der Mensch mit seiner Erlebenskraft an ein beständiges Auf und Nieder, an ein Binden und Lösen, an Ruhe und Bewegung ausgerichtet, denn mit beiden Beinen ist er mit der Erde verhaftet und nimmt unmittelbar an der Erdenseite teil. In rhythmischer Folge wirkt das Licht der Sonne auf ihn, fordert ihn im Frühjahr zu Unternehmung und Tätigkeit auf und ermahnt ihn im Winter zu Besinnung und Innensicht. Diese beiden großen Verhältnisse drücken sich im Inneren, in der Seele, genau entgegengesetzt aus. Der Mensch ist ganz in den Rhythmus des Wachsens und Ruhens, der Anspannung und Entspannung, des Blickens nach außen und des Schauens nach innen eingebettet. So hat auch die Ernährung für einen harmonischen Kräfteausgleich eine wesentliche Bedeutung.

Die direkte materielle Substanz, die man mit dem Nahrungsmittel zu sich nimmt, verwandelt sich durch die Verdauung in körpereigene Substanz. Mit der Nahrung erbaut man sich den Körper und erhält seine physische Kraft. Dieser Körper ist die Wohnstatt der Seele und alle sichtbaren Glieder sind von höheren, feinstofflichen Kräften durchdrungen. Diese sind unsichtbar, doch immer vorhanden. In den Organen lebt der ganze Kosmos. Das Licht zieht in den Menschen hinein, und dieses Licht ermöglicht es ihm, am Leben bewusst teilzunehmen. Dieses Licht ist nicht materieller Natur, es ist tatsächlich eine erste Entität des Geistes. Es stellt eine Art Urstoff aller Materie dar. Indem der Mensch das Gemüse der entsprechenden Jahreszeit zu sich nimmt, nimmt er die natürlichen Lichteinflüsse der jeweiligen Periode auf. Mit dem Spinat nimmt er die Frühjahrskräfte, mit den Wurzeln und Rüben mehr die Herbstkräfte in sich auf. Die Elementarkraft des Frühjahrs atmet sich mit den grünen Kräutern in die menschliche

Das Binden und Lösen oder das Sprießen und Welken, das Erwachen des Lichtes und wiederum das Vergehen der Lichtsphäre beschreiben ein großes Wechselspiel, das im Allgemeinen mit „Leben" bezeichnet wird. Wäre aber dieses Sterben und Auferstehen nicht gegeben, so könnte kein wirkliches Wachstum eintreten.

Ein vielfältiger Wechsel von verschiedenem Gemüse und Zubereitungsformen ist empfehlenswert und hält den Stoffwechsel jung und lebendig. Diese Variabilität ist außerordentlich günstig, denn jede Monotonie in der Ernährung bewirkt ein Trägerwerden der Stoffwechselprozesse und ein mangelndes Anteilnehmen der Sinne und sogar auch der Verdauung an der Nahrung. Natürlich sollte der Drang nach Abwechslung nicht zur Ausschweifung führen.

Man kann von dem Grundsatz ausgehen, dass die Anregung der Ätherkräfte nicht lineare oder monotone Formen benötigt, sondern, wie die Zeichnung zeigt, verschiedene Bewegungen mit manchmal auch gegensätzlichen Ansätzen.

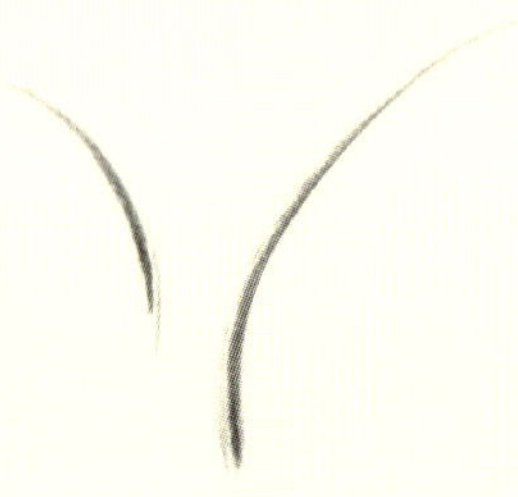

Der Löwenzahn gehört zu den Kräutern, die mit ihren ersten zarten Blättern das Frühjahr bekunden. Er ist bekannt für seine blutreinigende und entschlackende Wirkung und wird als bittere Geschmacksnote gerne dem Salat zugefügt. Diese Frühjahrskräuter mit ihren stoffwechselanregenden Wirkungen sind wie Heilmittel zu bewerten.

Seele hinein, und ein Geist der Tiefe und Beschaulichkeit ergreift die Seele mit dem Herbstgemüse. Gerade die Vielfalt verschiedener Gemüse lässt den Menschen durch eine lebendige Welt des Daseins schreiten. Die Lichtkräfte der Pflanzen sind unbedingt für das seelisch-geistige Wachstum notwendig. Würde die Nahrung nur physischen Charakter besitzen, so könnte man sich auch künstlich ernähren. Man könnte sich Eiweiß, Kohlenhydrate und Fette in Pulverform zuführen. Das würde die Körperlichkeit einerseits aufrechterhalten, jedoch die Seele würde verarmen. Erst mit der vielschichtigen Nahrung der Natur erhält der Mensch die nötige Variabilität in der Seelenstimmung. Je natürlicher sie dem Jahresrhythmus entspricht, desto ausgeglichener entfaltet sich das Gemüt. Indem der Mensch das Gemüse des Frühjahrs isst, wird er harmonisch mit dem Frühjahr verbunden, denn der Sinneseindruck und das Nahrungsmittel passen zusammen. Indem er die Früchte des Sommers genießt, wird er mit den starken Hitzeformen konfrontiert und mit ihrem impulsiven Unternehmungsgeist erfüllt. Wenn er das feste, kompakte Wintergemüse verzehrt, erhält er mehr innere Lichtkräfte, Wärme und äußere Ruhe, er wird besinnlicher, in sich gekehrter und erlebt die Sonne mehr in der Tiefe.

Zur gesunden Entwicklung braucht der Mensch in unseren Breiten den Wechsel der Jahreszeiten. Das eine Mal lebt mehr die extrovertierte Persönlichkeit, das andere Mal mehr die introvertierte. Gerade das Gemüse gibt dem Menschen eine Grundlage zur richtigen Seelenstimmung. Hält er sich an die einfachen Gesetze des Jahresrhythmus und isst er das, was der Garten bietet, so nimmt er die entsprechende Jahreszeit in sich auf. Er wird im Frühjahr mit den frischen Kräutern tatsächlich in sich eine Art herabgestiegene blaue Himmelszone erleben, und er wird mit den reifenden Früchten des Herbstes in sich die helle Sonnenkraft aufspeichern. So korrespondiert er mit dem Strom eines großen Weltenrhythmus und behält durch entsprechende Nahrungsaufnahme eine innere Ordnung bei.

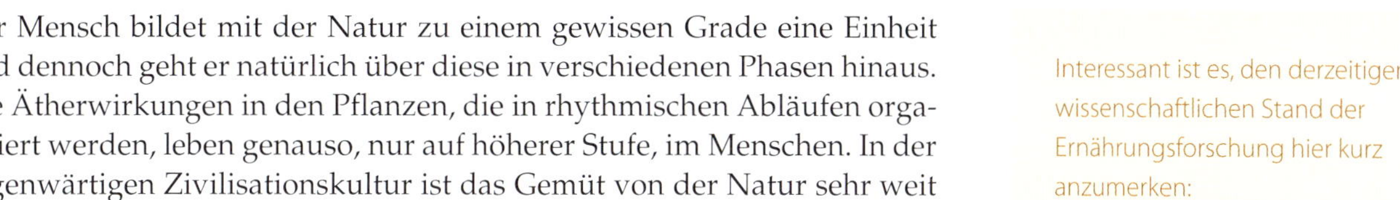

Der Mensch bildet mit der Natur zu einem gewissen Grade eine Einheit und dennoch geht er natürlich über diese in verschiedenen Phasen hinaus. Die Ätherwirkungen in den Pflanzen, die in rhythmischen Abläufen organisiert werden, leben genauso, nur auf höherer Stufe, im Menschen. In der gegenwärtigen Zivilisationskultur ist das Gemüt von der Natur sehr weit entfremdet. Ein Gefühl für die lebensspendende, rhythmische Kraft der Erde ist wohl im Allgemeinen verloren gegangen. Das einzelne menschliche Bewusstsein kann sich sehr wenig in das größere Lichtwirken der verschiedenen kosmischen Strahlkräfte hineinfühlen. So zeigt sich auch die Parallele im Essverhalten und in der Esskultur. Im Winter essen leider viele Menschen infolge der besonderen Treibhauszüchtungen die Früchte des Sommers. Oftmals greift man auch zu Dosennahrung oder anderer chemisch konservierter Nahrung. Ein Gefrierschrank steht in jeder Wohnung und natürliche Konservierungsverfahren wie Mieten und Einsäuern von Gemüse finden gegenwärtig noch zu wenig Beachtung. Das Konservieren von Gemüse und Obst ist ein wichtiger Bestandteil der Ernährungspraxis, doch sollten es natürliche Methoden sein, bei denen die lebendige Kraft und die rhythmische Ordnung beibehalten werden. Das Gefrieren von Gemüse erhält zwar die Vitamine, doch wird die feinere Bildekraft des Nahrungsmittels nicht gefördert, sondern ungünstig aus dem Rhythmus gebracht. Diese Tatsache sieht man daran, dass nach dem Auftauen das Gemüse in der Form zerfällt.

Der natürliche Rhythmus des Produktes sollte nicht drastisch durch die Notwendigkeit der Konservierung verändert werden. Beim Lagern des Gemüses und beim Einmieten bleibt die Struktur auf natürliche Weise erhalten. Gemüse und Obst werden älter, reifen ganz langsam weiter, verzuckern mehr und gewinnen manchmal sogar an Qualität. Der natürliche Prozess einer Reife bleibt gewahrt. Dem Menschen bekommt ein gut gelagertes Gemüse besser als ein Gemüse aus der Tiefkühltruhe. Obst kann zu Mus oder Marmelade eingekocht werden und wird natürlich dann wesentlich verändert. Das gekochte Obst, wenn es nicht zu lange gelagert wird, kann aber zu einem gewissen Grad auch eine Grundlage zur Ernährung geben. Das Apfelmus besitzt nur noch sehr wenig vom Charakter des Apfels, der einstmals am Baum hing. Während das frische oder noch ungekochte Obst einen gewissen kosmischen Charakter trägt, gewinnen die eingekochten Früchte mehr die Bedeutung, dass der Mensch an einer Süße der vorangegangenen Tage oder Perioden erinnernd teilnimmt. Diese Süße ist natürlich und zu einem gewissen Grad ebenfalls empfehlenswert.

Interessant ist es, den derzeitigen wissenschaftlichen Stand der Ernährungsforschung hier kurz anzumerken:

Die Deutsche Gesellschaft für Ernährung e.V. (DGE) empfiehlt pro Tag 650 g Gemüse und Obst in fünf Portionen. Deren Inhaltsstoffe können Gefäßwände, Hormon- und Stoffwechselvorgänge, Entzündungsprozesse sowie Zellreaktionen auch bei einigen Krebsarten günstig beeinflussen. Dabei spielt die botanische Vielfalt der verzehrten Arten sogar noch mehr als die Menge des Gemüses eine Rolle.
Die DGE nahm im Jahr 2012 wissenschaftlich Stellung zur präventiven Bedeutung von Obst und Gemüse bei chronischen Erkrankungen: Obst- und Gemüseverzehr sind präventiv sinnvoll bei Bluthochdruck, Durchblutungsstörungen der Herzkranzgefäße und Schlaganfällen, genauso wie zur Risikominderung für Demenzerkrankungen. Obst und Gemüse wirken gewichtsreduzierend, wodurch auch die Anfälligkeit für Diabetes mellitus Typ 2 reduziert wird. Die Daten zeigen zudem, dass bei reicher Gemüse- und Obsternährung die Risiken für Osteoporose, manche Augenkrankheiten, für rheumatoide Arthritis sowie für Asthma, chronische Bronchitis und Lungenemphysem sinken. Für chronische Darmentzündungen, für Glaukome und diabetische Retinopathien ist bislang kein positiver Einfluss von Obst und Gemüse nachgewiesen worden. Bei Krebskrankheiten wird deren vorbeugende Wirkung heute schwächer eingeschätzt als früher.

Das Fleisch als Nahrungsmittel

– die Problematik des Tötens

Die Frage des Tötens von Tieren, um ihr Fleisch zu essen, bringt eine sehr umfassende Problematik in die Diskussion. Vor allem ist ein sehr tiefer, ethisch-moralischer Aspekt mit dem Konsum von Fleisch, der Haltung von Tieren um des Fleischkonsums willen und schließlich mit der Tötung eines Lebewesens verbunden. Eine große Studie mit vielen Argumenten könnte man erarbeiten, um den Sinn und die Bedeutung dieser für die Ernährungsweise existenziellen Frage zu erörtern.

Das Wort *karma* bedeutet wörtlich übersetzt Arbeit, aber es wird dieses Wort mehr für die Reinkarnationslehre gebraucht und bedeutet, dass beispielsweise mit positiven Handlungen günstiges *karma* und mit negativen Handlungen belastendes *karma* geschaffen wird.

Nach der östlichen Lehre bringt der Fleischkonsum im Allgemeinen mehr *karma* oder leichter ein belastetes *karma* hervor als die vegetarische Kost. Diese Aussage existiert allgemein, sie sollte aber nicht dogmatisch genommen werden.

Wie oft ist der Mensch genötigt, ein Lebewesen zu töten, sei es zum Schutze des eigenen Leibes oder zur Nahrungsbeschaffung? Die Viehzucht existiert leider nicht nur zur Milchabgabe, sondern dient fast ausschließlich der Fleischgewinnung. Betrachtet man das Problem der Tierhaltung und des Tötens nur um des Fleisches willen, so kann man sehr verschiedene, natürlich auch sehr bedenkliche Aspekte erarbeiten. Je nach spiritueller Einstellung und daraus entstehender Gefühlsentwicklung des Einzelnen wird man die verschiedensten Antworten und Meinungen hören. Allein durch ein materielles Abwägen von Für und Wider lässt sich die Frage des Schlachtens um des Fleisches willen sicher noch nicht befriedigend beantworten, weder in ethisch-moralischer noch in sozialer oder wirtschaftlicher Hinsicht, denn man wird immer wieder zwischen den Polen der scheinbaren Notwendigkeit und der auf der anderen Seite bestehenden Sinnwidrigkeit gefangen werden. So sei hier der Versuch geschildert, von jener Warte einer spirituellen Deutung der sogenannten karmischen Zusammenhänge oder, sagen wir es mit einem anderen Wort, der Schicksalszusammenhänge an die Problematik des Tötens heranzugehen.

Der Mensch besitzt eine wesentliche Antriebskraft, die dem innersten Sein seines Geistes und seiner Seele entspricht und diese bezeichnet man allgemein als die schöpferische Kraft. Allgemein ist ihm das Leben mit seinen Bedingungen zu einem gewissen Grade vorgegeben und er kann nur sehr begrenzt seine Willensfreiheit äußern. Indem er aber einen wachsenden Zugang zu den tragenden Kräften des Lebens findet und die äußeren Handlungsweisen mit geistiger Erkenntnisarbeit durchdringt, findet er eine wachsende Erkraftung in seiner Persönlichkeit und kann die fundamentalen Fragen des Lebens bald in eine Aufklärung bringen. Die Erkenntnis ist ein Weg, der den Menschen an das Tor der Freiheit führt.

Bild gegenüber:
Das Reh ist sehr wachsam und reagiert ausgesprochen schreckhaft auf das geringste Geräusch. Tiere fliehen vor dem Menschen oder allgemein vor Gefahren, die das Überleben bedrohen. Es besteht aber eine Lebensgemeinschaft zwischen Mensch und Tier. Und wenn sich der Mensch zum Fleischkonsum entscheidet, so wäre es günstig, ein Bewusstsein der Verantwortung zu entwickeln.

Wer Fleisch isst, der bringt sich mit einer langen Kette von verschiedenen Taten und Ereignissen in Verbindung. Die gesellschaftliche Struktur mit Viehzucht und den daran gebundenen ökonomischen Plänen ist durchaus festgelegt. Die Viehzucht wurde nicht durch die Notwendigkeit, dass Fleisch als Nahrungsmittel dringend gebraucht wird, zu so hohen

Heute wird leider mehr der Mais als Kraftfutter für die Tiere angebaut und weniger die anderen Getreidearten. Der Mais beansprucht stark die Bodenmineralität und führt zu einer Erschöpfung des Ackers.

Die Viehzucht in unserer Kultur ist primär durch den wirtschaftlichen Gewinn motiviert, während in Indien die Kuh kein Fleischlieferant ist. Sie gilt dort als heilige Kuh.

Ausmaßen entwickelt, sondern sie wurde durch das ehrgeizige Bestreben des Menschen, sich mehr Besitz und Reichtum, Wohlstand und Macht anzueignen, geschaffen. Aus wirtschaftlicher Sicht ergibt der Ackerbau weit mehr quantitativen Ertrag an Nahrung, als es die Viehzucht ermöglicht. Man könnte so große Erträge erzielen, dass damit die gesamte Welt ausreichend ernährt würde, doch der Entwicklungsgang wird durch die Dominanz des materialistischen Prinzips ein anderer. Gerade in den letzten Jahrhunderten suchte der Mensch nicht nach einem idealen Umgang mit der Natur und einem daraus entstehenden sozialen Weltenbewusstsein, sondern er strebte nach einer hohen Position, gewissermaßen nach einem überzogenen Ich. Dieses überzogene Ich will Macht über die Umwelt und über alle Naturgesetze bekommen. Das Fleisch ist als Nahrungsmittel für ein Streben im Sinne eines sehr triebhaften Ich notwendig. Das Eiweiß von Tieren gibt dem Menschen eine Grundlage zu entsprechender Gedankenbildung im Sinne einer großen oberflächlichen Vitalität. Das starke materielle Expandieren kann nur auf einer entsprechenden Ernährungsgrundlage mit sehr viel Protein wachsen. Wer sich in unserer Zeit bewusst zum Vegetarier bekennt, nimmt die gegebene materielle Struktur nicht mehr im ganzen Maße an, er nimmt sich gewissermaßen aus einer langen gemeinschaftlichen Entwicklung heraus und folgt verstärkt einem individuellen Werdegang.

Das Töten von Tieren, um das Fleisch zu essen, kann man aus der Sicht der Spiritualität weder verurteilen noch befürworten, denn die Entwicklung der Menschheit ist an einem bestimmten Horizont angekommen, an dem dieser hohe Proteingenuss eine entsprechende Kultur hervorgebracht hat. Das Selbstbewusstsein des okzidentalen Menschen hätte sonst nicht diese hohe Stufe erreichen können. Fühlt man sich hinein in die Seelenstruktur der gegenwärtigen Menschheit, so kann man sehr leicht das Gefühl erhalten, dass eine schwere, kräftige Kost allgemein überaus notwendig ist. Der Metzger ist durch seine Berufswahl genötigt, täglich Tiere zu töten. Würde er es nicht tun, so müsste es schließlich ein anderer übernehmen, denn die Menschen wollen von sich aus das Fleisch, sie verlangen danach.

In Indien jedoch ist die Kuh heilig. Nur ganz selten werden in Indien Tiere getötet. Das ganze Volk lebt bis zum heutigen Tag noch zu einem gewissen Grad vegetarisch, ernährt sich von Reis, Milch und Früchten. So konnte der Inder auch nicht das Maß an Persönlichkeit im Äußeren entwickeln, wie es ein Europäer besitzt. Die Menschen dort sind in ihrer Art weicher und leben stärker eingebunden in Familien und Gemeinschaften. Man kann diese Menschen vielleicht im Allgemeinen mehr als Herzensmenschen bezeichnen, wirkliches Selbstbewusstsein aufgrund einer individuellen Persönlichkeitsentwicklung besitzen sie auf den ersten Blick gesehen noch sehr wenig. Es ist schwer, das indische Selbstbewusstsein, wie es wirklich auf seine introvertierte Weise lebt, vom Standpunkt des Westens aus zu verstehen. Die mentalen Unterschiede sind sehr groß. Die Zeichen des Westens sind das äußere

Selbstbewusstsein, die Kraft der Individualität, die Pionierskraft, der Eroberungsdrang und der daraus entstehende Schaffensdrang. Das gegenwärtige Dasein ist auf einer Stufe angelangt, auf der gar nichts anderes möglich ist, als Tiere zu töten, denn die psychische Wesensstruktur bedarf einer physischen Grundlage durch die Ernährung. Das Fleisch ist ein notwendiges Nahrungsmittel im Sinne der westlichen Kultur geworden.

Ein wahres religiöses Empfinden ist individuell orientiert und unabhängig von konfessionellen Bekenntnissen.

Das Töten der Tiere besitzt in sich eine tiefe Bedeutung. Die Erkenntnis der seelisch-geistigen Entwicklung des Menschen, die zu Reife und Vollkommenheit strebt, gibt darüber einen ersten Überblick. Würde sich das menschliche Seelenleben ganz bewusst zu den geistigen Höhen des Lebens mit vollem Eifer hinaufschwingen, so würde es andere Werte und eine andere Sichtweise gegenüber der bestehenden Umwelt entwickeln. Das Töten von Tieren und das Essen von Fleisch wären für dieses Seelenleben nicht oder kaum mehr möglich. Auch würde diese Seelenstimmung ein natürliches Gefühl der Ablehnung von Fleisch produzieren. Wer ein wahres religiöses Empfinden ausprägt, wird Liebe zu den Mitmenschen und ein tiefes Gefühl der Dankbarkeit gegenüber dem Tierreich empfinden. Das Leben und das damit verbundene Bewusstsein werden nicht nur zur menschlichen Liebe, sondern auch zur Tierliebe fähig. Doch finden die meisten Menschen nicht den Zugang zu einer höheren und sensibleren Ebene dieser Erkenntnis und der damit verbundenen empfindsamen Wahrnehmung.

Jeder Mensch besitzt ein gewisses Maß an individueller Handlungsfreiheit. Er verfügt über die Möglichkeit, während seines Entwicklungsganges mehr Unterscheidungsfähigkeit und Erkenntnis zu sich selbst und zu den Bedingungen des Daseins zu erlangen und dadurch mehrere Lebensgebiete zu erforschen. Eine gewisse Seelengrundstimmung ist notwendig, um eine Ahnung von höheren Welten und das damit verbundene religiöse Empfinden zu entwickeln. Bei manchen Menschen ist diese Grundstimmung noch natürlich vorhanden, bei anderen müsste sie erst mühsam entwickelt werden. Für viele scheint eine höhere Welt sogar ganz ohne Bedeutung zu sein. Dieser Verlust des geistigen Grundempfindens und des Glaubens an die Weiterentwicklung ist leider in einer Kultur, die sehr viel Verwöhnung aufweist, noch extremer als in einfacheren Kulturen.

Die dreigegliederten, ins Luftige hinaussprießenden Linien sind ein Merkmal einerseits des Lichtäthers, andererseits aber auch des menschlichen Seelenlebens. Sie deuten das Wahrnehmen, Fühlen und Begehren nach Weiterentwicklung an. Gäbe es kein Licht, so gäbe es für den Menschen auch kein Bewusstsein, und gäbe es kein Bewusstsein, so gäbe es kein Wachstum.

Begibt sich ein Suchender aus den ersten verborgenen Ahnungen jedoch auf den Pfad zur seelisch-geistigen Entwicklung, so beginnt ein schnelles Wachsen in der Tiefe der Seele. Bereits der erste ahnende Glaube beziehungsweise die bemühte Erkenntnissehnsucht bewirkt, dass geistige Kräfte angezogen werden. Er gewinnt bald eine größere Kraft in seiner wirklichen Handlungsfreiheit. Die gesamte Lebensgestaltung wird von innen heraus bewusster vollzogen und es wird mehr Verbundenheit und Verantwortung gegenüber Natur und sozialer Umwelt gespürt. Doch noch immer sind es sehr wenige Menschen, die eine reale Ahnung von einer höheren Wirklichkeit entwickelt haben. So kann auch die

Die Pflanze besteht nach der anthroposophischen Erkenntnis aus dem physischen Leib und dem Ätherleib, während das Tier aus dem physischen Leib, dem Ätherleib und Astralleib besteht. Der Astralleib ist der Leib, der ein bewusstes Empfinden zulässt.

Das Tier ist mit dem Menschen mehr verbunden, während die Pflanze von ihm ferner ist. Eine Reihenfolge, die zur meditativen Beobachtung geeignet ist, lässt sich wie folgend entwickeln:

Der Mensch ist durch seine Schöpferkräfte zum Denken begabt und besitzt ein eigenes Selbstbewusstsein.

Das Tier besitzt Empfindungen und Instinkte, aber noch kein Selbstbewusstsein.

Die Pflanze lebt in Licht- und Wärmeverhältnissen und nimmt an der Äthersphäre der Weltenschöpfung teil, aber sie besitzt noch kein eigenes Instinkt- und Empfindungsleben.

Die Mineralien der Erde sind ganz unbewegt und sie können sich aus sich selbst nicht weitergestalten, da sie nicht an der Äthersphäre unmittelbar teilnehmen können.

gegenwärtige Kultur meist für den Einzelnen noch sehr wenig Stütze geben und die Zeitströmungen, nur nach den kollektiven Interessen zu streben, nehmen allzu leicht jedes Gemüt gefangen. Denn ist die Sicherheit nicht in einer wirklichen Erkenntnis zu finden, so muss sie durch Bindung an die Erde mit ihren Möglichkeiten geschaffen werden. Es werden dunkle Welten gesucht und die unmittelbaren Mächte der Gegenwart sind von Schwere und Abhängigkeit geprägt. Das führt dazu, dass der Mensch immer wieder Tiere töten muss, denn er braucht das Fleisch. Er muss es essen als Nahrungsmittel für seine Entwicklung, sonst würde er den Boden verlieren und Angst bekommen. Er muss die Entwicklung zum Geistigen, zu jenen nicht greifbaren Mächten des Himmels, von sich fernhalten. Das Töten von Tieren und das Essen von Fleisch ist eine Art notwendiges Kompensationsmittel für ihn, denn er muss sich noch mehr mit den kollektiven Interessen und dem allgemeinen Erfolgsstreben der Welt verbinden. Das Fernhalten des Geistes bedeutet Töten. Der Mensch tötet das hereinwirkende Unwägbare, das Unerkennbare. Im Gange der Entwicklung, die ein inneres Reifwerden des Selbstbewusstseins des Menschen beinhaltet, wird die Ernährung mit Fleisch gebraucht. Das soziale, politische und wirtschaftliche Leben wird noch grundlegend von diesem Streben des Menschen getragen. Das Fleischessen und das notwendige Töten der Tiere ist noch ganz tief bis hinein in die Genetik in der menschlichen Natur verwurzelt.

Nach dieser Charakterisierung des Begriffes des Tötens lässt sich nun leicht auf die Bedeutung und Wirkungsweise des Fleisches als Nahrungsmittel schließen. Vielfach wird der Einwand vorgebracht, dass es genauso ein Töten ist, wenn man Pflanzen vom Feld erntet oder die Kräuter aus dem Garten pflückt. Doch es besteht ein sehr großer Unterschied zwischen Pflanze und Tier. Die Pflanze besitzt eine Lebenskraft, einen Ätherleib, aber nicht wie das Tier eine Seele oder einen Astralleib. Eine Pflanze reagiert auf äußere Einflüsse wie Witterung, Licht, Staub und viele andere, sogar auf die Ausstrahlung und auf die Gedanken von Menschen kann sie reagieren. Doch bleibt ihre Antwort immer stumm, ruhig und ohne Schmerz, denn sie trägt keine bewusst erfahrbare Seele in sich. Das Tier dagegen besitzt ein Empfindungsleben, von dem aus es auch geleitet ist. Es spürt Schmerzen und Stimmungen. Deutlich kann man den Ausdruck von Ängsten, Launen, von Aggressionen und Liebeleien bei ihm beobachten. Wenn man ihm zu nahe kommt, reagiert es eventuell mit Rückzug. Isst man das Fleisch, so nimmt man auch die Seelenkraft des Tierkörpers in sich auf. Das Tier wehrt sich gegen das Schlachten, es bietet sich nicht selbständig an. Das ist bei einer Pflanze nicht der Fall. Die Pflanze bietet sich in der Reifezeit dem Menschen als Nahrung an. Auch ist sie, betrachtet man die Evolution, älter als das Tier und steht somit dem Menschen nicht mehr so nahe. Das bedeutet, dass man sich mit Pflanzennahrung mehr Freiheit schafft als mit Tiernahrung. Zugleich besitzt die Pflanze im Vergleich zum Tier Reinheit, da sie frei von Verlangen ist. Man löst sich dadurch leichter von den Abhängigkeiten der irdischen Welt und hebt sein Empfindungsleben auf eine höhere Ebene.

Fleisch zu essen ist, wie bereits angeführt, für die gegenwärtige Kultur durchaus eine Notwendigkeit. Es soll niemals durch äußere Mission versucht werden, jemanden zu überreden und ihm die Pflanzennahrung aufzudrängen. Das Eiweiß des Tierkörpers ist schwerer beziehungsweise anders als das Pflanzeneiweiß. Die Charakteristik liegt darin, dass unterschiedliche Kräfteeinsätze für die verschiedenen Eiweiße notwendig sind. Die Verdauung benötigt für Tierisches weniger Einsatz als für Pflanzliches. Eine bestimmte, schon ausdifferenzierte Kraft im Stoffwechsel ist erforderlich, um das Eiweiß von Getreide auch wirklich ausreichend verwerten zu können. Das tierische Eiweiß besitzt durch die Blutprozesse eine dem menschlichen Eiweiß weit ähnlichere Struktur, als dies bei der Pflanze der Fall ist. Nicht jeder Mensch ist imstande, rein pflanzliches Eiweiß sofort zu verwerten. Das schwere Eiweiß des Tierkörpers gibt einerseits eine leichtere Anforderung, aber andererseits beschwert es den Menschen mit irdischen Gefühlen des zu tiefen In-die-Welt-Sinkens. Die Aufgaben der Menschen im Leben sind sehr verschieden. So lebt derjenige, der sich gerne mit der ganzen Kultur verbindet, noch in einer weniger ausdifferenzierten Persönlichkeitsstruktur und sucht seine Reife und sein Selbstbewusstsein meist noch mehr in den irdischen Werten. Weniger ein Streben nach hohen geistigen Werten interessiert ihn, sondern das Leben auf festem Boden und die tatkräftige Verwirklichung solider Wertvorstellungen. Wer viel Fleisch als Nahrung zu sich nimmt, will mehr den Boden und die irdische emotionale Seite des Lebens erobern. Er entwickelt aber durchaus auch wichtige Anlagen zu einer reiferen und angemessenen Erdenpersönlichkeit. Ein Sinn für Gerechtigkeit und logische Erkenntnisse, die dem tatkräftigen, praktischen Leben zugute kommen, werden durch Fleischkonsum nicht ertötet.

Meist ist bei der Umstellung von Fleischkost auf vegetarische Ernährung eine Gewichtsreduzierung von einigen sichtbaren Maßeinheiten erkennbar. Der Vegetarier fühlt sich nach der Umstellungsphase meist subjektiv leichter und beschwingter. Dennoch ist eine vegetarische Ernährungsweise unbedingt mit Weisheit zu praktizieren, damit Mangelerscheinungen vermieden werden. Jeder Mangel wäre ebenso wie eine Überladung mit einer Einschränkung für die Entwicklung verbunden.

Wer Fleisch als Nahrungsmittel wählt, steht meist noch besser mit beiden Beinen im Leben als der Vegetarier. Aber dieser Eindruck ist fast immer nur ein vorübergehender. Das schwere Eiweiß des Tierkörpers öffnet ihm ein breites Interessensfeld für kollektive und allgemeine Bewegungen. Gleichzeitig verschließt es ihm aber doch zu einem gewissen Grade die Möglichkeit, geistige und höhere Erkenntnisse zu erfahren. Die ethisch-moralische Frage des Fleischessens ist deshalb durchaus weniger eine Frage der irdischen Wertvorstellung, sondern tatsächlich eine sehr dringliche spirituelle Frage. Es wäre beispielsweise eventuell einseitig, wenn jemand Vegetarier werden möchte und dabei nicht an einer spirituellen Neuorientierung im Leben interessiert ist, denn sein Bewusstsein will sich für ein anderes Erleben beziehungsweise für nächsthöhere Erkenntnisse öffnen. Die Basis seines Lebens wird tatsächlich durch das vegetarische Essen zunehmend eine andere. Während das Fleisch zur Verankerung im Sinne eines Mitlebens in der Kultur beiträgt, bringt das vegetarische Dasein einen stärkeren Idealismus im Sinne der Spiritualität hervor.

Für den Vegetarier entstehen langsam Fragen zu spirituellen Lebensaufgaben und zu neuen Arten der Lebensbewältigung. Vielfach wird die Frage diskutiert, ob es über längere Zeit hinweg wirklich möglich ist, ohne

Der Vegetarier ist beispielsweise nicht nur mit der Eiweißfrage konfrontiert, sondern tatsächlich auch mit der Frage nach dem mineralischen Haushalt und dem Vitamin D oder auch Vitamin B12.

Es ist nicht ganz einfach zu erklären, worum es sich wirklich bei den Vitaminen handelt. Sie erscheinen als lebenskräftige Stoffe, als organische Verbindungen, ganz besonders als Verbindungen mit Kohlenstoff und sie treten manchmal auch als Säure auf.

Mangelerscheinungen im Mineral- oder Vitaminhaushalt, wie beispielsweise Eisenmangel oder Vitamin-B12-Mangel, kommen beim Ovo-Lacto-Vegetarier nicht sehr häufig vor. Eher tritt dieser Mangel beim Veganer auf, der neben dem Fleisch auch auf die Milch und Milchprodukte verzichtet.

Die „luziferische Versuchung", wie sie in anthroposophischen Kreisen benannt wird, entsteht allzu leicht durch vegetarische Kost. Sie besteht in einer Art Weltenflucht und in einem Hineinleben in Ideen, die nicht mehr in das soziale Leben hineinmünden. Auf der anderen Seite gibt es die sogenannte „ahrimanische Versuchung", die in der Weltenverhaftung besteht. Diese Versuchung wird durch Fleisch erheblich gefördert, denn das Fleisch erleichtert meist nicht das Erdendasein, sondern bindet den Menschen mehr an die Erde.

Mangelerscheinungen auf den gesamten Fleischkonsum zu verzichten. Dazu gibt es unterschiedliche Studien und Forschungsergebnisse. Die meisten Personen fühlen sich nach einer Kostumstellung zu pflanzlicher Nahrung gesundheitlich besser. Das Gesamtkörpergewicht reduziert sich in der Regel, während aber dennoch bei guter vegetarischer Kost die Vitalität steigen kann. Immer wieder aber begegnet man auch Menschen, die sichtlich Mangelerscheinungen bekommen. Sie machen einen blassen Eindruck und haben keine Reserven. Das ist vor allen Dingen der Fall, wenn auch auf Milch und Milchprodukte verzichtet wird.

Wer sich entscheidet, vegetarisch zu leben, gleich, ob aus politischen, wirtschaftlichen, ethisch-moralischen oder gesundheitlichen Gründen, sollte unbedingt auf eine ausgeglichene Kost aus Getreide, Gemüse, Milch- oder Sojaprodukten, Nüssen und Obst achten. Dies gibt ihm die physische Grundlage zu gesunder Aufbauleistung. Wird eine Kostumstellung nicht zu schnell vollzogen, so können kaum Mangelerscheinungen entstehen. Der Organismus gewöhnt sich nach und nach an die neue Ernährung.

Weiterhin sollte man sich bei der Entscheidung für die vegetarische Lebensweise der übergeordneten psychischen Seite bewusst werden. Eine Art Heilmittel für die Seele ist durchaus für den Vegetarier erforderlich, denn ohne dieses Heilmittel zuzuführen, entsteht ein Ungleichgewicht in den Seelenkräften, im Denken, Fühlen und Wollen. Vegetarische Ernährung kann über längere Sicht zu einer Einseitigkeit in der Entwicklung führen. Ein Mangel an Selbstvertrauen und eine Neigung zu Interesselosigkeit am täglichen Geschehen können unter Umständen diese Entwicklung kennzeichnen. Wieder andere zeigen einen unglaublichen Dogmatismus und verhärten in ihren Seelenstimmungen. Die Verhärtungen im Seelenleben entstehen aber aufgrund eines wirklichen Mangels.

Um diese Mängel aufzuheben braucht der Vegetarier unbedingt gute Ideale und praktische geistige Ziele. Die wirklichen gedachten und erfahrbaren Ideale sind eine notwendige Medizin für seine Seele. Ganz tief im Inneren kann er diese Kraft, die Ideale geben, spüren und sich von ihnen tragen lassen, denn der Vegetarier begibt sich, indem er auf das Fleisch als Nahrungsmittel bewusst verzichtet, auf einen sehr individuellen Pfad seines Lebens. Er nimmt sich aus der großen Masse der Menschheit bewusst heraus und muss seine Selbstverantwortung ein kleines Stück bereits mehr tragen. Worin liegt aber seine individuelle spirituelle Aufgabe und Verantwortung?

Jene Dimension, die sich durch die pflanzliche Kost öffnet, ist tatsächlich durch eine geistige und sinnvolle Disziplin zu stabilisieren. Die Interessen zum Leben ändern sich sehr häufig mit der Umstellung auf Pflanzenkost. An gewissen äußeren Emotionen, die man früher als so wichtig erachtet hat, findet man keinen Gefallen mehr. Sensationelle Ereignisse und abenteuerliche Unternehmungen, in denen man früher mit ganzem Herzen aufging, geben keine Befriedigung mehr. Der Empfindungsleib des Menschen mit seinen Wünschen nach Lust wird ohne das Hinzukommen von nächstmöglichen Idealen wie ein hohles Rohr. Der Mensch braucht eigentlich immer Ideale, und dies umso mehr mit der Pflanzenkost. So wie es eine physische Substanzzufuhr gibt, so gibt es auch eine seelische substanzielle Ernährung. Der wirkliche Idealismus soll nicht ein Fluchtgedanke vor der Welt sein, sondern er soll zu einem tragenden, realen, praktischen Gedankenweg werden. Die Erkenntnisforschung zu höheren Lebenszielen sollte ihn im Idealfall zur Quelle des Seins hinführen, denn die Erkenntnissuche ist eine unmittelbare spirituelle Disziplin. Besitzt der Mensch keinen eigenständig gelebten Idealismus, so fehlt ihm eine ganz entscheidende Stütze und Stabilität. Ohne diese Stütze wird er früher oder später eine Leere und eine Antwortlosigkeit in sich verspüren. Ideale, die im Streben nach möglichen spirituellen Zielen wurzeln, sind ganz reale Kräfte, die jedes schwankende Gemüt wieder zu einer richtigen Erdenbeziehung führen. Werden die Ideale mit dem entsprechenden Bewusstsein in das Leben getragen, so dienen sie dem sozialen Dasein und bringen eine wirkliche Entfaltung auch der irdischen Möglichkeiten hervor. Nicht in utopischen Ideen und Gedankengebilden darf sich der Mensch verlieren, sondern aus innerer Antriebskraft soll er ein Leben mit Zuversicht, praktischen Zielen und spirituellen Erkenntnisabsichten formen. Ideale sind geistige Kräfte, die das Leben in der irdischen Welt am besten verankern und somit allen Einseitigkeiten und Verhärtungstendenzen entgegenwirken.

Die emotionalen Eigenschaften, die Wahrnehmung über die Sinne sowie das Sozialverhalten deuten auf die Ebene des Astralleibes hin, den das Tier wie auch der Mensch besitzen.

Eine Ausgeglichenheit zwischen luftigen und erdenschweren Kräften, wie in den gezeichneten Linien angedeutet, wäre erstrebenswert.

Hier im Bild sind Ziegen zu sehen, die im Gegensatz zur Kuh weniger das Erdenelement, sondern mehr das freche, witzig-luftige bevorzugen. Sie fressen auch immer an jenen Stellen, an denen sie nicht fressen sollten. Die Milchqualität von Ziegen ist deshalb leichter als die von Kühen.

Die Milch als Nahrungsmittel

Die Milchnahrung begleitet den Menschen bereits durch lange Epochen seiner Entwicklung. Sie ist das älteste Nahrungsmittel überhaupt. Rudolf Steiner charakterisiert auf leicht verständliche und treffende Weise das Wesen der Milch: „Die Milchnahrung bereitet den Menschen in der Tat dazu, ein Erdengeschöpf zu sein, bringt ihn zusammen mit Erdenverhältnissen, macht ihn zum Erdenbürger und hindert ihn nicht, ein Bürger des gesamten Sonnensystems zu sein. Die Enthaltung von Milch würde in uns die Neigung und Liebe zu dem fördern, was von der Erde wegstrebt. Wir würden die Fäden verlieren, die den Menschen mit dem verbinden, was auf der Erde an Menschlichem getrieben wird. Damit wir nicht zu Schwärmern werden, damit wir nicht entfremdet werden von menschlichem Fühlen, menschlichem Treiben auf der Erde, ist es gut, wenn wir uns als Wanderer auf der Erde beschweren lassen durch Milchgenuss – auch noch als Erwachsene."

Der Nährgehalt und die Zusammensetzung der Milch sind für den Menschen sehr günstig. Eiweiße, Fette und Kohlenhydrate sind in natürlicher Kombination und die Mineralien und Vitamine in ausreichender Menge gegeben. Allein von Milch könnte man sich theoretisch ernähren. Die Milch bringt eine sehr weiche, aufbauende Kraft für den Körper und macht die Seele durchlässig für feinere Strömungen. Die Kräfte des Denkens, Fühlens und Wollens werden nicht wie bei der Fleischnahrung beschwert und an die Gesetze der Erde gefesselt, sondern können sich weitgehend frei entfalten. Der Körper erhält gleichzeitig aber auch viel aufbauende Substanz, vor allem durch die Eiweiße und Fette. Nach der Yogalehre teilt man alle Nahrungsmittel in drei verschiedene Qualitäten ein. Milch wird dabei dem Reinen zugeteilt. Das ist jene Gruppe von Nahrungsmitteln, die ein ausgeglichenes Leben fördern und zu positivem Denken beitragen, denn intuitiv weiß man, dass es Nahrungsmittel gibt, die günstig oder ungünstig auf die Psyche wirken. Manche Nahrung führt zu gesteigerter Antriebskraft, manche sogar zu Überschwänglichkeit in den Gefühlen, andere dagegen kann so beschwerend auf den Organismus wirken, dass Trägheit, Energieverlust und unklares Denken entstehen. Milch wirkt nicht auf einen bestimmten menschlichen Zustand, sondern sie lässt die Gefühle frei und gibt eine reine Kraft zu seelischem Wachstum.

Das Nahrungsmittel Milch ist nicht wirklich tierischer Natur, aber auch nicht ganz dem Pflanzenreich zuzuordnen. Sie nimmt eine Mittelstellung zwischen Tier und Pflanze ein. Verfolgt man den Entstehungsprozess, so erkennt man, dass das Tier nur das Medium ist, durch das die Milch hervorgebracht wird. Der Blutprozess des Tieres ist daran nicht beteiligt. Das Blut würde Beseelung und Verinnerlichung bringen. Die Bildung der Milch geschieht aber nicht in den Organen mit Durchblutung, sondern in den eigens dafür vorgesehenen Lymphwegen, deshalb ist die Milch keine tierische Substanz. Sie ist frei von Seelenkraft, sie steht dem Pflanzlichen näher.

Die biologisch-dynamische Wirtschaftsweise ist eine spezielle, die vor allem die kosmischen Prinzipien beinhaltet, die Rudolf Steiner in einem landwirtschaftlichen Kurs von 1924 aufgezeigt hat. Etwas unterschiedlich hierzu sind die allgemeinen biologischen Anbauformen, die vor allem auf Düngemittel und chemische Schädlingsbekämpfung verzichten.

Es ist erwähnenswert, dass Milch aus natürlicher Viehzucht und von Tieren, die ungedüngtes Gras fressen, einen anderen Wert besitzt. Da die Milch ein sehr sensibles Produkt ist, nimmt sie die schädlichen Stoffe wie auch das überzüchtete Futter auf und deshalb leidet die Qualität der konventionellen Milch erheblich.

So wie die Lichtprozesse auf natürliche Weise die Reifezeit der Pflanze begleiten, so sind es auch die guten Futterqualitäten mit Schadstoffarmut und natürlicher Lichtexposition, die die gute Milch hervorbringen lassen.

Zeichnung:
Die kauende Kuh
Ein Bild der Ruhe und ein Bild für das Erdelement – die Glieder der Kuh sind charakteristisch für das steifliche Erdendasein.

Wie ist die Milchverarbeitung zu Käse zu werten?

Bei der Käsezubereitung wird die flüssige Substanz, die mit der Milch gegeben ist, von den festen Bestandteilen geschieden. Es bleiben vor allem die Proteine und Fette als schmackhafte Essenz zurück.

Es handelt sich aber bei der Käsezubereitung nicht um einen verlebendigten Milchsäureprozess, wie dieser im Text beschrieben ist, sondern um eine Art Verdichtung und Reifwerdung des festen Milchgehaltes. Da der Käse kein lebendiges Produkt ist, sollte er nicht in Übermaßen konsumiert werden. Er führt leicht zu Ablagerungen im Gewebe.

Die Milch wirkt nicht spezifisch auf irgendein Organ oder Organsystem, sie wirkt auch nicht auf eine bestimmte psychische Wesensseite. Ihre wesentliche Bedeutung ist, dass sie eine gute Grundlage für Wachstum und Leistungsfähigkeit gibt. Dabei ist zu beachten, dass Milch selbst relativ schwer verdaulich ist. Milchprodukte wie Joghurt, Dickmilch, Quark, Butter, Buttermilch und Sauerrahm sind in entsprechendem Verhältnis leichter verdaulich. Die Säuerung der Milch ist ein natürlicher Vorgang. Neben der allgemeinen Milchsäure entstehen geringe Mengen Ameisensäure, Buttersäure, Essigsäure sowie auch Kohlensäure. Diese haben auf die gesamte Verdauung eine reinigende und belebende Wirkung.

Doch in unserer Zeit ist mit dem Milchgenuss ein großes Problem verbunden. Neben der guten aufbauenden Milchnahrung schleicht sich ein unangenehmer Faktor ein. Vielfach beobachtet man bei Menschen Unverträglichkeiten gegenüber dem Milcheiweiß. Hautkrankheiten mit folgenschweren Auswirkungen zeigen sich immer häufiger, vor allem bei Kindern und Jugendlichen. Auch lässt sich ein Mangel an Widerstandskraft bei Personen, die viel Milch zu sich nehmen, feststellen. Das Abwehrsystem wird nicht gestärkt, sondern eher geschwächt. Das lässt das Nahrungsmittel Milch sehr bedenklich erscheinen. Obwohl die Milch frei von tierischer Schwere ist, zeigen sich diese Auswirkungen und erfordern damit ein weiteres Nachdenken über die Verwendung von Milch.

Das Problem erscheint in tieferer Betrachtung als ein zentrales Problem unserer Zeit. In die gesamte Situation wirken Faktoren, die der Mensch durch sein Handeln selbst bestimmt, denn die Tiere werden von Menschenhand gehalten, werden für die Milchgewinnung und für den Fleischertrag gemästet. Die Automatisierung und vor allem die extreme Gewinnorientierung haben sich in den letzten Jahren immer weiter verbreitet. Die Tiere werden nicht als Lebewesen gesehen und entsprechend behandelt. Auf den meisten Höfen sind sie ständig eingesperrt. Der Mensch behandelt sie wie leblose Maschinen. So muss sich auch eine sehr negative Kraft auf das Nahrungsmittel Milch übertragen. Erwähnt sei auch, dass die Kühe viel Kraftfutter und mit Kunstdünger hochgezogenes Gras erhalten. Die moderne Viehzucht ist eine dunkle Stätte des ehrgeizigen Erwerbs geworden. Immer seltener wird das ruhige und bodennahe Bauerntum, das eine gesunde Milch für die Menschen erzeugen kann. Die nach maximalem Gewinn strebende Landwirtschaft hat in den letzten Jahrzehnten die kleineren, traditionellen Betriebe weitgehend verdrängt.

Aus einer ganzheitlichen Sichtweise, die neben dem Körper die Seele und den Geist berücksichtigt, erwächst für das Gebiet der Ernährung ein großes Verantwortungsbewusstsein und dieses führt die Tiere mit dem Menschen in eine zusammenwirkende Gemeinschaft.

Eine Pflanze wächst, wie bereits ausgedrückt, durch die rhythmische Lichteinwirkung der Sonne und die Strahlkraft des Mondes. Der Kosmos ist in jeder Phase am Wachstum beteiligt. Ein überirdisches Wirken bringt den Samen zum Keimen und über die Pflanzengestalt zur Fruchtbildung. Die Tiere nähren sich von Gras und Getreidestroh. Schon bei der Bearbeitung der Felder wird der erste Grundstein zu einer wirklich guten irdischen Arbeit gelegt. Die menschlichen Hände berühren den Erdenstoff. Es ist günstig, mit klaren Augen dieses Element der Erde zu erkennen und zu eruieren, mit welchen Gefühlen der Mensch arbeitet und die Möglichkeiten der Natur nützt. Gerade im Hinblick auf den Milchgenuss kann ein großes Lebensgesetz richtungsweisend sein: Der Mensch hat das Recht, die Erde zu bebauen, er hat das Recht, sie zu erschließen und aus ihr für seinen Genuss Früchte zu nehmen. Die Erde ist seine Lebensheimat. Weiterhin wird ihm die Möglichkeit gegeben, Tiere zu halten und für seine menschlichen Bestrebungen zu benützen. Er kann die Pferde vor den Pflug spannen und die Milch von den Kühen nehmen. Doch muss er gleichzeitig auch die moralische Verantwortung gegenüber allem Leben und der Natur in einem sehr sensitiven und doch irdischen Sinn entwickeln. Er darf nämlich nicht mehr nehmen als das wirkliche Arbeiten und Tätigsein, das ihm ein Gefühl der Bodennähe und des In-Beziehung-Seins zur Erde gibt, hervorbringt. Nimmt er beispielsweise zu sehr die Hybris von Machtgelüsten auf und will er mit seinem Betrieb nur gewinnorientiert arbeiten, so verliert er dieses eigentliche und lebensspendende elementare Erdengefühl. Die Landwirtschaft und die Haltung von Tieren schenkt ein versöhnliches Gefühl mit dem Mutterstoff der Erde. Dieses versöhnliche Gefühl, das in einem ruhigen und ehrwürdigen bäuerlichen Betrieb leben kann, strahlt in die Lymphgänge der Kühe hinein und bringt die gesunde Milch hervor.

Die Milch, die von der Kuh gewonnen wird, fördert als Nahrungsmittel den Lebensäther und das Gefühl der Harmonie mit der Erde. Wer Milch zu sich nimmt, gewinnt in sich ein Empfinden des irdischen Zugehörigseins, er erlebt gewissermaßen eine Art Bodennähe.

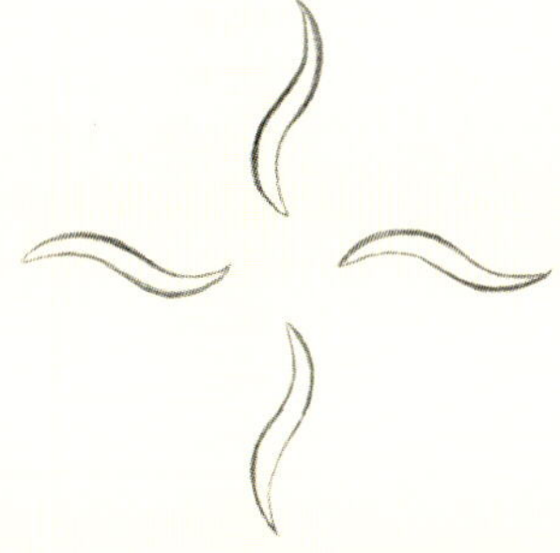

Milch ist ein Nahrungsmittel, bei dem zwei große Kräfte nebeneinander liegen. Zum einen bringt sie eine sehr gute aufbauende Kraft für den Organismus, zum anderen ist sie durch die wirtschaftliche Erwerbsstruktur von Menschenhand verunreinigt. Man sollte deshalb nur Milchprodukte aus biologisch-dynamischer Wirtschaftsweise oder von einem Hof verwenden, in dessen Geschehen man Einblick hat. Auch die Maschinen in den herkömmlichen Molkereien arbeiten von ihrer Bauweise her zu schnell, sodass die Milch bei der Verarbeitung in ihrer Lebendigkeit zerstört wird. Das merkt man auch, wenn man Produkte wie Quark oder Butter von Demeterbetrieben (biologisch-dynamisch) mit herkömmlicher Marktware vergleicht. Die Demeterprodukte schmecken meist kräftiger und frischer. Man sollte unbedingt auf diese Kriterien achten. Denn es kommt primär nicht auf die Mineralien, Vitamine, Eiweiße und Kohlenhydrate an, sondern auf die erhaltene Lebendigkeit und auf die Reinheit der Nahrungsmittel.

Dieser Lebensäther lässt sich mit vier Armen, die zur Mitte hin zentriert sind, darstellen, wobei die fließende Bewegung beispielsweise bei der Buttermilch durch die Nähe zum Wasserelement entsteht. Der Lebensäther kann auch als Erdenäther bezeichnet werden. Die Vier ist nach der Anthroposophie die Zahl der Erde.

Die Milch bildet gerade für den jungen Menschen eine wesentliche Ernährungsgrundlage, denn in den jungen Jahren will er eine ausreichende Beziehung zur Erdenkultur entwickeln. Eine ausschließliche Pflanzennahrung allein würde in den Wachstumsjahren in den meisten Fällen nicht genügen. Auch wirken die Pflanzen sehr spezifisch auf Organe und Organgebiete sowie auch auf Temperament und Charakterbildung. Die

Fügt man nun Milchsäure wie bei Joghurtprodukten zu oder lässt diese durch Abstellen der Milch entstehen, kann eine Veredelung der Milch erzielt werden. Die Milchsäure durchdringt den Erdenstoff des meist doch schwer verdaulichen Nahrungsmittels mit Lichtätherkräften und regt auf diese Weise die Verdaulichkeit wie auch die gesamte Dynamik der Milch an.

Gesäuerte Milchprodukte sind deshalb sehr dynamische Lebensmittel. Eines der empfehlenswertesten Produkte ist die Buttermilch. Sie besitzt eine gewisse antikanzerogene Wirkung. Gleichzeitig ist sie ein Diätikum, das den Körper vor Ablagerungen behütet.

Ein Bild, wie dieser Erdenäther durch die Lichtätherkräfte erweitert werden kann und wie dies bei der Buttermilch wohl am deutlichsten hervortritt, entsteht, wenn die bisher gezeichnete fließende Vierheit mit feinen Ein- und Ausstrahlungen belebt wird. Es entsteht dann ein neues Zeichen, das förmlich an Licht und Strahlkraft erinnert.

Bild gegenüber: Buttermilch mit Sonnenblumen- oder Sesamöl, Honig, Vanille und einer Prise Salz – gut gerührt – gibt ein außerordentlich harmonisches und gesundes Getränk.

Milch ist dagegen sehr neutral und ausgleichend. Eine weiche, durchlässige Basis wird beim Säugling mit der Muttermilch geschaffen. Solange der Körper im Wachstum ist, braucht er die Stoffe der Milch. In späteren Jahren entwickelt sich der Mensch nicht mehr körperlich, sondern nur noch auf geistigem Felde. Die Wachstumskräfte, die früher dem Körper galten, werden für Kräfte, die im Denken und in der Verantwortungsübernahme eines reiflichen Ich wurzeln, genützt. Wenn man auf ganzheitliche Weise über die Entwicklungsprozesse nachdenkt, die in einem Menschenleben stattfinden, so wird man in sich das Bedürfnis erkennen, dass man neben Wohlergehen und Frieden innerhalb der Erdenkultur auch die Freiheit der Seele erwünscht. Das Nahrungsmittel Milch ist für ein geistiges Wachsen nicht direkt ein Hindernis. Es sollten jedoch mit fortschreitender Seelenentwicklung alle Bindungen an die sogenannten schöneren Seiten des Lebens auch einmal gelöst werden. Das Erdenelement ist letzten Endes nicht die endgültige Stufe der Spiritualität. Das menschliche Bewusstsein sollte eine Empfindung von Harmonie, von künstlerischem Schaffen ausprägen, gleichzeitig aber in der Seele eine davon unabhängige Dimension erheben, sodass es des Lebens Glückseligkeit erschaut und einer höheren Dimension Einkehr schenkt.

Die Pflanzennahrung gibt dem Menschen, besonders wenn er einen hohen Anteil an Getreide verwendet, hierfür die beste Grundlage. Bei den meisten Menschen bedarf es keiner besonderen Anleitung in Bezug auf die Auswahl und die Menge von Milchprodukten, denn mit der geistigen Entwicklung erwächst automatisch das Bedürfnis nach fester, trockener Nahrung. Die Milchprodukte werden dann gemäß dem eigenen Entwicklungsstand im Laufe eines Lebens langsam reduziert. Aber einen geringen Anteil an Buttermilch, Joghurt oder auch anderen Produkten wird man in der Regel beibehalten.

Die Hülsenfrüchte und der Eiweißbedarf

Aus der Pflanzenfamilie der Leguminosen gibt es ein reichhaltiges Angebot von hochinteressanten und qualitativ bemerkenswerten Nahrungsmitteln. Die Sojabohne ist in den letzten Jahren als ein östlicher Vertreter dieser Familie auch im nördlichen Europa sehr bekannt geworden. Sie wird in den vegetarischen Gerichten als einer der besten Eiweißlieferanten mit vielfacher Zubereitungsart verwendet. Der Tofu ist ein aus der Sojabohne gewonnener Pflanzenkäse.

Es gibt eine reichliche Auswahl von verschiedenen Bohnen und Erbsen. In der oberen Zeichnung ist die Sojabohne skizziert. Diese aus dem Osten stammende Hülsenfrucht kann vielseitig zu Tofu oder Miso verarbeitet werden. Ihr Nährwertgehalt ist beachtlich.

Um zu verstehen, welche Voraussetzungen mit den Leguminosen, und hier ganz besonders mit dem Eiweiß aus dieser Pflanzenfamilie, gegeben sind, muss ein Blick auf den Unterschied von einem typischen fernorientalischen Bewusstsein zu einem okzidentalen gelenkt werden. Bildhaft erscheint wohl schon ein erster feiner Unterschied im menschlichen Ausdruck: Der Chinese oder Japaner ist meistens vom Wuchs her kleiner und meist auch in sich etwas kinetischer. Die chinesische Medizin brachte beispielsweise eine sehr große Empfindsamkeit für die sogenannten „fünf Elemente" und konnte auf introvertierte Weise manche extrovertierte Strömung der Wissenschaft beleben. Der Kampfsport mit den einzigartigen Konzentrationsleistungen musste sich im fernen Osten entwickeln. Die chinesische Geistesart spürt viel feiner die innerleiblichen Konzentrationsströme und so ist diese auch zu einer ausgesprochen hochkarätigen Leistung befähigt. Die Art der Ernährung, die in diesen Landen gepflegt wird, scheint wohl ganz besonders für diese konzentrierte geistige Disziplin befähigend zu sein.

Jede Kultur besitzt ihre besonderen Nahrungsmittel. Der Reis ist weiterhin das Getreide des Ostens, während der Weizen das Getreide des Westens repräsentiert. Mit der kulturellen Nahrungspflege ist immer ein weiteres und höheres Wirkungsfeld verbunden. Typische östliche Nahrungsmittel, die nach Japan und China zu rechnen sind, sind Reis und Soja, während die typisch westlichen Nahrungsgrundlagen das Brot und die Milchprodukte bilden. Eine lebendige Betrachtung der einzelnen Nahrungsmittelgruppen ist infolgedessen für diese Abhandlung außerordentlich interessant. Welche grundsätzlichen Ätherkonfigurationen werden mit den einzelnen Nahrungsmitteln gefördert? Die ganzheitliche Sichtweise, die immer etwas Bildhaftes in sich tragen wird, lässt einen Sinn einerseits für Ästhetik und andererseits für die Kosmologie in der Nahrungsauswahl und Zubereitungskunst wachsen. Mit der Nahrung unterstützt das menschliche Bewusstsein das spezifische Wachstum sowohl des Körpers als auch der Geistesströmung, die der einzelne Mensch einnimmt.

Diese Azukibohnen, die in der Makrobiotik als Nierenheilmittel bekannt sind, offenbaren in der kleinen und kompakten Substanz, die die einzelnen Böhnchen besitzen, eine recht gute zusammenziehende Wirkung.

Würde der Okzidentale als Hauptnahrung Reis und Soja auswählen, so würde er immer leicht bekömmlich und doch ausreichend kräftig essen. Die Gefahr aber wäre bald sehr groß, dass er sich in eine einseitig idealistische Bewusstseinslage hineinlebt, die in eine doch relativ starke körperliche Dynamik und eine Anhaftung an den Körper tendiert. Das bildhafte

Wirkung von Sojaeiweiß

Wenn jemand Milchprodukte genießt, so dehnt sich sein Ätherleib tendenziell fast wie horizontal aus, während das Sojaeiweiß den Ätherleib tatsächlich mehr zusammenzieht und damit eine undifferenzierte Einheit heranbildet.

Die Eiweiße als Grundsubstanz alles Lebendigen spielen beim Körperaufbau eine grundlegende Rolle. Dabei sind die Eiweiße sehr individuell geprägt. Es gibt nicht zwei Menschen mit dem gleichen Eiweiß. Das Eiweiß ist also der individuelle Träger, die individuelle Kernsubstanz des Menschen. Diese ist natürlich nicht nur von der Nahrung allein abhängig, sondern von den verschiedenen Aktivitäten, die der Mensch am Tage leistet. Meist fordert eine mentale Aktivität sogar einen höheren Eiweißbedarf ein als eine körperliche. Aber auch die Atmung, und wie sich der Mensch über die Atmung in Verbindung mit seiner Umgebung befindet, wirkt zurück auf die innersten Stoffwechselprozesse. Aus diesem Grunde ist die Frage der menschlichen Eiweißbildung nicht nur eine Ernährungsfrage, sondern eine Frage der Aktivität, der Beziehung und schließlich des werdenden individuellen Bewusstseins.

Denken und imaginative Vorstellungsleben, das er tatsächlich als spirituelle Grundlage benötigen würde, könnte er wohl noch nicht auf freie und ausreichende Weise entfalten. Mit dem Reis und vor allem auch mit der Sojabohne zieht die Willens-Stoffwechselanlage die Seelenkräfte des Denkens, Fühlens und Wollens sehr stark nach innen und konzentriert sie mehr auf das Leibliche. Das okzidentale Ideenbewusstsein ist hier im Westen jedoch vielfach zur Verwirklichung nach außen gerichtet. Ein lebendiger Funke des inneren Feuers würde durch diese fremdländische Kost, wenn sie über längere Zeit und ausschließlich gepflegt werden würde, stark zurückgehalten. Die ausgeprägte und freiere Gedankenkraft, die im Westen natürlich auch noch nicht ausreichend entstanden ist, würde sich ebenfalls durch Reis und Soja tendenziell noch nicht entfalten lassen.

Ausdehnung des Ätherleibes beim Genuss von Milcheiweiß

Das Sojaeiweiß, gerade jenes von Sojamilch und Tofukäse, ist sehr leicht verdaulich und fördert die Introversion wie auch die zusammenziehenden Kräfte im Ätherleib. Doch ist es für den Abendländer nicht immer sehr wünschenswert, dass er sich auf eine starke leiblich-ätherische Innenzentrierung der Seelenkräfte besinnt. Das Vollkorngetreide der westlichen Länder, kombiniert mit Gemüse und kleinen Mengen von Milchprodukten, gibt ihm die beste Unterstützung für das gegebene ideenhafte Bilderbewusstsein und dessen praktische soziale Umsetzung.

Gerade mit dem Eiweiß, dem Protein, dem Urstoff des Lebens, sollte sehr achtsam umgegangen werden. Es besitzt je nach Qualität, Ursprung und Art für die Bewusstseinsentwicklung eine entscheidende Bedeutung. Das Eiweiß von Tieren ist beispielsweise nicht dasselbe wie das Eiweiß von Pflanzen, und wiederum innerhalb der Pflanzenfamilien sind die Eiweiße ebenfalls unterschiedlich. Der eiweißartige Urstoff des Lebens beeinflusst entsprechend der Auswahl die spirituelle Entwicklung des Menschen. So kann, je nachdem, was der Mensch an Eiweißsubstanz zu sich nimmt, sehr bald ein dumpferer Ton die Gedanken prägen oder ein leichterer, idealistischer Klang die Seele durchfluten. Die Unterschiede hängen von der immer bestehenden Eiweißdynamik, die sich in einem komplizierten Aufbau im Organismus befindet, ab. Je nachdem, wie diese Dynamik durch die Nahrungsaufnahme und durch die Einstellung des Menschen stattfindet, öffnet oder verschließt sich die Seele für die kosmischen Ströme. Die menschlichen inneren Organe sind dabei wichtige Funktionsstellen.

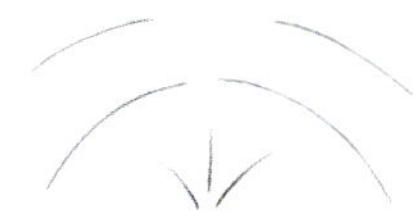

Sie sind, wie der gesamte Körper, aus Eiweiß aufgebaut. Eine spezifische Strahlkraft geht von den Organen von innen auf den ganzen Organismus aus und bringt ein bestimmtes Wohlbefinden und eine Kraft zur Sinneswahrnehmung wie auch zum Denken hervor. Sind die Organe mit einer zu starken Eiweißüberladung belastet, so leidet damit die Offenheit zur höheren Geisteswelt. Diese Offenheit wird sehr wesentlich von dem qualitativen wie auch von dem quantitativen Konsum beeinflusst. Aus diesem Grunde sind sowohl die Art des Eiweißes als auch die Menge an Eiweiß sorgfältig in der Auswahl zu überlegen. Zu viel wie auch zu schweres Eiweiß schadet ebenso wie der auf der Gegenseite stehende Eiweißmangel.

Es wird sicher die Frage entstehen, wie es sich mit dem Ei verhält. Bekanntermaßen ist das Ei-Eiweiß eines der hochwertigsten. Das Ei in Maßen genossen kann gerade bei neurasthenischen oder geschwächten Personen eine sehr gute Substanzgrundlage geben. Es sollte aber auch der Eierkonsum möglichst gering bleiben. Indem Süßspeisen auch sehr viel Eiweiß von Eiern beinhalten, entsteht meist eine zu starke Überlastung des Organismus mit nachfolgender Schlackenbildung. Ein Ei steht gewissermaßen zwischen Tierreich und Pflanzenreich. Es ist jedoch noch nicht mit der typischen Schwere, die dem Fleisch eigen ist, belastet.

Das Eiweiß ist der wichtigste Aufbaustoff für den Körper. Ein Eiweißmangel führt zu einem Vitalitätsverlust und vor allem auch zu einer inneren Leere und psychischen Schwäche. Das Gedankenleben des Menschen will sich frei entfalten und es will hierfür den richtigen Urtonus im Körper besitzen. Führt jemand beispielsweise zuviel Eiweiß zu, so nimmt der Organismus große Mühe auf sich, die Urbaustoffe, das sind die Aminosäuren, im ausreichenden Maße zu transformieren und in sein eigenes System zu integrieren. Das Immunsystem wie auch das Ausscheidungssystem werden meistens durch diese quantitative Überforderung überlastet und die Folgen zeigen sich zunächst einmal in einer Muskulatur, die eventuell härter wird. Aber es bilden sich auch mit der Zeit Ablagerungen, vorzeitige Verkalkungen und Versteifungen. Die überschüssige aufbauende Kraft, die dem Körper mit einem Zuviel an Eiweiß zugeführt wird, erstickt weiterhin das lebendige und freie Denken. Der Körper wird in seiner Strahlkraft schwächer und die Organe zu schwer oder zu kompakt, das leichte Wesen des Geistes weicht. Diesen Ausdruck sieht man beispielsweise auch bei vielen körperbetonten Sportarten, die mit dem Eiweißkonsum auf besonders einseitige Weise für den Aufbau von Muskeln umgehen.

Neben der Menge an Eiweiß ist aber auch die Qualität von einer nennenswerten Bedeutung. Das tierische Eiweiß ist, wie bereits angeführt, schwerer als das pflanzliche und bindet den Menschen an die Körperlichkeit. Die Eiweißfrage gilt auch für Fisch und Geflügel, denn obwohl von der Verdauung diese Eiweißarten leichter bewältigt werden, beschweren sie dennoch das Gedankenleben. Das Getreideeiweiß ist sicher das leichteste und beschwingteste und gibt dem Menschen die größtmöglichen Freiheiten. Aber allein diese Eiweißquelle wäre sicher für die meisten Menschen zu wenig. Wie verhält es sich nun mit den gut konzentrierten Sojaeiweißarten und auch mit den proteinhaltigen Hülsenfrüchten? Alle Leguminosen wie Linsen, Erbsen, Kichererbsen und viele Sorten von Bohnen sind deshalb wertvolle Pflanzen, da sie sehr proteinreich sind und daher einen hohen Nährwert besitzen. Sie haben die Besonderheit, dass sie durch die Wurzel den Stickstoff mit Hilfe von Stickstoffbakterien aus der Erde aufnehmen und dadurch so große Mengen Eiweiß bilden können, die sonst kaum eine Pflanze hervorzubringen vermag.

Die starke Eiweißbildung der sogenannten Knöllchenbakterien entsteht durch eine Symbiose. Die Bakterien führen den Stickstoff aus der Luft in die für die Pflanze verwertbare Form, das Ammonium, welches die Pflanzen dann über ihre Wurzeln aufnehmen und zur Eiweißbildung verwenden.

Neben der Atmung im Pflanzenreich bildet die Atmung im Menschen eine der bedeutungsvollsten Faktoren, die inniglich mit dem Eiweißstoffwechsel zusammenhängt. Je nachdem, wie der Mensch atmet, bildet er sich mit der Umwelt seine Beziehung, und er wird sich auch aus dieser Atmung individualisieren. Die Individualisierung aber organisiert den Eiweißstoffwechsel.

Die Frage des Stickstoffes ist durchaus eine ganz besondere Frage, die mit der seelisch-geistigen Entwicklung einhergehen kann. Mit dem Stickstoff in der Atemluft ist beispielsweise ein ganz wichtiger Prozess verbunden. Dieser ist nicht immer im Äußeren der menschlichen Natur sogleich wägbar. Die menschliche Lunge muss ständig Stickstoff mit der Luft einatmen und diesen wieder nach außen ausatmen. Sie atmet sogar mehr Stickstoff aus als ein. Diese eigenartige, geheimnisvolle Umsetzung resultiert aus der inneren Eiweißdynamik, aus jener Dynamik, die das noch artfremde Eiweiß, das der Mensch beispielsweise durch die Nahrung aufnimmt, nun in komplizierten Prozessen in körpereigenes Eiweiß umsetzen muss. Wie der Urstoff des Lebens beständig im Organismus dynamisch tätig ist und das Leben erhält, so muss auch gleichzeitig ein Bewusstseinsprozess mit diesen Transformationsvorgängen gegenwärtig sein. Indem das menschliche Bewusstsein für die Gedankenprozesse Körpersubstanz und dadurch auch wieder das gebildete Eiweiß verbraucht, muss der Mensch vermehrt Stickstoff ausscheiden. Je mehr Stickstoff nun jemand ausscheidet, desto mehr befreit sich das menschliche Bewusstsein aus der Enge der Körperlichkeit. Er gewinnt bei richtiger Umsetzung eine Art Leichtigkeit, ein Empfinden von Gelöstheit.

Kichererbse

Die Ätherform der Kichererbsenpflanze könnte man in dieser Weise darstellen. Sie äußert sich in einer stark nach innen gerichteten Zentrierung ohne Lichtentfaltung. Bei vermehrtem Genuss besteht die Gefahr eines zu starken Abgeschlossenseins des Menschen.

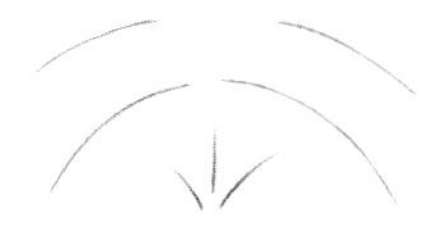

Wenn nun der Mensch sehr viele Leguminosen zu sich nimmt, so nimmt er damit direkt ein Kräftewirken auf, das aber die Besonderheit einer eigenen Stickstofftätigkeit besitzt. So ist mit dem zu starken Konsumieren von Leguminosen auch die Gefahr verbunden, dass sich der Mensch zu sehr gegen die Bewusstseinsweite des Lebens verschließt und sich an die Körperlichkeit und an das irdische Leben bindet. Diesen Gedanken hatte Rudolf Steiner in seiner Geisteswissenschaft sorgfältig erläutert und riet für den okzidentalen Menschen mehr den Konsum von Milch.

Die Hülsenfrüchte sind jedoch wertvolle Energiespender und geben eine gute physische Grundlage, indem sie den Ätherleib sinnvoll zum physischen Leib hin zusammenziehen und zentrieren. In der gegenwärtigen Zeit ist gerade die Tendenz zu Zerrissenheit, Konzentrationsmangel und einer daraus entstehenden Überdehnung des Gewebes sehr häufig erkennbar. Manche Menschen leben in chronischen Erschöpfungen und gewinnen weder Vitalität noch eine sinnvolle irdische Aufgabenzentrierung. So ist es zu einem gewissen Grad nicht verkehrt, gelegentlich Sojabohnen, Erbsen, Linsen wie auch andere Hülsenfrüchte in den Speiseplan einzufügen. Die Menge sollte jedoch so gewählt werden, dass diese Produkte Nebenprodukte bleiben. Auch bei Mangelerscheinungen, wie beispielsweise Eisenmangel, ist Soja oder die sehr wertvolle Kichererbse in Maßen recht wertvoll. Die Auswahl von Hülsenfrüchten mit den verschiedensten Bohnen und Erbsen ist des Weiteren auch sehr groß. Schon ein relativ geringer Anteil dieser starken Eiweißspender liefert ein gutes Säure-Basen-Gleichgewicht im Organismus und gibt auch eine gute physische Grundlage.

Es ist günstig, wenn die Eiweißsorten nicht zu viel gemischt werden. Milch, Eier und Hülsenfrüchte kombiniert wäre in jedem Falle eine ungünstige Übertreibung. Wenn zu einer Mahlzeit eine gute Eiweißquelle ausgewählt wird, so genügt diese im Zusammenhang mit dem Getreide und kann eine sehr wertvolle Grundlage zum Körperaufbau wie auch zur Stärkung der Nerven geben. Vegetarier müssen jedoch darauf achten, dass die pflanzlichen Eiweiße nur selten mit ihrem Aminosäurenkomplex vollständig sind. Aus diesem Grunde sind gute Kombinationen von Hülsenfrüchten, Getreide und auch Gemüse sehr empfehlenswert.

Die Kichererbsen enthalten im rohen Zustand unverdauliche Giftstoffe, die mit der besonderen Eiweißbildung im Zusammenhang stehen. Aus diesem Grunde müssen sie gut gekocht werden.

Am Ende des Kochprozesses empfiehlt sich eine reichhaltige Zugabe von Gewürzen, eventuell auch den feurig-scharfen des Ostens wie Chili und Curry. Des Weiteren empfehlen sich Kombinationen mit Zwiebel, Brokkoli und zusätzlichen Gewürzen, sodass die kräftige zusammenziehende Erbsensubstanz eine gelockerte Ausgeglichenheit erhält.

Nüsse und Samen und ihre Beziehung zur Wärme

Die Nüsse und Samenfrüchte sind eine eigene wichtige, vor allem substanzielle Nahrungsmittelgruppe. Die Haselnuss, die Walnuss und die Mandel sind die bekanntesten der verwendeten und eher heimischen Nüsse. Recht schmackhaft und beliebt sind auch Cashewnusskerne sowie Paranüsse. Als Nahrungsmittel sind die Nüsse sehr ergiebig. Sie haben vor allem einen enorm hohen Anteil an ungesättigten Fettsäuren. Für die Nahrungszusammenstellung ist die Verwendung der aus Nüssen und Saaten gewonnenen Öle von großer Bedeutung. Man unterscheidet dabei kalt gepresste Öle mit vorwiegend ungesättigten Fettsäuren und raffinierte Öle mit meist gesättigten Fettsäuren. Führt man dem Organismus Fett in Form von kalt gepresstem Öl oder in ursprünglicher Form als Nüsse zu, so spendet man dem Verdauungsapparat eine wärmende und sinnvolle Anforderung. Eine enorme Kalorienmenge ist in den Fetten enthalten.

Unter dem Begriff „Saaten" sind nicht Nüsse gemeint, sondern vor allem Sonnenblumenkerne, Kürbiskerne oder Sesamsamen.

Das Verdauungssystem besitzt einen starken Strahleinfluss auf das Wohlbefinden des Menschen. Es ist das Zentrum des Stoffwechsellebens. Von diesem strömt die aufbauende Tätigkeit, das heißt die belebende und substanzerhaltende Kraft im Organismus aus. Wird das Fett gegessen, so reagiert das Verdauungssystem mit einer lebhaften Antwort, da es eine große Kalorienmenge besitzt. Die gesamten Organe beginnen zu arbeiten. Gerade wenn man die ungesättigten Fettsäuren der kalt gepressten Öle oder die der Nüsse und Samenfrüchte zu sich nimmt, strahlt ein intensiver Wärmeprozess, der eine kosmische Bedeutung besitzt, aus dem Organbereich über den ganzen Körper aus. Auch das Sinnesleben und die Haut werden von diesem kosmischen Wärmeprozess ergriffen. Ein zentrifugales Kräftewirken von innen nach außen beginnt mit der Fettverdauung. Es ist, wie wenn der Kosmos nun nicht von außen auf den Menschen hereinstrahlt, sondern dieser wieder von innen ein wärmendes Leben entwickelt und nach außen strahlen kann. Dieser wärmende Strahlungsprozess hat eine ganz wesentliche Bedeutung für das Leben, für die Bewusstseinsentwicklung und für die Willensentfaltung. Eine Dynamik zur Persönlichkeitsentfaltung braucht immer eine Art kosmische Sphäre, eine Sphäre, die über die irdische Körperlichkeit hinausreicht. Die ungesättigten Fettsäuren tragen den kosmischen Charakter in die irdische Sphäre des Verdauungssystems hinunter.

Gesättigte Fettsäuren, die sich nach dem Schmelzpunkt des Fettes richten, besitzen ebenfalls eine hohe Kalorienmenge, jedoch können diese Fette keine dynamischen Verbindungen eingehen. Sie belasten deshalb den Organismus meist mehr und tragen auch über die Zeit hinweg zu Ablagerungen bei.

Die ungesättigten Fette jedoch beleben den Leberstoffwechsel und bewirken eine kinetische Willenserkraftung.

Genießt jemand das Fett, so verstärkt er in sich alle Tendenzen, sowohl gute als auch schlechte, denn er bringt eine natürliche Wärmekraft zur Entfaltung. Wer seine Persönlichkeit mit den gegebenen Anlagen und Fähigkeiten weiter entfalten möchte, braucht den Einsatz seiner Willensenergie und diese gründet sich auf dem Stoffwechselleben. Er braucht jene innere Kraft und Wärme, die ihm der Verbrennungsvorgang liefert. Ohne die Fettsubstanz, ganz besonders ohne die essenziellen Fettsäuren,

Die Kombination von Nüssen oder eventuell auch Saaten mit Gewürzen kann eine sehr aromatische Beigabe zu einer pikanten Speise geben.

Eine besondere Aufmerksamkeit soll bei Saaten und Nüssen auf die Erhitzung erfolgen. Das Rösten darf keinesfalls übertrieben werden, denn die Fette reagieren auf Hitzeeinwirkung sehr labil und beim Überschreiten einer Grenze, die meist bereits bei knapp über 100 Grad beginnt, zerfallen diese in kanzerogene Stoffe. Der sorgfältige Umgang mit Hitze ist in jedem Falle für die gesundheitliche Vorsorge nennenswert.

Es gibt sogenannte einfach und mehrfach gesättigte Fettsäuren. Das Olivenöl ist beispielsweise reichhaltig an einfach ungesättigten Fettsäuren, während das Distelöl mehrfach ungesättigte Fettsäuren besitzt. Allgemein gilt das Olivenöl als gute Prophylaxe gegen Arteriosklerose. Öl mit mehrfach ungesättigten Fettsäuren steigert die dynamische Wärmewirkung im Stoffwechsel.

würden die inneren Organe erkalten und die Lebendigkeit des Menschen unheimlich verkarsten. Eine ausreichende Menge an essenziellen Fettsäuren ist für die Verwirklichung aller Bestrebungen des Menschen wichtig.

Die Willensenergie kann der Mensch erst richtig entfalten, wenn er die substanzielle Grundlage durch die Nahrung erhält. Die Nahrung braucht Wärme, und dies nicht nur in der Form des reinen Brennwertes, sondern in Form eines dynamischen, lebendigen Verbrennungsprozesses. Alle subtilen Prozesse im menschlichen Seelenleben besitzen ebenfalls eine Verbindung zum Körper, denn sie gründen sich immer auf Reaktionen, die im Allerinnersten des Stoffwechsellebens stattfinden. Die menschliche Physiologie besitzt eine ewige Kinetik, denn sie ist selbst im Schlafzustand noch in einer inneren Regsamkeit. Die ungesättigten Fette, die vor allem in den Samen und Nüssen vorhanden sind, regen die Organe zu einer heilsamen und frischen Tätigkeit an. Man spürt es nicht in direkter Weise, welche physiologischen Prozesse beispielsweise in der Leber bei der Verdauung geschehen. Die gesamte Verdauung gleitet ab der Mundhöhle in eine unbewusste Tiefe und schlägt nur mit gewissen Gefühlen des Wohlbefindens oder auch des Unwohlseins wieder nach oben in das Bewusstsein. Der in der Tiefe stattfindende subtile Stoffwechselprozess wirkt auf die gesunde Bildung des menschlichen Willens ein.

Verzichtet man aus diätetischen Gründen auf Fett, was vielfach bei Übergewicht empfohlen wird, so merkt man nach einigen Tagen, dass der gesamte Wärmehaushalt im Körper absinkt. Die Glieder werden bald kälter, die Haut neigt zur Trockenheit und verliert ihre Lebendigkeit. Die Folgen, die aus einer fettarmen Diät entstehen, sind vor allem aber Probleme, die sich schleichend in der Psyche bemerkbar machen. Mit der Wärme im inneren Organbereich, die sich peripher auf den ganzen Körper ausbreitet, zeigt sich ein lebendiges und jugendliches Element. Die Kinetik des Körpers wie auch des Bewusstseins gründet sich auf Wärme. Die rechte, nicht nur leidenschaftlich angeheizte, sondern tatsächlich kosmische, gute und sphärenausströmende Wärme gibt dem Denken jene Kraft und Frische zu Interesse und steigert das innere, seelische Wohlbefinden. Die Nerven werden auf dieser Grundlage geschützt und gestärkt. Den Anforderungen, denen der Mensch in unserer Zeit durch die vielen Reize ausgesetzt ist, hält er mit innerer Wärme in jedem Falle besser stand.

Die ungesättigten Fettsäuren braucht jeder Mensch, wobei die Mengen individuell unterschiedlich sind. Für manche, besonders für innerlich sehr starke Persönlichkeiten, die über ein gutes Verdauungssystem verfügen, kann über die Speise ein kräftiger Schuss Olivenöl gegeben werden. Im Allgemeinen muss man Nüsse und Samenfrüchte nicht in überdurchschnittlichen Mengen essen. Es genügt, wenn sie eine ausgewählte Beigabe darstellen. Es können pro Tag insgesamt drei bis vier Esslöffel Öl genügen, aber es können auch weitaus größere Mengen

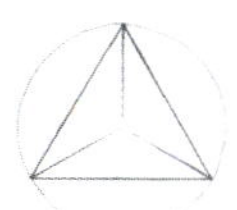

verzehrt werden. Die meisten Menschen benötigen heute gute und abwechslungsreich gewählte Öle wie auch eine kleine sinnvolle Beigabe von Nüssen und Samen. Diese Zusätze erfüllen ihren Sinn, da sie eine wesentliche Bereicherung des Essens darstellen.

Gerade die Verwendung von Öl nach dem Kochprozess ist sehr wichtig. Gesättigte Fette wie denaturierte Öle, tierisches Fett oder auch Kokosfett sind möglichst zu vermeiden, da sie den kosmischen Wärmeprozess mehr ersticken und tatsächlich die Gewichtsfrage nicht unbedingt positiv beeinflussen. Wenn man Milchprodukte verwendet, erhält man bereits genügend gesättigte Fette.

Die Haselnüsse, die die Libidokraft steigern, bereichern allgemein die grundlegende Begehrens- und Antriebskraft des Menschen. Fehlt es beispielsweise an Libidokraft, erlöscht allgemein das vorwärtsstrebende Feuer des Menschen.

Die Haselnuss ergibt bei einer Betrachtung ihres inneliegenden Äthers ein sehr schönes welliges, aber auch sehr gut zentriertes Ätherströmen. Sie ist die Nuss, die bei Libidoverlust einen guten Heilwert besitzt, denn sie wirkt erbauend auf die Kräftigung des gesamten Menschen. Eine große Menge Äthersubstanz lebt in der Haselnuss, die stärkend mehr auf den Körper und weniger auf das Bewusstsein wirkt.

Die Mandelblüte aus dem Reich der Rosenblütler, der Rosaceae, verströmt eine helle und zarte Atmosphäre.

Die Mandel hingegen offenbart eine Äthersubstanz, die den Menschen zentrierend und beruhigend einhüllen kann. Lebensätherkräfte, die im ausreichenden Maße in ihr vorhanden sind, schenken diese positive Hüllenbildung mit gleichzeitiger innerer Zentrierung. Sie ist tatsächlich ein Heilmittel, dies ganz besonders bei Lungenerkrankungen.

Beruhigende und hüllenbildende Ätherwirkung um die Mandel

Die meist etwas bitter schmeckende Walnuss scheint nach wissenschaftlichen Forschungen eine der dynamischsten von allen Nüssen zu sein. Sie besitzt einen hohen Anteil an mehrfach ungesättigten Fettsäuren. Ihr Charakter zeigt sich durchaus zentrierend und wenn man sie von ihrem

Die Walnuss zeigt bereits in ihrer äußeren Form die Einziehungen und es kann gar nicht anders sein, als dass sie zusammenziehende und bittere Substanzen bildet.

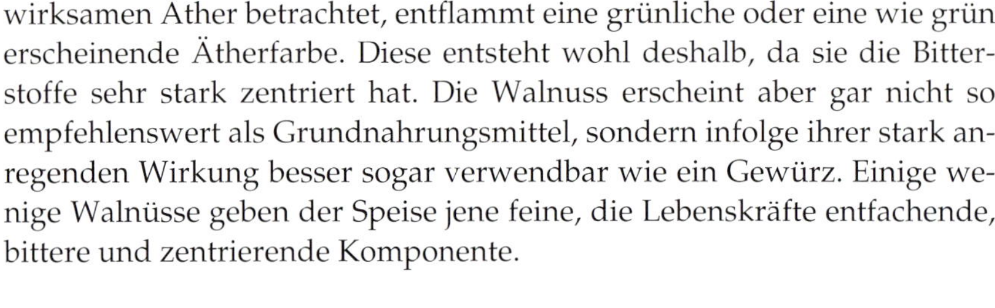

wirksamen Äther betrachtet, entflammt eine grünliche oder eine wie grün erscheinende Ätherfarbe. Diese entsteht wohl deshalb, da sie die Bitterstoffe sehr stark zentriert hat. Die Walnuss erscheint aber gar nicht so empfehlenswert als Grundnahrungsmittel, sondern infolge ihrer stark anregenden Wirkung besser sogar verwendbar wie ein Gewürz. Einige wenige Walnüsse geben der Speise jene feine, die Lebenskräfte entfachende, bittere und zentrierende Komponente.

Wieder ganz anders erscheint die Betrachtung der Cashewnuss. Sie trägt einen sehr schönen, feinen, ausstrahlenden Wärmecharakter und wirkt auf Herz und Nerven außerordentlich harmonisierend. Auch diese Nuss kann durchaus als ein Heilmittel angesehen werden.

Die Sesampflanze trägt ihre Früchte in nach oben ragenden länglichen Kapseln.

Der Sesam besitzt intensive kosmische Wärme- und Lichtkräfte. Diese Samen werden in der orientalischen Küche, beispielsweise in der Makrobiotik, vielseitig verwendet und sollten auch hier im Okzident unbedingt Beachtung finden. Die Betrachtung des Sesams erweckt bereits für den, der erste übersinnliche Wahrnehmungen gewinnt, eine außerordentlich harmonische Wärmesphäre.

Die Nüsse sind eine große Bereicherung für die Küche. Sowohl für Süßspeisen als auch für salzige Gerichte lassen sich diese sehr spezifischen, hohen Energiespender verwenden. Die Ölbildung in allen Nüssen und Samenfrüchten entsteht durch die wärmenden Strahlen der Sonne. Eine geballte Kraft wird in den Kernen gespeichert und ruht auch noch in den trockenen Nüssen. Es ist wirklich eine kosmische Wärmekraft, die in diesen lebt. Aus diesem Grunde sollte der nach Gesundheit Strebende nicht im Übermaß zu den Nüssen greifen, denn er kann nur eine gewisse Menge an kosmischer Wärmeenergie in seine Körperlichkeit aufnehmen.

Andere Samen, wie die im Osten so vielseitig und auch als Heilmittel verwendeten Sesamsamen, die alle vier Äther in sich ausgeglichen tragen, die mehr dem Erdelement und damit dem Lebensäther zugehörigen Sonnenblumenkerne, wie auch die den Äther zentrierenden Kürbiskerne, geben eine gute Abwechslung in der Küche.

Die Verwendung des Öles zur Wahrung des kosmischen Charakters

Es ist eine sehr gute Übung, wenn sich die Köchin oder der Koch eine Anschauung bildet, wie das Öl, beispielsweise das so wertvolle Olivenöl oder auch andere kaltgepresste Öle, die ausstrahlende Sphäre einer Speise erhöhen kann. Das Gemüse oder das Getreide werden beispielsweise in Wasser gekocht, bis sie ausreichend weich sind. Nun nimmt man sie vom Feuer und übergießt sie mit dem kaltgepressten Öl. Unmittelbar wird der Koch oder die Köchin wahrnehmen, dass sich nun eine ausstrahlende und auflockernde Sphäre um diese Speise bildet. Die Wärme, die im gekochten Getreide oder Gemüse vorhanden ist, schlüsselt sich gewissermaßen durch die Zugabe des Öles für den Umkreis auf und die Speise wird dadurch besonders schmackhaft. Sie wird nicht wirklich schwer oder richtiggehend übersättigt, sondern sie wird noch einmal belebt, sinnesfreudig und scheint eine noch schönere Farbe zu gewinnen.

Speisen, die das Öl erst am Schluss erhalten, bleiben leichter verdaulich und sie veredeln sich in ihrem kosmischen Charakter. Es kann die Köchin oder der Koch auch Rohkost und Salate mit leicht erwärmtem Öl übergießen, um in diesen den Wärmeprozess zu fördern. Erwähnenswert ist es jedoch aus gesundheitlichen Gründen, dass Öle niemals zu stark erhitzt werden sollten, denn sie bilden allzu leicht und schnell kanzerogene Stoffe. Die Grenze, die beim Erhitzen des Öles mit der Rauchbildung markiert wurde, ist bereits viel zu spät angesetzt. Nach einer wirklichen ätherischen Sicht sollte das Öl mit größter Sorgfalt vor einem starken Hitzeprozess verschont werden. Bereits in den Vorstufen, bevor es zu rauchen beginnt, entwickelt es jene kanzerogenen und die Zellen angreifenden Schadstoffe.

Der Hitzeprozess sollte auch beim Rösten von Samen und Nüssen mit größter Sorgfalt geschehen. Die stark in Fett gebratenen Frikadellen, Pfannkuchen oder die in Öl gebrutzelten Gemüse entwickeln eventuell schmackhafte Aromastoffe. Für die Gesundheit des Zellsystems sollte die Hitzeeinwirkung jedoch sehr langsam dosiert und nicht mehr als bei 110 oder 120 Grad geschehen. Sich dieser Anforderung in der Küchenpraxis zu stellen ist sicher für Restaurants heute noch nicht möglich. Viele Krankheiten könnten jedoch vermieden werden, wenn in der Küche die Verwendung von Ölen eine außerordentlich sorgfältige Handhabung erhalten würde.

Dieser Sphärencharakter, der mit den Ölen in Verbindung ist, kann eine reale Andeutung eines wirklichen kosmischen Wärmegefühls offenbaren. Der Kosmos mit seiner Wärme berührt im Öl die irdische Substanzwelt und speichert seine Kräfte in den sogenannten Kalorien. Aus diesem Grunde werden auch die Geschmacksempfindungen durch die Verwendung von guten Ölen angeregt.

Die Ätherform der Olive erzeugt verdichtende Wärmesphären und besitzt einen besonderen zentrierenden Wärmegehalt.

Jedes Öl hat einen Rauchpunkt, der mit den freien Fettsäuren (Bestandteil von Fetten) in Verbindung steht. Wird dieser überschritten, entstehen Stoffe (Transfettsäuren, HNE), die im Körper die Zellen schädigen und das Risiko für Herz-Kreislauf-, Leber- und Krebs-Krankheiten erhöhen. Nach einer übersinnlichen Sicht ist jedoch bereits vor dem Rauchpunkt des Fettes schon ein Zerfall der Fettsäuren mit schädlichem Charakter sichtbar.

Die Zwiebelgewächse

Zu dieser Pflanzenfamilie, der *Allioideae,* zählen Lauch, Knoblauch, Schnittlauch, Schalotte und schließlich als wesentlichster Vertreter die Zwiebel selbst. Betrachtet man diese Pflanzen, so fällt sehr deutlich ihre ringförmige Blattstruktur nach innen auf. Diese aber hebt sich kaum vom Halm ab. Für die Lichtwirkung der kosmischen Sphäre sind diese Pflanzen wohl sehr offen, jedoch lässt ihre ringförmige Strukturbildung auf ein ganz besonderes und eigentümliches Formelement schließen.

Der große Yogi Sivananda aus Indien verbannte die Zwiebel und ganz besonders noch mehr den Knoblauch vollständig aus dem Speiseplan. Diese Pflanzengewächse sollen die Trägheit und Schwere im seelischen Dasein fördern und deshalb dem *tamas,* der dritten der Eigenschaften der sogenannten *gunas,* zugeordnet sein. Der Grund für die Bewertung von Sivananda liegt wohl darin, dass die Zwiebel- und Knoblauchgewächse ein starkes Begehren im Menschen fördern können. Wesentlich aber war für Sivananda das beeinträchtigende Gefühl, das diese Nahrungsmittel für die Meditation geben. Wer Yoga und Meditation übt, möchte sich ganz für die kosmische Sphärenwelt öffnen und ein reines, klares Bewusstsein entwickeln. Da aber der Genuss von Zwiebeln und Knoblauch den feinfühligen Leib des Yogin sehr stark ergreift und durchaus eine Dumpfheit im Bewusstsein herbeiführen kann, wurde es in manchen Meditationskreisen empfohlen, besser auf die Zwiebelgewächse zu verzichten.

Der Okzidentale ist in seiner leiblichen Kondition meist für diese feinen innerleiblichen Ströme nicht so sehr sensibel. So bemerkt er meist nicht das unterschiedliche Strömen der Lebensenergien, die von den verschiedenen Nahrungsmitteln ausgehen. Wer sich jedoch in sorgfältigster Weise auf einen sehr reinen Meditationspfad mit sehr viel Lebensrückzug begibt, wird viel stärker die unterschiedlichen Wirkungen bemerken, die durch die verschiedenen Ernährungsweisen verursacht werden und die das Befinden beeinflussen.

In den Zwiebelgewächsen sind beachtliche Mengen von Schwefel enthalten. Neben diesem finden sich auch verschiedene Mineralien, ganz besonders Kalzium, Kalium sowie Eisen und das Spurenelement Selen. Der Schwefel ist durch seine impulsive Licht- und Wärmewirkung charakterisiert. Nimmt man über Gemüse und Früchte sehr viel Schwefel zu sich, so entsteht dadurch eine sehr starke stoffwechselanregende Tendenz mit einer durchaus verjüngenden Wirkung. Ebenfalls zeigt sich eine reinigende Wirkung, die besonders bei dem Knoblauch gegenüber Parasiten konstatiert wird. Aber am meisten ist es erwähnenswert, dass die Widerstandskräfte durch die Zwiebelgewächse angeregt werden. Ein Zuviel an Knoblauch und Zwiebel jedoch umgibt das Bewusstsein mit einer dämmerhaften

Nach der ayurvedischen Medizin gilt auch die Zwiebel als ein Nahrungsmittel, das den Kräften der Trägheit unterliegt. Diese intuitiven Bewertungen, die der Osten der Zwiebel beimisst, entstammen wohl aus dem Wissen, dass das Schwefelmineral, das in diesen Pflanzen sehr intensiv zur Geltung kommt, den Menschen sehr stark in die irdische Sphäre „ziehen" kann. Dieses Ziehen des Menschen in die irdische Sphäre ist sicherlich nur bei übermäßigem Genuss gegeben. Eine schwefelige Komponente im Speiseplan, wie sie durch die Zwiebel entsteht, zieht den Menschen nicht in die irdische Sphäre, sondern versöhnt ihn sogar mit der irdischen Welt.

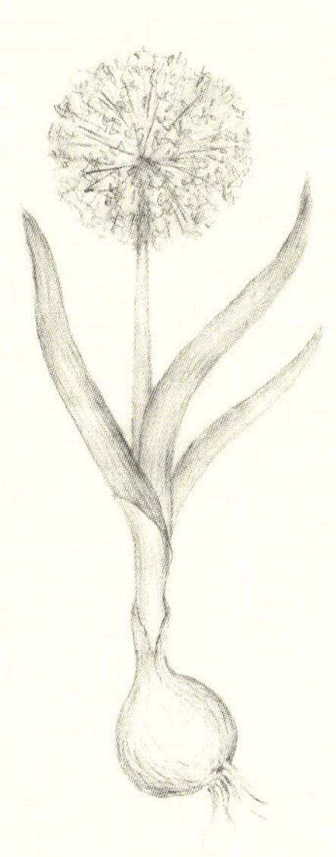

Zwiebelpflanze in der Blüte

Hülle. Daher sollte man darauf achten, dass durch die Zwiebelgewächse, und vor allem durch den Knoblauch, nicht eine einseitige und durchaus bewusstseinstrübende Ausstrahlung gefördert wird. So wie Schnittlauch, der besonders wertvoll mit seinem Gehalt an Vitamin C ist, sollte man auch Zwiebel und Knoblauch mehr als Beilage oder als sinnvoll verwendetes Gewürz integrieren. Ebenso erscheint es sinnvoll, den Lauch nicht in zu großen Mengen zu verzehren, denn er belastet dann meistens das Verdauungssystem. Die Zwiebel, der Knoblauch und der Schnittlauch, im ästhetischen und vernünftigen Maße verwendet, regen eine belebende Aktivität im Wasserhaushalt des Körpers an und geben einer Speise eine angenehme verdauungsfördernde und würzige Komponente.

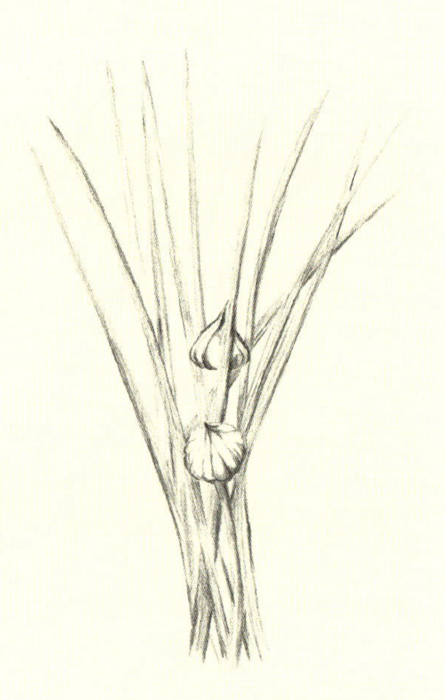

Der Schnittlauch ist durch seine vertikal aufstrebende Dynamik gekennzeichnet.

Die Betrachtung der Zwiebel, wie sie dem physischen Auge erscheint, ist deshalb hochinteressant, da mit dieser eine wirklich geballte, in fast kugeliger Form gesammelte Kraft sichtbar wird. Nahezu ähnlich wie Samen bilden Zwiebeln die Ausgangsphasen für weitere Wachstumsmöglichkeiten. Tatsächlich wollen die Zwiebeln in der Lagerung noch immer ihre vertikalen Triebe nach oben entfachen. Der gestaute Blattbereich offenbart ein in sich gesammeltes, rundes und geballtes Wesen.

Der Knoblauch sammelt seine schwefeligen und aromatischen Substanzen ganz in der Knolle.

Der Blick mit geistigem Auge auf eine schöne weiße Küchenzwiebel offenbart, dass sich in ihr erstaunlich kräftigende Formbildesubstanzen oder Formbildeentitäten ausprägen. Wie lilafarben, rötlich und bläulich zeigt die weiße Küchenzwiebel eine regelrechte Kraft zur Formverdichtung. Diese Fähigkeit liegt wohl nicht nur an dem Überwiegen der schwefeligen Verbindungen, die in der wässrigen Substanz organisiert sind, sondern in der sehr gut ausgebildeten mineralischen Gesamtkomponente. Gleichzeitig aber offenbart die Sphäre um die Zwiebel einen hohen und hellen Lichtcharakter, der durchaus eine sehr schöne reinigende Sphäre erzeugen kann.

Der helle Lichtcharakter offenbart sich weniger durch die weiße Farbe der Zwiebel, als vielmehr im unmittelbaren Raum um die Zwiebel herum. Der Betrachter kann diese Empfindung heranbilden, wenn er die Frage hinzunimmt, wie die Zwiebel mit dem sie umgebenden Raum in Beziehung steht. Schließt sie sich ab oder tritt sie nach außen, eröffnet sie einen grellen oder zarten Lichtcharakter?

Aus dieser Sicht heraus müssten die Zwiebel, wie auch in Maßen der Knoblauch und der Schnittlauch, eine der besten Gewürzlieferanten sein, die eine Speise sowohl festigen als auch in eine wiederum kosmische Leichtigkeit überführen können. Indem die Zwiebel zu einem Getreidegericht, zu einem Gemüse oder eventuell auch als Brotbelag verwendet wird, fördert sie harmonische, sowohl zentripetale als auch zentrifugale Richtungswirkungen. Sie kann in diesem Sinn die gesamten Ätherkräfte in einer Speise ausgleichen. Die Verwendung dieser Pflanzen in der Küche kann eine Heilkunst im feinfühligen und wohlproportionierten ästhetischen Sinne fördern.

Die feinfühlige Hand des Kochs wird deshalb die Zwiebel so geschickt verwenden, dass die pikante Note dieser Pflanze auf Getreide und Gemüse verfeinernd wie auch harmonisierend wirkt. Dadurch steigt in jedem Falle die Bekömmlichkeit und es wird manchmal die Schwere eines einseitig verwendeten Produktes hinweggenommen. Man könnte leicht dem Irrtum verfallen und glauben, dass eine große Menge von einer Substanz, wie es beispielsweise der Schwefel ist, bei reichlichem Genuss die beste reinigende Wirkung entfaltet. Aber nicht immer ist bei einer integralen Betrachtung der Ernährung die Quantität, sondern auch die harmonische Abstimmung der Quantität von außerordentlich nennenswerter Bedeutung. Alles, was auf der einen Seite zu viel oder zu extrem wird, belastet den Körper und verhindert eine harmonische seelisch-geistige Entwicklung. Obwohl man Zwiebelkuren durchaus machen kann und diese zur Entwässerung wie auch zur Entstauung im Lungenbereich oder zur Eliminierung von Schleim beitragen können, sollte man sie im Sinne der gewöhnlichen Nahrungsverwendung dann doch in ein ästhetisches Gesamtgleichgewicht mit der Ernährung führen. Die Kraft des Bewusstseins und das Empfindungsleben werden durch extreme Kuren nicht immer auf richtige Weise gestützt. Die Harmonie einer Speise wird für das ganze Leben eine Art grundsätzliche Reinheit bewirken, denn durch sie wird eine innere Empfindungsqualität für den Menschen gefördert.

Die Zwiebel als Brotbelag
In Essig und Salz eingelegt, wird der rohen Zwiebel die Schärfe der Schwefelverbindung (Allylsulfid) genommen, wodurch sie bekömmlicher wird.

Betrachtet man beispielsweise den wilden Schnittlauch, der aromatisch fast wie Knoblauch riecht, so bemerkt man daran, wie stark er ätherische Kräfte in sein nach oben strebendes Wesen „begehrend" hineinzieht. Er bleibt in sich kräftig und hält sich im eigenen „Trieb" zusammen.

Allgemein dienen Zwiebeln und Knoblauch einer antikanzerogenen Prophylaxe. Auch durch ihren hohen Gehalt an Vitamin C und durch die schwefeligen Säfte können sie bei Erkältungskrankheiten fast wie antibiotisch wirken. Insgesamt wirkt ein Zwiebelgewächs kombiniert mit anderen Nahrungsmitteln stärkend auf den menschlichen Ätherleib.

Indem man noch einmal den Schwefel als Substanz betrachtet, so wird man sicherlich bei diesem Stoff, der im Eiweiß vorhanden ist und der lebendige Prozesse unterhält, feststellen, dass er weniger die bewusstseinsaktiven Seiten des Menschen unmittelbar fördert, sondern tatsächlich mehr die eigenen Begehrens- und Willensanteile stärkt. Die Zwiebelgewächse bringen durch den Schwefel eventuell auf milde Weise auch schlaffördernde Substanzen an den Menschen heran, mit denen für eine natürliche Zentrierung und Anregung seiner eigenen Willensbedürfnisse mehr Raum gegeben wird. Begehrenskräfte sind wichtige Antriebskräfte, die sich manchmal durch zu starke intellektuelle Anforderungen schwächen. Bei ihrer Verwendung in der Küche durchdringt die Zwiebel mit ihrem schwefelhaltigen Aroma jede Speise und organisiert auf diese Weise die Willensgrundlage des Menschen.

Diese Pflanzen aus der Familie der Allioideen lassen sich in jedem Falle sehr gut in der Küchenpraxis verwenden. Weder ein Zuviel in der Verwendung noch eine zu asketische Entsagung von Nahrungsmitteln dieser Pflanzenfamilie würde ein sinnvolles Bewusstsein für die gesamte seelisch-geistige und körperliche Entwicklung des Menschen fördern. Das Ziel jeder Entwicklung ist nicht die einseitige Ekstase in der Meditation, sondern eine vollkommene Integrität von Idealen, die mit der eigenen Willensgrundlage und deshalb mit einem aufsteigenden inneren Begehren verbunden sind.

Die Verwendung der Zwiebel und des Schnittlauches fördert eine rhythmische Lebendigkeit in allen bekannten Gerichten, denn sie verbinden durch ihr Aroma die Getreidesorten und das Gemüse.

Der Querschnitt durch eine Zwiebel zeigt nach innen organisierte Ringstrukturen. Die Zwiebel ist eine relativ stark wässrige Pflanze, die jedoch mit den Ringstrukturen dieses Wasser nach innen hinein organisiert und strukturiert. Die entwässernde Wirkung der Zwiebel beruht auf der Fähigkeit, dass sie das Wässrige wohl organisieren kann und daraus Formstrukturen erschafft. Der menschliche Körper muss sich kraft seines Ätherleibes jeden Tag organisieren und die durch die Nahrung aufgenommenen Flüssigkeiten in sich hineinorganisieren. Gelingt ihm aus Gründen der Schwäche diese Organisation nicht mehr, beginnt das Wässrige einen Fremdcharakter mit Stauungserscheinungen im Bindegewebe anzunehmen. Adipositas und Wasseransammlungen in verschiedenen Gewebeteilen sind ein Ergebnis dieser Schwäche, die im Ätherleib entsteht. Die Zwiebel ist ein sehr allgemeines und gutes Hilfsmittel, damit eine erste Entwässerung im Körper durch eine bessere Flüssigkeitsorganisierung eingeleitet wird. Solange die Flüssigkeit noch nicht organisiert wird, kann sie nämlich noch nicht ausgeschieden werden. Die Zwiebelgewächse unterstützen diese gesamte Organisationsgrundlage und tragen dazu bei, dass der Organismus die gesamte Flüssigkeitsdurchgestaltung findet.

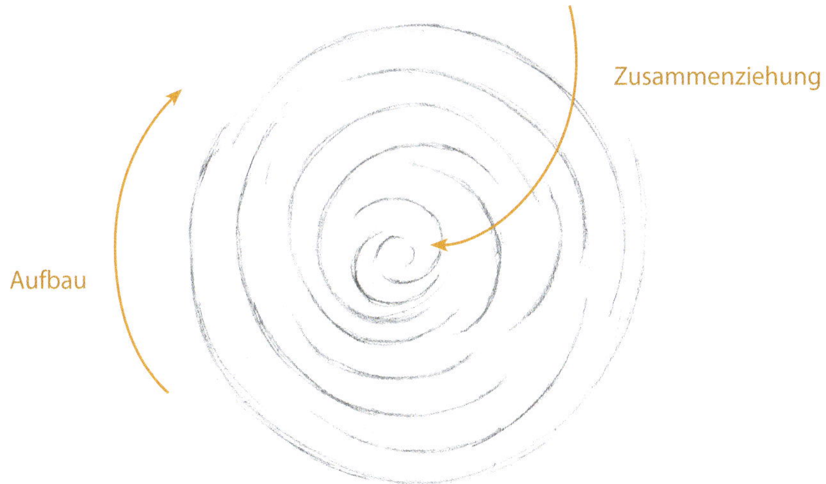

Die rote wie auch die weiße Zwiebel wirken nach einer ätherischen Sicht zusammenziehend, obwohl sie vom Geschmack her eher einen schärflichen Charakter besitzen. Diese ätherische Wirkung dürfte wohl für den gesamten Heilscharakter dieses hervorragenden Liliengewächses verantwortlich sein.

Der sogenannte chemische Äther bildet seine Weiterentwicklung oder in diesem Falle seine Zwiebelringe, indem er sich nach innen zusammenzieht. Im Querschnitt dieser Frucht sind auf sehr schöne Weise diese einzelnen Ringbildungen erkennbar. Unsichtbar und geheimnisvoll vollzieht sich das ätherische Wachstum, indem sich die inneren Ringe zusammenziehen, um im Äußeren neue Ringe heranzubilden.

Es handelt sich bei der Zwiebel daher nicht um eine Stauung in der Knollenbildung, wie man auf den ersten Blick meinen könnte, sondern um eine außerordentlich gut organisierte Aufbauarbeit von verschiedenen Ringen. Das Wasser wird organisiert.

Die Zwiebel wirkt heilsam gerade durch ihre zusammenziehende Wirkung auf den gesamten Körper, insbesondere auf den Wasserhaushalt. Die Ätherkräfte können harmonisch den Stoffwechsel durchdringen.

Die Nachtschattengewächse

Zu dieser Pflanzengruppe der *Solanaceae* zählen Kartoffeln, Tomaten, Auberginen und Paprika. Die Pflanzen wachsen, wie der Name sagt, in der Nacht. Die Fruchtbildung findet bei Dunkelheit unter Lichtabschirmung statt. Nur das Kraut und die Blätter wachsen bei Sonnenlicht. So nehmen diese Nahrungspflanzen nur teilweise an der kosmischen Lichtsphäre teil. Jener Pflanzenteil, der essbar ist, hat keinen Lichtcharakter.

Zum Namen der Nachtschattengewächse gibt es verschiedene Ansichten. In der Etymologie vertreten manche die Auffassung, dass der Name von der berauschenden Wirkung, die nächtliche Alpträume verhindern soll, abstammt. Wieder andere Forscher meinen, dass der Name die Folge des starken Duftes, den diese Pflanzen in der Nacht aussenden, sei. Nach einer imaginativen Betrachtung lässt sich die Lichtwirkung, die an diesen Pflanzen während des Tages webt, wie abgeschirmt erkennen. Die Pflanzen selbst entziehen sich einer sensiblen Kommunikation mit dem Lichte durch eine eigene sphärenartige Ummantelung.

Die Tomate

Die Konsistenz der Tomate ist sehr wässrig. Sie besitzt, wie der Querschnitt durch sie zeigt, keine rechte Substanz. Ihr Vitamingehalt hingegen scheint recht bedeutsam zu sein. Geschmacklich gibt die Tomate dem Essen eine angenehme Note, und auch optisch bereichert sie durch ihre intensive rote Farbe das gesamte Mahl. Sehr beliebt ist die Verwendung von etwas Tomatenmark auf dem Pizzaboden oder der Belag einer frischen Tomate auf dem Brot.

Nur sollte die Tomate niemals wie anderes Gemüse so sehr in das Zentrum der Ernährungsfrage rücken, denn sie hilft dem Menschen weder durch ihren Nährwert noch durch ihren geistigen Wert. Sie ergänzt eventuell geschmacklich ein Gericht, sie kann mehr wie eine kleine Beigabe zu einem Menü sein. Würde man zu große Mengen dieser Frucht essen, so würde man sich in keinster Weise einen guten Gefallen tun, denn wer die Ätherkräfte wirklich genau betrachtet, der erschrickt bei der Betrachtung. Wie kaum ein anderes Gemüse kann die Tomate einen wahren Abschirmungsring um ihre eigene Sphäre bilden. Nicht die Haut ist es, die die Frucht abschirmt, sondern ein undurchdringbarer Ätherring, der sich recht unmittelbar um die Tomate herumlegt, schnürt ihr eigenes Wesen nach innen zurück und erschafft auf diese Weise eine große Widersprüchlichkeit zu den gewöhnlichen, nach Verbindung strebenden Lebenstendenzen.

Das leuchtende Rot der in der Sonne wachsenden Früchte verleiht der Tomate eine strahlende Vitalität. Die leuchtende Farbe ist aber weniger ausschlaggebend, wenn man sich in der Betrachtung des Äthers schult, denn es wird bald die umhüllende und abschirmende Sphäre um diese verführerische Farbe entdeckt.

Lykopin gehört zu den rot-orangen Pflanzenfarbstoffen und kommt nicht nur in Tomaten, sondern auch in Wassermelonen und Hagebutten vor. Es kann das Wachstum von Tumorzellen hemmen und schützt gleichzeitig vor Zellschädigungen. Es ist aber nur im natürlichen Verbund mit anderen Nahrungsinhaltsstoffen wirksam.

Im Allgemeinen wird die Tomate sehr viel für Soßen und für Salate verwendet. Die Erfahrung in der Küchenpraxis zeigte bisher, dass beispielsweise eine Tomatensoße wieder lichtvoller und nahezu aus ihrer abschirmenden Wirkung enthoben wird, wenn man in diese sehr viele gute grüne Gewürze hineinführt und am Ende, nachdem der Kochprozess abgeschlossen ist, Buttermilch und einige Löffel Olivenöl hinzufügt. Die Milchsäurewirkung der Buttermilch kann die Tomate im wahrsten Sinne aufhellen und zur lebendigeren Kommunikation erwecken.

Die Krankheiten, die stark in das körperlich Innere gerichtet sind, wie ganz besonders die Karzinombildung, aber auch verschiedene rheumatische Krankheiten, suchen gerade diese abschirmenden Ätherkräfte zu ihrem Gedeihen auf. Obwohl in der Medizin die Tomate mit ihrem Lykopin rein stofflich als krebsverhütend gilt, so ist auf der anderen Seite gerade der Gesamtäthereinfluss dieses Nachtschattengewächses außerordentlich belastend. Es wäre günstig, wenn die Tomate allgemein in der Küchenpraxis auf ein Minimum reduziert werden würde.

Man könnte beispielsweise die Tomate bei einer Pizza durch gut gewürztes Karottenpüree sehr sinnvoll ersetzen. In feine Scheiben geschnitten und auf ein Brot gelegt oder als dünner Belag auf Getreidebratlingen gibt die Tomate eine angenehme geschmackliche Bereicherung. Sie kann in diesen ganz geringen Mengen dann ihre starke, ätherisch abschirmende Wirkung nicht so intensiv übertragen.

Paprika und Aubergine

Paprikaschoten und Auberginen sollten auch nur als ergänzende Nahrungsmittel Verwendung finden. Im Übermaß genossen, wie es in der gegenwärtigen Zeit bei vielen Menschen der Fall ist, führen diese Gewächse ebenfalls zu einer schlechten Grundlage für das Leben und die geistige Entwicklung. Im Gegensatz zur Aubergine besitzt die Paprikaschote ein hohes Maß an Vitamin C. Sie ist aber dennoch besser als Gewürz integrierbar, als wenn man sie zu einem Hauptgemüse erhebt. Die Aubergine hat sich wohl aufgrund ihrer Konsistenz und ihrer nicht sehr intensiv hervortretenden Geschmacksrichtung im nördlichen Europa weniger durchgesetzt. Diese Tatsache ist sicherlich nicht von Nachteil, denn sie trägt sehr wenig zur Förderung der Bewusstseinsbildung des Menschen bei.

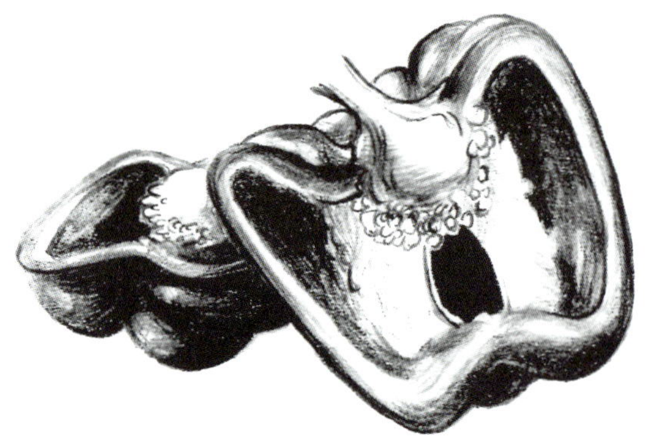

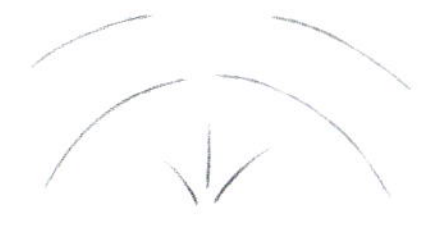

Die Kartoffel

Die Kartoffel kam ursprünglich aus Südamerika. Sie war wie die anderen Nachtschattengewächse in den europäischen Ländern nicht heimisch. Ihre Geschichte bei uns geht nun schon einige Jahrhunderte zurück und heute ist die Kartoffel auf unseren Äckern eine der bekanntesten Feldfrüchte geworden. Untersucht man die Wirkstoffe dieser Pflanze, so entspricht ihr Nährgehalt annähernd dem des Getreides. Doch kann man nicht ausschließlich aus dem Mineral- und Vitamingehalt auf die Wirkungsweise eines Nahrungsmittels schließen, denn jede Pflanze besitzt spezifische Wachstumsbedingungen und gestaltet daraus ein für sich bestehendes Wesen mit wirklich ganz eigenen Charakteristika. Die kosmischen Einflüsse, das sind vorwiegend die Licht- und Wärmeverhältnisse, aber auch die gesamten Umwelteinflüsse, wie der Mineralstoffgehalt des Bodens und die Wasserqualität, bestimmen im Wesentlichen den Wert der Pflanze. Die Problematik bei der Kartoffel ist jene, dass die Knolle kein Licht in sich aufnimmt.

Das Licht, das auf die werdende Pflanze herniederscheint, kann nicht als eine rein materielle Substanz verstanden werden. Der tiefere Sinn liegt in der Tatsache, dass sich eine unsichtbare, eine geistige Kraft im Lichte nach der Erde hin ausgestaltet. Nicht die Erde bringt das Licht primär hervor, sondern die Sonne und diese ist eine außerirdische Kraftquelle. Der Mensch lebt auf der Erde und ist immerfort, ohne dass er es im Bewusstsein ausreichend registriert, abhängig von höheren Mächten, die von Seiten der Umwelt und von Seiten der kosmischen Licht- und Wärmesphären auf ihn einwirken. In diesem Sinne sollte er sich durch die Ernährung, die ebenfalls den kosmischen Charakter trägt, förderlich beeinflussen. Der Lichtgehalt, der in Nahrungsmitteln organisiert ist, bleibt nicht nur im Pflanzenwesen, sondern wird über den Verdauungsweg unmittelbar auch dem Menschen zugeführt. Aber dieses Licht, das beispielsweise in einer Frucht lebt, kann das Auge nicht unmittelbar sehen. Nur die Wirkungen des Lichtes sind in den Farben oder auch in den spezifischen Formstrukturen sichtbar. Durch geistige Schulung kann der Mensch erste Empfindungen für die großartige Bedeutung des Lichtes und all seiner organisierenden Kräfte ausprägen. Jede Entwicklung ist mit einem Erkraften und Wachsen in der Empfindungswelt verbunden. Nimmt er ein Nahrungsmittel zu sich, das hierfür keine rechte Grundlage in sich trägt, so hemmt er damit seine Entwicklung in seelisch-geistiger Hinsicht.

Nun ist die Kartoffel jedoch recht hoch angesehen durch ihren Nährwertgehalt. Sie liefert Eiweiß, Kohlenhydrate, Fette, Mineralien und Vitamine. Die Kartoffel ist relativ leicht verdaulich, nur in größeren Mengen ist ihre Stärke vom Verdauungssystem nicht mehr ganz so leicht zu bewältigen. Es können feine Restrückstände bleiben, die sich in einer wachsenden Giftwirkung bemerkbar machen. Jede Disharmonie in der Verdauung wirkt auf andere Körpersysteme belastend und beeinträchtigt das harmonische Funktionieren. Infolge der Restrückstände kann durch übermäßigen Kartoffelgenuss beispielsweise Migräne gefördert werden. Für

Nährwerte der Kartoffel im Vergleich zum Weizen:

	Gewicht	Kartoffel	Weizen
Eiweiß	g	2	12
Fett	g	0,1	2
Kohlenhydrate	g	15	61
Ballaststoffe	g	3	10
Calcium	mg	10	44
Eisen	mg	0,4	3,3
Vitamin A	mg	1	3
Vitamin B 1	mg	0,1	0,5
Vitamin B 2	mg	0,05	0,15
Vitamin C	mg	17	0
Wasser	g	78	13

Die Nährwertangaben beziehen sich jeweils auf 100 g und unterliegen den bei Lebensmitteln üblichen Schwankungen.

Die Kartoffel besitzt sehr viele physiologische Heilwirkungen, beispielsweise wird eine Kartoffel-Ei-Diät häufig bei Nierenkrankheiten angewendet. Man muss jedoch zwischen der körperlichen Heilwirkung und der Wirkung auf das seelisch-geistige Wachsen feinfühlig unterscheiden, um die dauerhaften Wirkungen, die eine Nahrungspflanze auf den Menschen hat, richtig einschätzen zu können. Besonders der dauerhafte und einseitige Konsum der Kartoffelpflanze erscheint hier für die Betrachtung nennenswert, da er das Seelenleben des Menschen recht eigenbezogen einstimmt.

empfindliche Personen ist dieser Zusammenhang oftmals sehr schnell spürbar, aber auch diese kleine, manchmal auftretende Belastung ist noch nicht ausschlaggebend für die umfassendere Wirkung der Kartoffel selbst. Das große Problem bei der Kartoffel ist, dass sie ein Nachtschattengewächs ist und als solches ein Sonderdasein im Pflanzenreich führt.

Heute lehrt man in den Schulen, dass die Kartoffel einen großen Segen für die Erkraftung der Ernährungslage in Europa gebracht hat. Ist diese Aussage nicht sehr einseitig? Verdrängt nicht gerade die Kartoffel am allermeisten die heimische und so wertvolle Getreidenahrung? Wer sehr große Mengen Kartoffeln zu sich nimmt, erschafft jedenfalls in sich eine Grundlage, die zu einer materielleren und schizoideren Persönlichkeitsstruktur beiträgt, denn wenn man die Ätherkräfte der Kartoffel betrachtet, so erscheint sie wirklich für sich egoistisch, auf ihre eigene Vitalkraft bezogen. Sie schirmt sich in ihrer Knollenbildung von Außeneinflüssen ab. Die Äther zirkulieren nicht und infolge dieser mangelnden Zirkulation nehmen sich diese Knollenfrüchte tatsächlich wie aus dem Kosmos heraus. Das menschliche Bewusstsein verliert deshalb jene feine Kommunikationsfreude mit Seelen- und Geistesinteresse zu höheren Idealen. Es will sich dann das menschliche Bewusstsein viel mehr auf sich selbst und auf die eigene, bisher erlangte genetische Struktur besinnen. Gedanken wollen nicht in freier und nächstmöglicher Perspektive zu einem Aufbau gelangen.

Nun sollte man die Kartoffel aber nicht vollständig aus dem Speiseplan verdammen, denn ihr Nährwert ist doch sehr groß. Eine sinnvolle Kombination mit anderen Nahrungsmitteln erweist sich aber als eine Notwendigkeit. Zum Grundnahrungsmittel, wie es das Getreide ist, sollte aber derjenige, der sich spirituell entwickelt, die Kartoffel keinesfalls erheben. Zur Ergänzung eines Menüs trägt sie wertvolle Möglichkeiten in sich. Das Getreide ist aber das Grundnahrungsmittel, das auf allen Ebenen – körperlich, seelisch und geistig – den Menschen eine essenzielle Stütze gibt. Es enthält die starke Sonnenkraft und öffnet damit den Menschen für die kosmische Seite des Lebens. Die Kartoffel enthält hingegen viele und zunächst einmal leicht verdauliche Nährstoffe. Kombiniert man das Getreide mit verschiedenem Gemüse und auch gelegentlich mit der Kartoffel, so wird man damit die Küche bereichern und immer noch die seelisch-geistige Entwicklung des Menschen förderlich beeinflussen. Viele Gemüsearten, wie Karotten, Wirsing oder Sellerie, lassen sich ebenfalls gut mit der Kartoffel mischen.

Die Kartoffel, die einen hohen Nährwert besitzt, kommt dem Betrachter auf ätherischer Ebene jedoch nicht so stark entgegen, sie schließt sich tendenziell in sich ab. Es will kein Lichtäther zirkulieren.

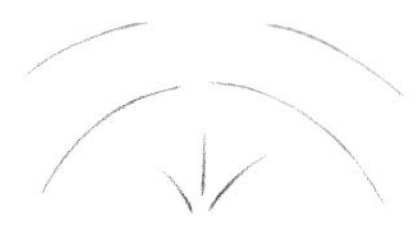

In Kombination mit Getreide und anderem Gemüse ist die Kartoffel eine geschmackliche und nährstoffhaltige Bereicherung.

Das Bild zeigt eine Zitronen-Hafer-Suppe mit Karotten, Rosenkohl, Kartoffeln und Rosmarin.

Die Kartoffel, dargestellt mit Kupfer-Chlorid:

Das Kristallisationsbild weist mehrere Keimzentren auf. Es zeichnet sich eine abgegrenzte Zone mit kräftigen Nadelzügen ab. In dieser Zone wirken die einzelnen Nadeln kurz, stumpf und verdickt. Am Rand dieser Zone zeigen sich schwach ausgeprägte Kristallisationsnadeln, ein Ausdruck dafür, dass die Lichtätherkräfte zu wenig nach außen gehen.

Foto links:
Blühende Kartoffelpflanze

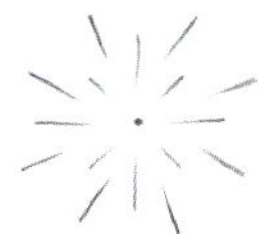

Die Kohlgewächse

Aus der Familie der Kreuzblütler, *Cruciferae*, gibt es eine ganze Reihe von Gartengemüsen: Weißkohl, Blaukohl, Kohlrabi, Blumenkohl, Brokkoli, Rosenkohl, Wirsing, Chinakohl sowie Grünkohl.

Diese Gewächse gedeihen fast auf jedem mageren Boden. Sie sind anspruchslos und benötigen wenig Pflege. Gerade im Herbst und Winter ist das Kraut eines der bedeutendsten Gemüse. Es enthält neben vielen wichtigen Mineralien vor allem auch Schwefel und Vitamine. Im Keller ist es lagerfähig, als Sauerkraut im Gärtopf konserviert bringt es eine pikante Note auf den Speiseplan. Der milchsaure Gärprozess veredelt die Qualität des Kohls und macht es für die Verdauung leichter und bekömmlicher.

Mit allen Kohlgewächsen, wenn man sie gut zubereitet und mit Gewürzen veredelt, wird man sehr üppig essen. Obwohl die Pflanzen auf den ersten Blick gesehen scheinbar nicht so sensibel am feineren kosmischen Geschehen teilnehmen, besitzen sie dennoch eine sehr lebenskräftige ätherische Substanzialität. Die Blätter des Weiß- und Rotkohls sind breit, glatt und wenig gegliedert, ähnlich ist dies der Fall beim Wirsing und Chinakohl. Etwas mehr verfeinert, aber dennoch wieder rundlich ist schon der Rosenkohl. Die reine Lichtsphäre mit ihrem so fein ausdifferenzierenden Charakter dringt nicht so deutlich an die Pflanze heran, wie dies beispielsweise beim feingliedrigen, sensiblen Karottenkraut der Fall ist. Die Kohlgewächse behalten deshalb einen gewissen irdischen Charakter bei. Udo Renzenbrink empfiehlt in seinen Ernährungsbüchern, den Kohl kräftig mit wärmenden Gewürzen aus dem Erdhaften herauszuheben, damit er zum einen leichter verdaulich wird, zum andern auch seinen eigenen schweren Charakter verliert. Gerade durch Gewürze kann den oft so lästigen Unregelmäßigkeiten in der Verdauung vorgebeugt und das Kraut auch deutlich mehr sensibilisiert werden.

Wenn man Kohl isst, so nimmt man damit eine sehr intensive Substanz mit großer Ätherkraft in sich auf. Diese Ätherkraft spiegelt sich bereits äußerlich in der Üppigkeit und auch in den sich rundenden Formen wieder. Mit den Kohlblättern führt man dem Körper eine kräftigende Nahrungssubstanz zu. Das Kraut trägt aber auch infolge seiner starken Äthertendenz Lichtkräfte in sich, doch sind diese durch die Schwere der Pflanzennatur nicht für die sensible Durchgestaltung der menschlichen Seelenkräfte ausreichend geeignet. In der Verdauung wird der Kohl abgebaut und durch ein Stadium der vollkommenen Auflösung geführt. Sehr viel Ätherkraft aus den Natursphären, die in den Blättern organisiert ist, verwandelt sich im Inneren des Stoffwechsels und der einzelne Mensch muss durchaus einige Energie aufbringen, um diese Nahrungspflanzen ohne größere Schwerebelastung zu verdauen. Das Willensleben wird durch diesen Einsatz gestärkt, wodurch der Mensch mehr praktischen Bezug zum Leben entwickeln kann. Der Kohl ist der Handwerker

Zu den Cruciferen zählen auch noch der Meerrettich, das Löffelkraut, die Brunnenkresse und der Senf. Ganz besonders wertvoll zum Würzen von Speisen sind der Senf und der Meerrettich. Die Brunnenkresse kann in kleinen Mengen im Frühjahr den Salattisch bereichern.

Interessant ist es, das Kraut zu beobachten, wie es sich Blatt für Blatt im Sinne einer sich rundenden Wiederholung entwickelt. Diese Wachstums- oder Wiederholungstendenz kann als äußerer Ausdruck für ein starkes inneres Ätherwirken genommen werden.

Brokkoli
Neben Mineralstoffen und Vitaminen enthält er Stoffe, die als krebshemmend gelten.

Mit dem milchgesäuerten Kraut, das auf eine ganz weiche Stufe geführt werden kann, besteht eine der besten Zubereitungsmöglichkeiten, denn die Milchsäuregärung organisiert eine neue, hinzukommende Ätherkraft mit besonderer Lichtbetonung, die zusätzlich in die Substanz hineingeht.

Kohl wird heute auf großen Feldern angebaut und zählt zu den sehr preisgünstigen Gemüsen. Es sollte jedoch unbedingt auf eine biologische oder biologisch-dynamische Anbauweise Wert gelegt werden. Kohlgemüse, das durch Dünger zu einem zu schnellen Wachstum getrieben wird, belastet umso leichter die Verdauungsorgane.

oder der dem Irdischen zugeneigte Praktiker unter den Gemüsesorten. Wenn man viel Kohl isst, fördert man die Bereitschaft, mit beiden Händen anzupacken, sich dem praktischen Leben zu widmen.

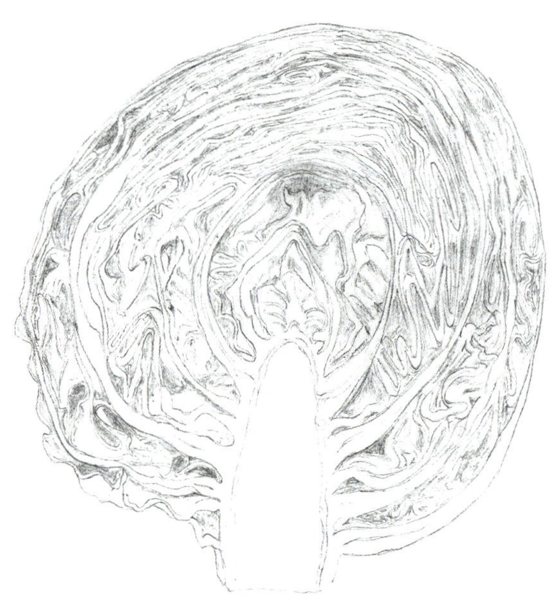

Betrachtet man einen Weiß- oder Rotkohl, so ist es gut, wenn man sich im Sinne einer Vorstellungsübung vergegenwärtigt, dass diese geballte Kraft, die in den physischen Blättern angelegt ist, durch die menschliche Verdauung vollständig in einen Verwandlungsprozess geführt wird. Die Substanz der Natur wird auf eine Stufe der vollkommenen Auflösung geführt, um in der weiteren Folge wieder zur menschlichen ätherischen und physischen Substanz aufgebaut zu werden. Die Verdauung bedeutet in diesem Sinne Auflösung und Durchgang der Nahrungssubstanz durch eine Art Nullpunkt, bis schließlich die körpereigene, individuelle Substanzaufbauleistung geschehen kann. So entschwindet der Naturprozess und es entsteht ein menschlicher individueller Wachstumsprozess. Indem nun jemand diese stark angelegten Ätherkräfte im Kohlgemüse bewältigt, entwickelt er genau jene Wärmekräfte, die ihn mehr zum Mutterboden der Erde geneigt machen. Durch den Krautgenuss wird der Mensch sicher kein großer Philosoph, aber er wird mehr Wärme in seinen Händen fühlen und auf diese Weise die Erde mit den Möglichkeiten einer sinnvollen praktischen Berührung schätzen.

Das menschliche Bewusstsein lebt in einer fortwährenden Entwicklung, die sehr unterschiedliche und vielseitige Richtungen nimmt. Die Entwicklung ist nicht nur eine körperliche, sondern vor allem eine seelische und geistige. Das einzelne Individuum geht durch seinen ihm spezifischen Lebensgang, und während all der Jahre, von der Kindheit bis zum Alter,

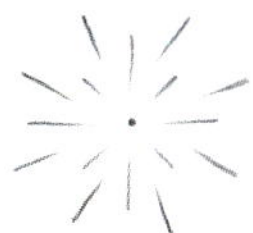

reift im Zusammenwirken mit den Erfahrungen des praktischen Lebens so manche Weisheit. Das menschliche Umfassungsvermögen und die Erfahrungen werden mit dem zunehmenden Lebensalter weiter. Ein Jugendlicher kann noch nicht die Einsicht in so viele praktische Zusammenhänge erlangen wie beispielsweise jemand, der viele Jahre auf einem Gebiet gearbeitet hat. In den reiferen Jahren sollte die Kenntnis über ein oder mehrere Lebensgebiete den Menschen sicher begleiten.

Auf diesem Weg durch das Leben benötigt der Mensch nicht nur reine Bewusstseinsarbeiten und Ideale, er braucht auch praktische Fähigkeiten und deshalb benötigt er eine wirkliche Berührung mit dem Erdenstoff. Für diese Grundnotwendigkeit, Wärme für das irdische Leben zu entwickeln, können die Cruciferen, ganz besonders wenn sie mit Gewürzen erfrischt und lebendig zubereitet sind und somit eine gewisse erste Schwere überwunden haben, einen wichtigen Beitrag geben.

So lässt sich die Nahrung, wenn man von diesem hier genannten Begriff ausgeht, in rhythmische Dimensionen gliedern. Jedes Nahrungsmittel besitzt eine Bedeutung, ein vorherrschendes Charakteristikum, und je nach Vorliebe, Notwendigkeit und künstlerischer Geschicklichkeit findet es Berechtigung auf der Tafel. Doch gerade in der Krautnahrung sollte der Mensch natürlich nicht ein zu großes Ideal sehen, denn würde er nur von diesem Stoffe essen, so würde dieser allein ihn noch nicht von einem Theoretiker zu einem Praktiker machen. Die Vielseitigkeit und die Abwechslung in der Küchenpraxis geben meist mehr Dynamik als zu einseitige Betonungen. Indem das Leben sowohl als ein irdisches als auch als ein kosmisches erkannt wird, kann eine Entwicklung auf ästhetische Weise geschehen, die schließlich den gesamten geistigen Fortschritt des Menschen fördert. Durch die Kenntnisse und eine freie und dennoch weisheitsvolle Anwendung der Ernährung kann von innen heraus leichter ein harmonisches Verhältnis zur Natur und Umwelt gefunden werden.

Die Kohlgemüse lassen sich auf phantasievolle Weise zubereiten. Beispielsweise kann der Rotkohl fein geschnitten in einer Pfanne mit ganz wenig Wasser sautiert und mit Majoran und Salz kräftig durchwürzt werden.

Das Hinzufügen von Sonnenblumenkernen gibt eine feste Komponente und die Abrundung mit Öl am Ende lässt das Kraut wieder etwas mehr in die kosmische Welt aufsteigen. Die Konsistenz bleibt noch relativ fest, sodass die Formen nahezu wie bei einer Rohkost noch sichtbar erhalten bleiben.

Das durch Milchsäurebakterien (nicht durch Essig) fermentierte Weißkraut bietet eines der besten Nahrungsmittel dieser Familie der *Cruciferae*.

Betrachtet man das gut durchgesäuerte Kraut von der Kraft des Äthers, so zeigt es hellbläuliche Lichtätherdurchstrahlungen, verbunden auch mit kräftigeren bläulichen Wärmeätherstrahlungen.

Die Gurkengewächse

Zu dieser Pflanzenfamilie mit Namen *Cucurbitaceae* zählen die Gurke, die Zucchini und der Kürbis. Gerade der Kürbis ist eine sehr vielseitig verwendbare Gartenfrucht. Es gibt mehrere verschiedene Sorten, die sehr deutlich in Form und Farbe differenziert sind. Auch der Geschmack ist von Sorte zu Sorte unterschiedlich.

Betrachtet man in einer ersten Vision die Gestalt der ganzen Pflanze, so fallen die breiten Blätter ins Auge. Diese überdecken sogar oftmals durch ihr Ausmaß die Frucht selbst. Viel Licht wird trotz der Bodennähe, welche die Pflanzen dieser Familie einnehmen, durch diese großflächigen Blätter aufgenommen. Die Gurkengewächse selbst sind recht anspruchslos, sie gedeihen nicht nur in dem gut gepflegten Garten, sondern auch in Randzonen und am Kompost.

Der Kürbis, ganz besonders der Hokkaidokürbis, gilt im Osten als allgemeines Heilmittel für die Leber wie auch für die Nieren. Er greift sehr tief in das Stoffwechselgeschehen ein und reinigt das Gewebe der inneren Organe. In etwas abgeschwächter Form gilt diese Heilwirkung mit ihrem reinigenden Charakter auch für die heimische Salatgurke und in noch geringerem Maße für die Zucchini.

Dem Kürbis nahe verwandt sind die Wasser- und Honigmelonen. Sie sind in Nordeuropa schwer zu züchten. Als Gastnahrungsmittel auf dem Speiseplan sind sie aber ebenfalls wegen ihrer reinigenden Wirkung empfehlenswert.

Jede körperliche Krankheit oder alle gesunden wie auch gestörten Abläufe in der Physiologie stehen in Verbindung mit einer ganzheitlichen, höheren Ordnung. All das Geschehen, das im Stoffwechselleben der inneren Organe vorgeht, ist gleichzeitig auch an einen übergeordneten seelisch-geistigen Prozess gebunden. Das Bewusstsein des Himmels oder der ätherischen und astralen Sphäre lebt in stiller Anteilnahme im Inneren der Menschennatur. Von diesen höheren Anteilen oder Wirkenssphären weiß das menschliche Bewusstsein im gewöhnlichen Leben jedoch nichts. Die unterschiedlichen Schwankungen, die im Wohlbefinden, im Gefühlsleben und auch in den verschiedenen Expressionen des personalen Lebens sichtbar sind, sind ein deutlicher Ausdruck für dieses stille seelische und geistige Geschehen. Das Seelen- und Geistleben arbeitet am Körper und drückt sich durch die verschiedenen Ausstrahlungen aus.

Als menschliche Kreaturen sind wir zwar nicht vollständig, wie es die Pflanzen sind, aber doch zu einem relativ großen Teil von den verschiedenen Kräftewirkungen des Kosmos abhängig. Würde die Sonne, die dem Gemüt Lebenskraft, Freude und Begeisterung schenkt, nicht gelegentlich scheinen, so würden vermutlich mehr Depressionen auftreten. Die Erde

Ein Nahrungsmittel wie die Gurke kann in ihrer Form und Struktur, wie es im Bild ersichtlich ist, gut erhalten bleiben. Der Zusatz von Essig, Öl und Salz, eventuell auch etwas Pfeffer oder Dill, bringt diese Struktur noch nicht zum Einfallen. Anders wird die Salatgurke im Geschmack und auch in der Konsistenz erlebt, wenn man sie fein hobelt und sie in einer Schale mit Salz, Essig und Öl zubereitet vermischt.

In der Küchenpraxis ist es nicht ganz unwichtig, ob man diese Gewächse – dies trifft auf die Zucchini, die Gurke wie auch auf den Kürbis zu – entweder in der Form erhält oder, wie es häufig bei einer Suppe ist, sie ganz in der Form auflöst.

Das menschliche Bewusstsein braucht einerseits Formen, denen es mit einer gewissen konfrontativen Kaukraft begegnet, und andererseits braucht es auch manchmal die Gelegenheit, sich ganz in die weiche Substanz entspannt hineinzufügen.

Zucchiniblüte

ist der Boden, auf dem sich alles Leben und Wachstum in einer genau gewählten spezifischen Weise entfaltet. Die Mineralien und Nährstoffe geben von dieser Seite eine physische Grundlage und lassen die Stofflichkeit der Pflanze gedeihen. Die Erde strahlt sehr verschiedene Kraftströme aus und gleichzeitig strahlen von der Astralsphäre kosmische Kräfte auf diese wieder ein. Der Mensch lebt auf dem Boden der Erde und dennoch ist er ein Bürger beider Welten. Sein Haupt ist erhoben, während seine Füße den Boden berühren. Er lebt in einer vertikalen Linie zwischen Erde und Himmel. Führt er nun ein Nahrungsmittel zu sich, das beispielsweise die Leber und die Nieren reinigt, so öffnet er sich gleichzeitig durch diesen inneren, physiologischen Prozess für eine neue Bewusstseinsweite oder zumindest für eine neue Aufnahmefähigkeit im Bewusstsein. Eine Reinigung bedeutet soviel, wie sich für eine neue Empfänglichkeit bereit zu machen. So wird der ganze Mensch durch ein Nahrungsmittel in seiner physischen Organisation ergriffen und gleichzeitig im seelisch-geistigen Leben eine Stufe weitergeführt. Einerseits muss er das Nahrungsmittel verdauen und andererseits kann er dieses Nahrungsmittel im Sinne einer Reinigung erleben. Jene einstrahlende Kraft aus unbekannten Höhen wird von ihm auf diese Weise aufgenommen, wie sie im Äther des Nahrungsmittels selbst angelegt ist.

Blüte und Frucht der Gurkengewächse gedeihen nahe der Erde und bieten dennoch eine außerordentliche Lichtempfänglichkeit.

Der Kürbis liegt auf dem Boden und die Ausläufer dehnen sich horizontal über die Erde aus, während sich die Wurzel in die Erde hineinarbeitet und eher vertikal wächst.

Der hier abgebildete Hokkaidokürbis aus Japan erfreute sich in den letzten Jahrzehnten einer großen Beliebtheit. Er wächst sehr gut in Mitteleuropa. Insgesamt ist diese japanische Kürbissorte kräftiger als die meisten europäischen.

Das wesentliche Charakteristikum dieser Kürbisgewächse, *Cucurbitaceae,* ist ihre Bodennähe. Sie ranken sich mit ihren Ausläufern dem Boden entlang mehr in die horizontale Ausbreitung und bleiben sogar mit ihrer Blüte ganz nahe an der Erde. Die Ätherkraft, die sich durch diese starke Bodennähe entwickelt, die nicht eine Boden- oder Erdverhaftung, sondern wirklich nur eine Nähe zum Boden darstellt, könnte man als kontemplative Empfindung bezeichnen. Je intensiver eine Blüte sich der Bodennähe erfreut, desto beschaulicher und fast ruhiger, integrierter wirkt sie. Die Ätherkräfte der Erde mit ihrer heimischen Ruhe ziehen in die Kürbisblätter und Kürbisblüten intensiv hinein und aus diesem Grunde können sie die sanfte, reinigende Wirkung entfalten.

Sicher kann jemand, der die Kürbisgewächse, zu einem wesentlichen Anteil in seinem Speiseplan auswählt, nicht erwarten, dass sich durch diese sehr hohe Ideale in ihm impulsieren, vielmehr stärkt er die beschaulichere, ruhige und damit auch die reinigende Wesensseite seines Lebens.

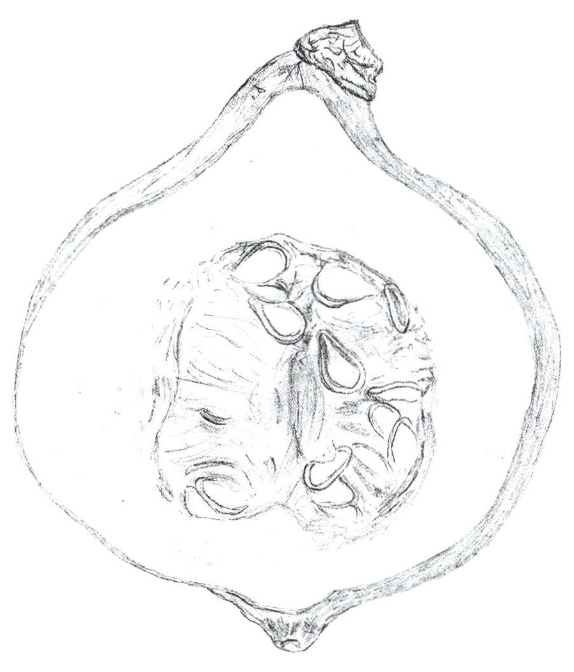

Der Querschnitt durch eine Kürbis- oder Zucchinifrucht zeigt eine sehr gute, schützende äußere Schicht, die sie vor Austrocknung bewahrt, sodann ein sehr vielseitig verwendbares Gewebe mit Fruchtcharakter und im Inneren häufig ein nicht verwendbares weiches Gewebe, in dem die einzelnen Kerne gedeihen. Diese Struktur, ohne ein gutes Zentrum aufzuweisen, lässt eine Ahnung gedeihen, dass diese Pflanzen mehr in den leicht wässrigen mittleren Teilen ihre eigene, wichtigste Zone aufweisen. Die *Cucurbitaceae* zeigen auch einen sehr rundlichen und fülligen Charakter.

Aus der ursprünglichen rohen Substanz erfolgt über das Schneiden eine Verfeinerung der Struktur. Schließlich werden zuletzt die Teile püriert, sodass eine sehr weiche und cremige, dem Gaumen bequem zugängliche Suppe entsteht. Die Kerne geben der weichen Konsistenz wieder den angenehmen festen Charakter.

Das Wasser beschreibt auf der physischen Ebene eine Verwandtschaft zum Äther. Dieses Wasser sucht in seiner Bewegungsrichtung immer die Erdennähe. Es verbreitet sich gerne in horizontalen Flächen zu einer Lache oder zu einem See. Das Wasser selbst kann durchaus einen sehr kontemplativen Charakter aufweisen.

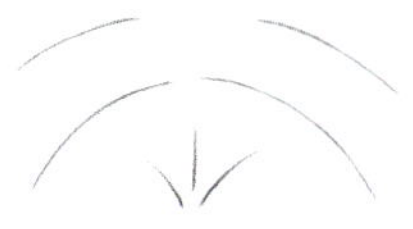

Die Blattsalate

Ganz besonders der grüne Blattsalat verdient eine Aufmerksamkeit, denn er wirkt nicht nur auf den menschlichen Körper außerordentlich stärkend und gesundheitsfördernd, sondern auch auf das Seelenleben harmonisierend und anregend. Betrachtet jemand den Äther eines guten biologisch angebauten grünen Blattsalates, der am Morgen frisch geerntet, sorgfältig gewaschen und mit gutem Öl und Essig zubereitet wurde, wird er einen ganz harmonischen sowohl zentrifugalen als auch zentripetalen Ätherfluss, der relativ weit ausstrahlend um die Blätter gelegt ist, wahrnehmen.

Rudolf Steiner betrachtete den grünen Blattsalat als sehr förderliches Mittel zur Heilung des Lungensystems, da er eine sehr zentrierte Fettorganisation entwickelt. Wer den grünen Salat isst, nimmt eine Fettsubstanz auf, die zwar äußerlich nur in geringen Mengen angelegt ist und dennoch aber die Kraft besitzt, eine wirkliche kosmische Wärmedynamik freizusetzen.

Für den geistig Suchenden kann der grüne Salat auf harmonische Weise das luftige und wässrige Element im Körper anregen und auf diese Weise die Seelenkräfte des Denkens, Fühlens und Wollens besänftigen. In der Regel wird der grüne Salat roh gegessen, als gekochtes Gemüse würde er jede Form verlieren. Besonders der erste grüne Blattsalat im Frühjahr wirkt außerordentlich mild und ist infolgedessen sehr leicht verdaulich. Mit den grünen Blättern nimmt der menschliche Körper eine vitaminreiche Substanz, die noch im rohen Zustand verbleibt, auf und belastet sich dennoch nur auf geringe Weise. Das Verdauungssystem benötigt keinen extremen Einsatz, um die grünen Blätter abzubauen und die Stoffe im Körper zu assimilieren. Auch die Fettsubstanz lässt sich unmittelbar über die Lymphwege aufnehmen. Jener Äther, der mit dem Essen von den grünen Blattsalaten entsteht, wirkt auf der einen Seite kräftigend und auf der anderen Seite besänftigend auf das Gemüt. Ruhe und Tatendrang werden gleichzeitig durch das schöne Blattelement gefördert.

Die Art der Zubereitung des grünen Blattsalates kann sehr phantasiereich sein. Mit etwas Zwiebel beispielsweise wird eine feine schwefelige Komponente mitgefördert. Es kann auch in kleinen Anteilen Kümmel oder gar der Kreuzkümmel dem Salat eine geschmackliche Richtung verleihen. Schließlich lässt sich jeder grüne Salat mit anderen Gemüsesorten mischen, beispielsweise mit gekochter Roter Bete, gedünsteten Karotten- oder Selleriestücken. Mit dem Farbenspiel lässt sich eine regelrechte Sinnesfreude servieren. Die anregende und zugleich besänftigende Wirkung dieser grünen Blattsalate kann sich durch eine ästhetische Kombination mit anderen Substanzen bereichern. Leicht geröstete Kerne, Nüsse oder auch etwas Buttermilch geben ebenfalls eine Bereicherung zum Salat.

Ätherforschung anhand von Kupferchloridkristallisation:

Der frische Kopfsalat:
Das innere Zentrum des Kristallisationsbildes zeigt eine strukturarme und undifferenziert ausgeprägte Nadelbildung.

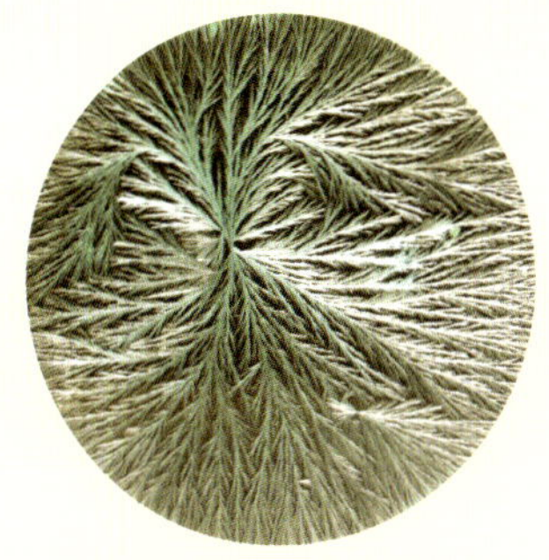

Der Kopfsalat nach einer Stunde Stehzeit nach dem Waschen, noch nicht mariniert:
Das Kristallbild zeigt nun eine gut ausgeprägte Nadelbildung vom Zentrum ausgehend bis zur Randzone. Es ist deshalb vorteilhaft, wenn Salate nach dem Waschvorgang eine Ruhephase erhalten.

Bild links:
Im grünen Blattsalat mit seinen luftig-rhythmisch angeordneten Blättern kommt einerseits etwas sehr Zartes, aber andererseits auch eine sehr lebenskräftige Stimmung zum Ausdruck.

Für die Zubereitung der Blattsalate gibt es eine Vielzahl von Möglichkeiten. Es kann mehr die mineralische oder mehr die blütenhafte Sphäre im Ziel der Phantasie liegen. Durch die Zugabe von Saaten wie Kürbiskernen oder Sesam oder auch durch etwas Schafskäse entsteht eine Gewichtung der mineralischen Komponente, während leicht gekochte Karotten, etwas fein geschnittene Zwiebel oder sogar Gewürze wie Kümmel, Kreuzkümmel oder Kräuter das blütenhafte Element fördern.

Der grüne Blattsalat wäre jedoch zu mild, wenn er mit sehr harter anderer Rohkost vermischt werden würde, wie beispielsweise mit ungekochten Selleriescheiben oder auch direkt mit ungekochter Rote Bete. Das rhythmische Ineinanderspielen von Gewürzen und anderem Gemüse entwickelt sich dann wohl am beziehungsreichsten und sinnvollsten, wenn man die sanfte Seite des grünen Blattsalates mit entsprechender sanftmütiger Kost verbindet. Ein Gericht gewinnt auf diese Weise eine erhebende Ausstrahlung, und der grüne Blattsalat bleibt schließlich nicht mehr eine bloße Beilage, sondern nimmt die Form eines nahezu vollständigen Gerichtes an.

Der Radicchio, der rote bittere Salat, zeigt sehr deutlich eine andere Wirkung als der gewöhnliche grüne Blattsalat. Auf ganz feine Weise zentrieren sich punktuelle Ätherströme hin zu seinem Zentrum, das heißt nach seinem Mittelpunkt im unteren Ansatz der Blätter. Diese feine und zentrierende oder zentripetal wirkende Ätherkraft bringt auf der anderen Seite sehr schöne, leicht gekräuselte runde Blätter hervor.

Der rote bittere Kopfsalat (Radicchio) könnte, ganz besonders natürlich wenn er von biologischer Qualität ist, als Nervenstärkungsmittel gelten und auch eine sehr gute Prophylaxe gegen frühzeitige Demenzerkrankung bringen. Eine gesunde Ernährung mit sehr viel biologischen Anteilen und ausgeglichenen Verhältnissen könnte der Erschöpfung des Nervensystems und damit den Paralysetendenzen sinnvoll entgegenwirken.

Die Herbstendivie, die ebenfalls eine bittere Note trägt, wirkt weniger intensiv als der Radicchio. Insgesamt ist sie aber dem Wesen des Blattsalates nahe stehend und wenn sie fein geschnitten zubereitet wird, kann sie dem Menschen ebenfalls eine zusammenziehende, milde und sehr sensible Ätherkräftigung entgegenbringen. Ihre stärkende Wirkung durch die Bitterstoffe steigert die Abwehrbereitschaft des gesamten Körpers.

Allgemein sind die Blattsalate eine außerordentlich wertvolle Nahrungsquelle, die eine phantasievolle Zubereitung mit einem lebendigen, ästhetischen Gestaltungssinn verdienen würde.

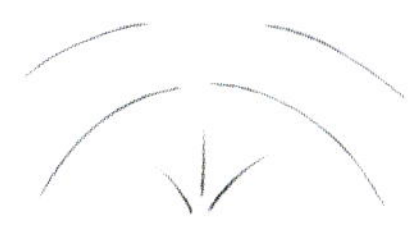

Die Ätherkräfte wirken immer in einer Gegensätzlichkeit. Indem sie eine Zentrierung zu einem Mittelpunkt hervorrufen, bringen sie auf der anderen Seite ein nächstes leichtes und neues Wachstum hervor.

So wie die Zeichnungen zeigen, entsteht eine Zentrierung und gleichzeitig aber öffnet sich aus der Zentrierung eine Bewegung in die Wachstumszonen der Peripherie. Nicht im Zentrum wächst die Pflanze, sondern in der Peripherie.

Die Zeichnungen sind schematisch zu nehmen. Sie dienen aber dazu, einen Sinn und eine erste Empfindung für das Ätherwirken anzuregen.

Die zentripetalen Ätherströme zum Mittelpunkt lassen sich hier beim Radicchio allegorisch gesehen bereits schon gut nachempfinden, wenn man mit dem Blick der Formbewegung der Blätter zu ihrem Ansatz folgt.

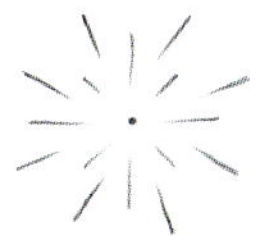

Das Wesen der Wurzel

Zu den bekanntesten Wurzeln zählt in erster Linie die Karotte. Diese ist mit einem sehr zartgliedrigen Grün, das mit weiten, feinen Verzweigungen über das Erdreich hinausragt, beschenkt. Dadurch nimmt die Pflanze sehr intensiv an der kosmischen Lichtsphäre teil. Wurzeln wie Pastinaken, Radieschen und Rettiche haben ebenfalls ein langes, jedoch weniger feingliedriges Kraut als die Karotte. Auch Schwarzwurzeln, Meerrettich und Petersilienwurzeln zählen zu dem Wurzelgemüse. Den Wurzeln sehr ähnlich sind die Knollengemüse, wie beispielsweise die Rote Bete aus der Familie der *Amaranthaceae*, wie auch Sellerie und Fenchel als Doldenblütler. Sie tragen wurzelhafte Elemente in zum Teil deutlicher und auch in weniger deutlicher Form in sich.

Eine Wurzel, die sowohl allgemein als Beilage zu Speisen, in Suppen oder leicht gedünstet als Brotbelag dienen kann, ist die Bitterwurzel, die *Radice amara*, die in Italien sehr viel angebaut wird.

Wer viele Wurzeln isst, der führt sich eine ganz bestimmte Kraft für seine Seelenentwicklung zu. Diese Kraft wirkt, wie das Rudolf Steiner beschrieb, vor allem auf die Denkprozesse. Klarsicht und Konzentration sowie Frische im ganzen Kopfbereich werden gefördert. Diese Anregung ist weiterhin auf die Sinne und gleichzeitig auch auf das menschliche Denkvermögen bezogen. Die Wurzel reinigt und klärt das Denken, ein klarer Blick wird über die Sinnessphäre gefördert.

Eine sehr heilsame und kräftige Wurzel für die Leber ist der Schwarze Rettich. Er ist mineralstoffreich und wirkt außerordentlich zusammenziehend.

Die Wurzel- und Knollenbildung findet durch ein Zusammenwirken von Naturkräften mit einer meist zentripetalen Ätherwirkung statt. Naturelemente wie das Wasser und die Mineralien arbeiten sich in die Wurzeln hinein, während das Licht und die Wärme von außen ebenfalls diese zentripetale Gestaltbildung fördern. Die Pflanze nimmt lebendig am ganzen Umweltgeschehen teil. Sie ist nicht nur an die Erde verhaftet, sondern sie wirkt bis in die Erde hinein. Materielle Stoffe wie Eisen, Magnesium, Phosphor und Silizium sind notwendig, damit sich die Pflanzengestalt immer besser herausbilden kann. In der Wurzel werden viele Mineralien, Spurenelemente und Kohlenhydrate konzentriert. Diese materiellen Stoffe sind aber von den großen kosmischen Kräften, von Wärme und Licht, durchlebt. Ohne Wärme und Licht könnte auch die Wurzel mit ihrer meist lebendigen Farbenstrahlung nicht gedeihen.

Es eignen sich die Wurzeln sehr gut auch zum Dünsten in wenig Wasser, bis sie weich geworden sind. Man kann sie warm mit Gewürzen und Öl servieren oder auch abkühlen lassen und mit Essig und Öl zu schmackhaften Salaten bereiten.

Der Querschnitt durch eine Karotte oder auch durch eine Petersilienwurzel zeigt eine einfache Ringbildung. Will man die Ätherwirkungen bei Karotten oder auch bei den so schönen Petersilienwurzeln mit ihrem zartgliedrigen Petersilienkraut studieren, so erlebt man diese Ätherwirkung wie einen Kreis, der meist das Kraut und auch die Wurzel umfasst. Dieser Kreis kann sich mehrfach bilden und nach innen auf sanfte Weise verdichten. Es ist die Wurzelbildung von ihrer Ätherwirkung tatsächlich wie ein Gedanke, der eigentlich ursprünglich geistiger oder freier Art ist und der sich nun zu einer Formgestalt in die Erde hineinorganisiert. Zentripetal ist diese Wirkung, denn sie bewegt sich von außen nach innen und dennoch harmonisch und ohne Schwere. Die Ätherkräfte in den Wurzeln fördern deshalb auch ein Denken, das gerne in die Beziehung zur Erdensphäre, das heißt in die konkrete und bewusste Gestaltung eintreten möchte.

Die Wurzeln besitzen eine sehr intensive Kieselsäurewirkung. Auf die Bedeutung der Kieselsäurewirkung hat Rudolf Steiner hingewiesen. In jenen Pflanzen, in denen die Kieselsäurewirksamkeit lebt, ist der Lichtstoffwechsel aktiv.

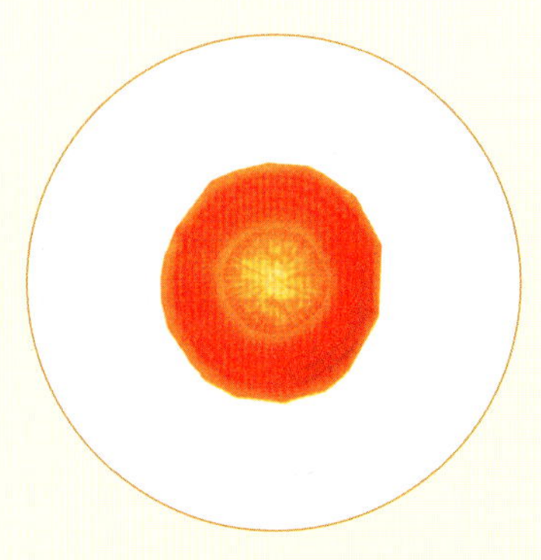

Im Querschnitt der Karotte ist die Ringbildung am äußeren Rand und wie eine Wiederholung nach innen zu sehen. Die leuchtende orangene Farbe ist auf das Karotin, einer Vorstufe des Vitamin A, zurückzuführen.

An der Wurzelbildung der Karotte zeigt sich eine deutliche Zentrierung, das Kraut hingegen offenbart eine lichte und feinfühlige Offenheit nach außen.

Diese Skizze verdeutlicht das Verhältnis der von oben wirkenden Äther zur Wurzelbildung.

Nimmt der Mensch nun ein Wurzelgemüse zu sich, so findet im Verdauungssystem ein gegensätzlicher Prozess statt. Die materiellen Stoffe werden aufgelöst, das Verdauungsfeuer führt sie in einen dem ursprünglichen ähnlichen Zustand der Licht- und Wärmedimension zurück, sodass dasjenige, was die Pflanze aus ihrem Umfeld aufgenommen hat, wieder frei wird. Dieser Vorgang bedeutet, dass auf unbewusste Weise während der Verdauung ganz andere Kräfte in der Organwelt mitarbeiten als es nur im Äußeren die Fermente, die Mineralien und weitere verschiedene Nahrungssubstanzen sein können. Die Nahrung wird deshalb nicht nur zerkleinert und mit Verdauungssäften zersetzt, sondern vollständig in eine Art unsichtbaren Kosmos aufgelöst. Dieser Prozess ist nur deshalb nicht bekannt, da er nicht mit den physischen Augen beobachtet werden kann. Bevor aber der Mensch eigenes Blut bilden kann, muss er alle Nahrungssubstanz in eine völlig schwerelose Dimension hinüberführen. Auf diese Tatsache wies Rudolf Steiner durch seine geistigen Beobachtungen hin und förderte damit ein Bewusstsein für die immaterielle Wirkung in der Nahrungsaufnahme. Der Mensch muss die Nahrung tatsächlich vergeistigen. Aus diesem schwerelosen Zustand kann er schließlich sein wieder neues und materiell werdendes Blut bilden und sich damit die Körperlichkeit aufbauen.

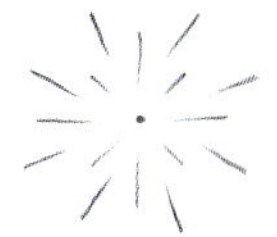

Der Geist erbaut über die verschiedenen Einflüsse und schließlich über die Ätherwirkungen die Materie. So lebt der Geist zu allem Anfang und erschafft genau spezifische Ätherkräfte. Die Verdauungsarbeit nimmt die körperlichen Stoffe und die Äthersubstanzen auf, und sie ist somit nicht nur eine rein mechanische Arbeit, sondern eine vom Organismus vollzogene, rückwirkende geistige Tätigkeit. Je lebendiger der Äther ist, desto mehr wird auch der Äther im Inneren aufgenommen. Die feine Transformation und Umbildung und schließlich die Assimilation und Aufbautätigkeit in der Verdauung bleiben jedoch der bewussten Wahrnehmung entzogen.

Der Mensch nimmt mit jedem bestimmten Pflanzenteil eine geistige Sphärenkraft, eine kosmische Kraft oder, wenn man es auch so nennen mag, eine Umweltkraft in sich auf. Die Wurzel ist tatsächlich ein sehr sensibles Pflanzenwesen, das nicht unbedingt einer sehr materiellen Schwere unterliegen muss. Sie wirkt gemäß ihrer Ätherkräfte auf die Sinne erhellend und führt das Denken zur Klarheit.

Da also in der Pflanze die ganze Umwelt mitlebt, ist es leicht zu verstehen, dass es niemals belanglos sein kann, ob ein Kunstdünger verwendet wurde oder nicht. Man merkt den Unterschied zu einem biologischen Anbau sehr deutlich am Geschmack. Künstlich gezogenes Gemüse hat keinen so kräftigen Charakter mehr und meist ist sogar auch die Farbe beeinträchtigt. Aber nicht nur um des Geschmackes willen sollte man zu natürlich angebautem Gemüse greifen. Die Probleme in unserer Zeit machen es notwendig, dass die Menschen die fundamentalen Grundsätze erkennen und schließlich wieder zu einer besseren Kultur der Anbauweise gelangen. Eine biologische Anbauweise wird für die Zukunft eine erhebliche Qualitätsverbesserung und Gesundheitsförderleistung bringen können.

Nitrate, die als Stickstoffquelle Bestandteil von Düngemitteln sind, werden von den Pflanzen – auch auf ungedüngten Anbauflächen – angereichert und gespeichert. Gesundheitlich problematisch ist für den Menschen in der Regel jedoch nicht das Nitrat, sondern die sich bildenden krebserregenden Nitrosamine. Aus dem Abbauprodukt von Nitrat zu Nitrit unter Sauerstoffabschluss bildet sich mit Pflanzeneiweiß der krebserregende Stoff Nitrosamin. Dieser kann durch Vitamin C reduziert bzw. blockiert werden.
Um Nitrosamine zu vermeiden, ist es empfehlenswert, Salate nicht in luftdichten Plastikbeuteln zu lagern.

Biologisch angebaute Wurzeln nehmen meist weniger Schwermetalle auf als konventionell angebaute. Ganz besonders bei der Roten Bete ist dringendst die biologische Qualität anzuraten.

Der Querschnitt der Roten Bete zeigt weniger strukturierte Kräfte als jener der Karotte. Ihre Wirkung auf den Menschen ist deshalb weniger signifikant auf die formgebenden Kräfte gerichtet, sondern sie durchdringt wie ein Gewürz den Stoffwechsel. Der hohe Gehalt an Oxalsäure der Roten Bete unterstreicht ebenfalls die ins Wässrige neigende Stoffwechselwirkung. Der rote Farbstoff, der in der Roten Bete intensiv angereichert ist, wird derzeitig Betanin genannt.

Das Obst

Die Bedeutung des Obstes wird in den Ernährungslehren recht unterschiedlich bewertet. Manche Menschen plädieren für die möglichst umfangreiche Obsternährung, während andere dagegen das Obst weniger nennenswert empfinden oder es sogar aus Gründen der Unverträglichkeit ablehnen. Die meisten Yoga-Anhänger empfehlen die Früchte als eine „reine" Kost, die dem *guna* des *sattva* entspricht. Die makrobiotische Lehre hingegen, die mehr in den japanischen und chinesischen Zonen ihren Ursprung nimmt, rechnet sie nicht zu einem nennenswerten Teil. Die klassischen Vertreter der Makrobiotik, Oshawa und Kushi, lehnen die Früchte weitgehend ab, da sie ein sogenanntes Yin-Ungleichgewicht und eine zu starke Ausdehnung in den Körper bringen. Die Gründe für die Befürwortung oder Ablehnung der frischen Früchte können aus unterschiedlichen subjektiven oder objektiven Einschätzungen entstehen.

Zitronen gehören ebenso wie die Orangen zur Familie der Rautengewächse, *Rutaceae*. Als tropische Pflanzen haben sie eine starke Lichtbeziehung, die vor allem eine anregende Wirkung auf das menschliche Bewusstsein gibt. Bereits die Betrachtung des Zitronenbaums erweckt eine Art Aufhellung des Gedankenlebens.

Die geistige Sichtweise kann eine annähernde Klärung dieser Frage geben, sodass man für sich selbst zu einer Entscheidung über das rechte Maß, wie Früchte ihre Verwendung finden können, gelangt. Oftmals spürt man aus subjektiven Empfindungen, wann frische Früchte angenehm sind und wann sie aber wieder weniger angenehm wirken. Das Getreide beispielsweise ist ein sehr zentrales und substanziell hochwertiges Nahrungsmittel. Es ist das tägliche Brot, wie es uns sogar im Vater-Unser-Gebet in umschriebener Form entgegentritt. Wer Getreide isst, bereitet sich mit einer wachsenden Kraftfülle für einen gebenden Gedankensinn für das gesamte Dasein vor. Das Leben wird durch die Ernährung ganz wesentlich unterstützt und in eine bestimmte Richtung gefördert. Mit dem Getreide führt sich der Mensch jene Substanz zu, die es ihm ermöglicht, aus seiner Ich-Bezogenheit herauszutreten und den anderen zu sehen, zu erkennen und schließlich seine Liebesfähigkeit, die ebenfalls einer Substanzgrundlage bedarf, zu entwickeln. Getreide ist deshalb eine besonders segensvolle Nahrung. So wie über den Feldern der Körnerfrüchte eine geistige Hand waltet, so erwächst im Menschen die Kraft des Gebens und das Empfinden von wachsender Liebe für seinen Nächsten.

Es mag ein eigenartiger Gedanke sein, wenn man sagt, dass die Liebesfähigkeit auch eine substanzielle Grundlage im Körper vonnöten hat. Wenn jemand tatsächlich unter Mängeln leidet oder sich mit Nahrung zu stark überbelastet, so wird dieser Zustand ihn tatsächlich vor einer freien sozialen und empathischen Beziehungsfähigkeit abschirmen. Die Liebesfähigkeit braucht deshalb auch eine substanzielle Grundlage im Körper.

Das Obst wirkt nun, wenn man die Pflanzen und die Sphäre um die Pflanze betrachtet, ganz anders. Im Obst sind ähnlich wie beim Getreide sehr viele Lichtkräfte enthalten. Das kosmische Leben tritt ganz besonders an die Obstbäume mit weiter und umhüllender Strahlung heran. Die Früchte werden durch die intensiven Lichtwirkungen von kosmischen Kräften aufgeladen. In der geistigen Sichtweise der Anthroposophie werden die Obstbäume als Gewächse beschrieben, die nicht wie normale Pflanzen wachsen, sondern die durch den Stamm des Baumes eine Stufe hinaufgeführt, gewissermaßen gegen den Himmel gerichtet sind und somit den Lichteinwirkungen näherstehen. Das Holz des Baumes bildet die zweite Erde. Das Obst ist weiter nach oben gerückt, vom irdischen Boden bereits hinweg gehoben.

So nimmt der Mensch mit den Früchten eine durchaus wieder andere Kraft auf. Er nimmt ganz besonders mit den Äpfeln, Orangen, Aprikosen, auch Avocadofrüchten und allgemein mit den Baumfrüchten eine Sphäre zu sich, die eigentlich nicht mehr so recht zur Erde gehört. Ein fernerer Sphärenimpuls des Kosmischen lebt darin. Wer Obst isst, der führt sich jedoch nicht die Kraftfülle zum Geben und Verwirklichen zu, sondern er öffnet seine Augen und ersehnt das Ziel des Lebens. Jenes große Ideal des Menschseins wird für ihn erschaubar und er erhält die Zuversicht, dass es ein Leben im idealeren und höheren Sinn auch wirklich gibt. Durch Getreide erhält man die Kraft für das Leben, durch Obst wird man mit der Idee und Sehnsucht nach einem Höheren beschenkt. Man ahnt und will das Ziel des Lebens im Sinne eines Ideals erreichen. Der Blick auf neue Sehnsüchte wird angeregt.

Die Ätherverhältnisse variieren mit dem Tageslicht, der Jahreszeit und mit den verschiedensten Konditionen, denen die Pflanze ausgesetzt ist. Es sollen deshalb die Zeichnungen und Beschreibungen nicht als absolute Endergebnisse gelten.

Die Aprikose offenbart runde, weiche Umhüllungen des Äthers, wenn man sie am Baum etwa gegen den Nachmittag hin beobachtet.

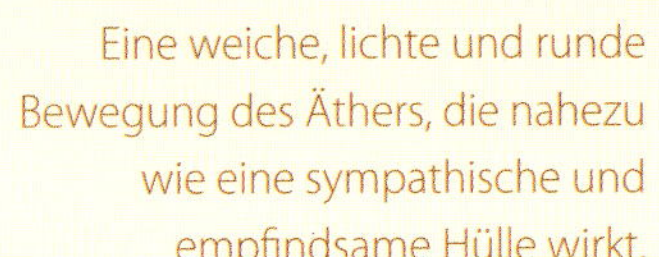

Eine weiche, lichte und runde Bewegung des Äthers, die nahezu wie eine sympathische und empfindsame Hülle wirkt.

Eine wichtige Bedeutung für die seelisch-geistige Entwicklung liegt in den Früchten. Ein Zuviel an Obst kann einen Mangel im körperlichen Mineralhaushalt bewirken und auch zu einer Schwächung des Gefühls des physischen Inkarniertseins führen. Ersehnt man das höhere Ziel des Lebens, so benötigt man auch die Kraft, den Weg dorthin zu gehen. Diese bringt nur die substanzielle Kost wie beispielsweise das Getreide, aber es ergänzen sich Obst und Getreide zu einer wirklich substanziellen, sowohl physischen als auch geistigen Nahrung. Das Obst bringt die Ideen, das Getreide bringt die Kraft zu ihrer Verwirklichung. Der Mensch fühlt sich meist zu einem dieser Nahrungsmittel besonders hingezogen. Jedoch benötigt er wohl immer beide Nahrungsmittel in einem ihm gemäßen individuellen Verhältnis.

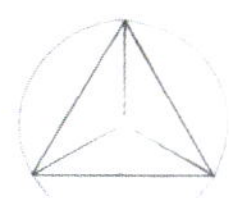

Das Obst reift im Rhythmus der Jahreszeiten. In den mitteleuropäischen Breiten gedeiht ein sehr vielseitiges Angebot, wie beispielsweise die Beerenfrüchte, zu denen Erdbeeren, Himbeeren, Heidelbeeren, Brombeeren, Johannisbeeren und einige mehr gehören. Die Beerenfrüchte, die tendenziell niedrig am Boden oder auch an Sträuchern wachsen, haben eine andere Ätherwirkung in sich als die Baumfrüchte. Sie wirken meist günstiger auf die Nieren und auch, wie beispielsweise die Heidelbeere, auf die Verdauung. Der Apfel, der hoch am Baum wächst, ist in Deutschland wohl das wichtigste Obst. Eine Betrachtung, die vielleicht nicht immer unbedingt evident für alle Äpfel sein muss, zeigt, dass der Apfel eine stark grünliche oder auch ins Bläuliche oder auch ins Helle übergehende Ätherausstrahlung besitzt. Der Apfel ist aus der westlichen Küche nicht wegzudenken. Vielseitig ist er sowohl im rohen als auch im gekochten Zustand verwendbar. Äpfel sind durch das Pektin für eine Reinigungsdiät gut geeignet, denn sie wirken auf die Verdauung antitoxisch.

Äpfel wachsen sehr hoch über dem Erdboden und nehmen auf diese Weise eine typische nicht zentrierende, sondern weite Lichtsphäre auf.

Die Heidelbeere ist eine typisch mitteleuropäische Beerenfrucht. Sie wächst niedrig strauchartig und bedeckt oft weitflächig den Waldboden. Indem sie niedrig wächst, nimmt sie beispielsweise sehr zentrierende, mehr zusammenziehende Kräfte auf. Durch diese Lokalisation ist sie ganz anders als der Apfel, der hoch oben am Baum gedeiht.

Das Obst besitzt einen sehr lichten und leichten Charakter. Kocht man die Früchte für wenige Sekunden oder beispielsweise eine Minute, so leitet man durch den Kochvorgang bereits eine Art Verdauung und Auflösung ein. Dies wirkt sich sehr günstig auf die Bekömmlichkeit aus. Gekochtes Obst ist in Verbindung mit Vollkorngetreide meist leichter verträglich als das unmittelbar roh genossene Obst. Ähnlich wie das Feldgemüse sollte man das Obst immer waschen und es wenn möglich schneiden, eventuell mit Gewürzen oder eben für wenige Minuten mit Wärmezufuhr

Beim Querschnitt der Orange wird der blütenhafte Charakter dieser Frucht sichtbar, der durch die fächerartige Anordnung der halbierten Scheiben beim Servieren verstärkt zum Ausdruck gebracht wird.

zubereiten. Beispielsweise kann man die Orange unmittelbar im Querschnitt aufschneiden und sie mit wenig Zimt benetzen. Der blütenhafte Charakter der Orange und das fein anregende Zimtgewürz bringen eine erfrischende, fruchtige Anregung hervor. Auch die sensibel aufgeschnittenen Apfelschnitten mit etwas Zimt bringen das starke kosmische Element näher an die menschliche Sphäre heran und machen es außerordentlich leicht verdaulich. Durch diese kleinen Maßnahmen verlieren die Früchte den Fremdcharakter und sie werden ohne Probleme vom Verdauungssystem wie eine lichte, vom Kosmos kommende, freudige Gabe aufgenommen.

Die Avocadofrucht empfiehlt sich ganz besonders als fettreicher Brotbelag. Neben der Schmackhaftigkeit, ganz besonders wenn diese mit Chili oder etwas Pfeffer hervorgehoben wird, wirkt der hohe Gehalt von Linol und Linolensäure degenerativen Erkrankungen entgegen. Am besten schneidet man die Avocadofrucht in Scheiben, um in der weichen und teigigen Masse eine geringe Formstruktur zu erhalten.

Die Südfrüchte, die nicht ausreichend ausgereift sind, sind manchmal für Menschen in nördlichen Zonen sehr ungünstig. Die Supermarktware ist vielfach den Lichtkräften entfremdet und dadurch kann bei Verzehr von sehr vielen Bananen, Ananas, Mangos und eventuell auch Orangen ein Reizcharakter entstehen. Fast immer wird wegen des langen Handelsweges das Obst nicht reif, sondern viel zu früh geerntet und erst dann auf den Schiffen in besonderen Kammern nachgereift. Jedoch gut ausgereifte Orangen oder auch einmal qualitativ gute Bananen können den Speiseplan bereichern. Erwähnenswert ist auch die Avocadofrucht. Obwohl sie nicht ein typisches Obst ist, nimmt sie doch durch ihre außerordentlich reichhaltige und günstige Fettkomposition einen intensiven Fruchtcharakter an. Die Fettsubstanz der Avocadofrucht wirkt heilsam auf die Leber und die Lunge und kann auch den Cholesterinüberbelastungen sinnvoll entgegengestellt werden. Auch besitzt sie als eine der wenigen Früchte Vitamin D.

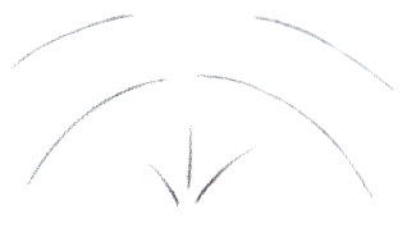

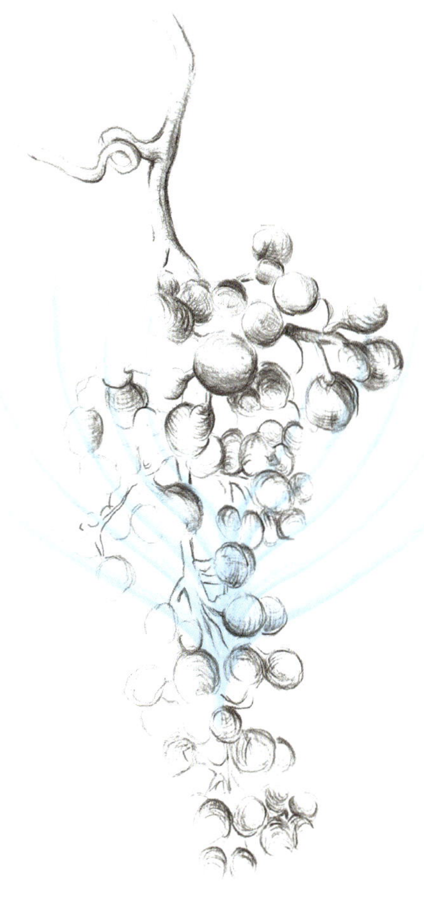

Nach einer imaginativen Betrachtung der Traube zeigt sich ein bläulich zentrierter, außerordentlich schöner und weiter Äther.

Die rote Traube im September kurz vor der Ernte

Allgemein besitzt die rote Traube eine die Blutgefäße schützende Wirkung. Sie ist reichhaltig an Anthocyanen, an den roten Farbstoffen, die krebsverhütend wirken.

Wieder eine andere unbedingt erwähnenswerte Frucht ist die Traube. Der biologische weiße oder rote Traubensaft – und es kommt wirklich auf die biologische Qualität an – ist wie ein Lebenselixier, das ganz besonders deshalb heilsam ist, da es reinigend auf die Organe und ganz besonders auf die Leber wirkt und darüber hinaus einen außerordentlich zentrierenden Äthereinfluss auf den Menschen gibt. Die Traube wächst weder ganz hoch, noch wächst sie ganz niedrig. Sie umhüllt sich fast als Frucht mit ihren Blättern, schützt sich vor zu starker dominanter Lichtwirkung und sammelt in sich wahrlich die Kraft des Kosmos. Der Jupiter- und der Venuseinfluss, zwei wesentliche große Planeten, sind in dieser Frucht intensiv aufgespeichert. Wenn man geschwächt ist, so kann der zentrierende Charakter von Traubensäften eine heilsame Begleitung in der Therapie darstellen.

Die Erdbeere, eine beschauliche Frucht

Die Erdbeere

Gerade zur Beurteilung der Nahrungsmittel sind die lebendigen Bildekräfte, die die Pflanze in sich aufnimmt und als solche organisiert, ausschlaggebend. Diese unsichtbare Lebenskraft, die Wachstum entgegen der Schwerkraft der Erde ermöglicht, bringt auch eine Form und Farbe über die Physis hervor. Wissenschaftlich lässt sich die Lebenskraft nur sehr schlecht messen. Viele Menschen spüren ganz verborgen in ihrem Herzen eine Zuneigung zur Pflanzenwelt, da sie bemerken, wie in dieser die Ätherkräfte auf wunderbare, fast märchenhafte Weise organisiert sind, denn Leben ist in allen Gräsern, Blumen und Bäumen und ohne dieses wären sie ja nicht zu ihrer Form und Gestaltbildung, zu ihrer Farbgebung und Wachstumsfähigkeit bereit. Betrachtet man die Walderdbeere mit kontemplativer Aufmerksamkeit und übt sich in der Konzentrationsbildung, wie dies für das Üben des Ätherschauens beschrieben ist, so wird man eventuell auch ihren beschaulichen Charakter und das Weben und Leben von Ätherkräften nahezu empfindsam spüren. Sie wächst im feuchten Unterholz, nahe an Wegrändern. Die Pflanze bleibt immer bodennah, die Blätter des Strauches sind rund und zierlich. Eine liebliche Gestalt wartet still am Wegesrand auf ihre Entdeckung. Besonders auch die kleine weiße Blüte, die aus der niedrigen Pflanze auffällig öffnend hervorleuchtet, strahlt mit bescheidener Größe und innerer Vornehmheit dem Licht entgegen. Schließlich wandelt sich die Blütenbildung und eine Frucht wächst heran. Die zunächst grüne Beere wird gelb und schließlich reift sie zu einem kräftigen, aber nicht sinnlich strahlenden, angenehmen Rot.

Querschnitt durch die Erdbeere: Der Äther nimmt die Form einer zentrifugalen Bewegung von innen bis an die Peripherie an, an der sich kleine Lichtkreise bilden.

Obwohl die Ätherverhältnisse mit dem Tageslicht, der Jahreszeit variieren, so können bei den Betrachtungen in jedem Fall einige wesentliche Charakteristika erfahren werden.

Bringt man Erdbeeren in ein Gefrierfach, verarbeitet sie zu Mus oder lässt man sie zu lange nach dem Ernten stehen, entschwinden diese charakteristischen Ätherwesen.

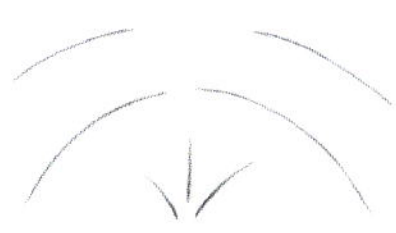

Die liebliche und gleichermaßen würdevolle Blüte der Walderdbeere

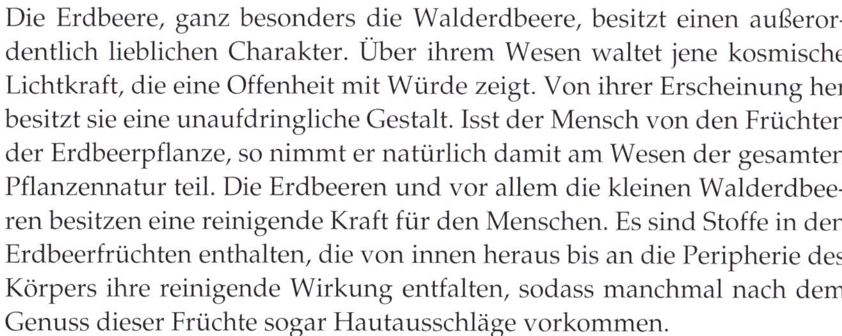

Die Erdbeere, ganz besonders die Walderdbeere, besitzt einen außerordentlich lieblichen Charakter. Über ihrem Wesen waltet jene kosmische Lichtkraft, die eine Offenheit mit Würde zeigt. Von ihrer Erscheinung her besitzt sie eine unaufdringliche Gestalt. Isst der Mensch von den Früchten der Erdbeerpflanze, so nimmt er natürlich damit am Wesen der gesamten Pflanzennatur teil. Die Erdbeeren und vor allem die kleinen Walderdbeeren besitzen eine reinigende Kraft für den Menschen. Es sind Stoffe in den Erdbeerfrüchten enthalten, die von innen heraus bis an die Peripherie des Körpers ihre reinigende Wirkung entfalten, sodass manchmal nach dem Genuss dieser Früchte sogar Hautausschläge vorkommen.

Hautausschläge können durch die starke Kieselsäurewirkung der Erdbeere entstehen. Diese Ausschläge wären nicht unbedingt ein negatives Zeichen, denn sie zeigen nur, dass der Körper auf die Stoffe mit Reinigung reagiert.

Die Ätherwirkung der Erdbeere ist tatsächlich so, dass sie einen stärksten Charakter des Nach-außen-Gehens besitzt. Wie in Ringen drängt sich der Äther zentrifugal in die Peripherie und öffnet weitere kleine Lichtkreise. In diesem Sinne ist die Erdbeere wie eine selbstlose Pflanze, die den Grundsatz fast bildlich offenbart:

„Wenn du dich selbst verwirklichen möchtest, so erkenne den anderen."

Dieser Ausspruch über die Selbstverwirklichung stammt von Rudolf Steiner. Er wurde hier in einfacherer Form auf die Erkenntnistätigkeit übertragen.

Übertragen lässt sich sagen, dass die lieblichen Eigenschaften der Erdbeere den Menschen mit ihrem Wesen erfüllen, ihn ergreifen und ihn selbst zu mehr Bescheidenheit und Zartheit führen. Einige Walderdbeeren können ein schönes Geschenk sein, das der Liebende gern seiner Geliebten überreicht, als Ausdruck seiner Hingabe.

Die Kirsche enthält Anthocyane, die an die kosmische Wirkung erinnern und ein sanftes Mittel zur Prophylaxe bei Krebs darstellen.

Durch die Anthocyane lebt die Farbe mit ihrer anregenden Wirkung unmittelbar im Nahrungsmittel.

Wer viele Farbstoffe mit der Nahrung aufnimmt, belebt einerseits seine Sinne während des Essens und andererseits erweckt er im Inneren seines Stoffwechsels den Astralleib, der sich zu intensiveren Begehrens- und Willensimpulsen rüstet.

Die Kirsche

Ganz im Gegensatz zur Erdbeere wächst die Kirsche hoch am Baum. Der Baum selbst ist eine mächtige Gestalt und besitzt kräftiges Holz. Die hellen, relativ großen Blüten öffnen sich weit dem Licht entgegen und nehmen es ganz in sich auf. Die Fruchtbildung findet während der frühsommerlichen Tage statt. Lässt man den Blick am Kirschbaum ruhen, sodass man eine Ahnung erhält von der kosmischen Sphärenkraft, die dort tätig ist, wird man das spezifische Lichtwirken auch in seiner Seele spüren. Das, was der Mensch mit den Früchten des Kirschbaumes zu sich nimmt, ist eine spezifische kosmische Energie, die ihn aber gar nicht so sehr befeuert, sondern ihm ganz eigenartige Kräfte gibt. Die Kraft der Kirsche ist nicht so durchdringend und reinigend wie jene der Beeren. Der Blick in die Höhen des Weltendaseins wird auch gar nicht unbedingt zur Offenheit angeregt. Vielmehr besitzt die Kirsche eine Art Ätherkraft mit Quellcharakter, sodass eine bewegende, die Neugierde erweckende Substanz angeregt wird. Den Kirschen fehlt eine gewisse Sensibilität und auch die Innerlichkeit. Isst man zu viel von den Kirschen, so können in der Verdauung leicht Unregelmäßigkeiten und Probleme auftreten. Alles, was der Mensch zu sich nimmt, nimmt er nicht nur physisch, sondern auch von der kosmischen Dimension auf. Mutet er sich beispielsweise von diesen Baumfrüchten zu viel zu, so wird er auch die Folgen eventuell tragen müssen. Das Obst ist im Wechsel der Jahreszeiten ein sehr schöner Begleiter, der die feinen belebenden Kräfte für die gesunde Willensbildung und Interessensentwicklung anregt. Die Kirsche besitzt tatsächlich diese Interessensanregung, indem sie Phantasiekräfte erweckt und den Menschen fast in eine träumende kreative Wirklichkeit fördert. Die Quellkraft des Ätherischen mag fast wie einhüllend wirken und lässt die Phantasie für Möglichkeiten aufsteigen, die zunächst noch gar nicht sehr viel mit der irdischen Realität zu tun haben müssen.

Die verschiedenen Früchte besitzen einen sehr unterschiedlichen Charakter. Das Ideenhafte des Lebens ist aber vor allem in den höheren Baumfrüchten mit feinen Ätherströmen angelegt. Je nach Jahreszeit wird man zu Beeren, Kirschen, Pflaumen, Zwetschgen oder Äpfeln greifen. Im Winter geben Trockenfrüchte eine recht gute Bereicherung zu den Süßspeisen. Natürliche Konservierungsverfahren sind das Einlagern und das Trocknen. Die Äpfel müssen manchmal einige Zeit im Keller lagern, bis sie ihr ganzes Aroma und auch ihre Bekömmlichkeit herzugeben vermögen. Die Äpfel sind in diesem Sinne durchaus auch sehr egoistische Früchte. Im Sommer ist das frische oder leicht gekochte Obst vorzuziehen, im Winter können Muse und Marmeladen gut verwendet werden. Durch natürliche Konservierung wie Trocknen oder Lagern verschwindet die erste starke und manchmal reizende Naturkraft, die in den Früchten lebt, und die Nahrung ist schließlich bekömmlicher. Indem man auf diesen sanften und milden Charakter achtet, der durch rechte rhythmische Verwendung, feinsinnige Zubereitung und ästhetische Einordnung entstehen kann, fördert man eine sinnvolle und entwicklungsfreudige Geisteshaltung im Menschen.

Die Kirsche erweist sich für jene Personen, die schwer an Gewicht zunehmen können, als ein sehr gutes Heilmittel, während die Erdbeere für Menschen mit Gewichtsproblemen geeignet ist.

Während die hoch am Baum wachsende Kirsche sich mehr jenen Kräften hinneigt, die beinahe etwas leidenschaftlich und triebhaft begehrend nach Phantasie und Abenteuer ausschweifen, sammelt die Erdbeere das Licht und bildet auf sensibelste Weise eine Ätherstruktur, die in feinster Berührung mit der Erdensphäre kontempliert.

Welche spezifische Heilwirkung kann in Kirschen liegen?

Jene Quellwirkung besitzt auf alle Ablagerungsprozesse und zu starke Verfestigungen eine besondere auflösende Wirkung. Wenn der Mensch einmal zu stark in seinem Denken fixiert ist und er vielleicht gar in Zwänge gerät, mag die Kirsche ihn mit Phantasie erweichen.

Auch kristalline Harnsäureprozesse finden durch den Quelläther der Kirsche leichter zur Auflösung und Ausscheidung. Kirschen geben deshalb dem sich leicht fixierenden Menschen eine gute Balance.

Der Äther der Kirsche ist tatsächlich weniger für den Aufbau von Formstrukturen geeignet, sondern mehr zur Auflösung von fixierenden Formstrukturen, damit schließlich leichter der Einzug von neuen Ideen über geeignete Formen entstehen können.
Im Allgemeinen ist bei dieser Steinfrucht die Ätherwirkung durchaus eine sehr starke.

Der Honig

Das Süße und das Salzige – zwei Polaritäten

Rudolf Steiner beschreibt, wie die Tierwelt auf feine Weise die Pflanzenwelt berührt und sie mit dieser Übertragung beseelt.

Der Honig als Nahrungsmittel wirft viele Fragen auf. Die intensive Süße des Honigs belebt den Menschen wie der Zauber einer Paradieswelt. Die Tatsache, dass der Honig süß schmeckt, bringt uns der gesamten Thematik des Honigs als Nahrungs- und Heilmittel näher.

In der Süße liegt etwas Ausdehnendes, etwas, das nach Weite und Offenheit strebt. Alles Blütenhafte schmeckt in irgendeiner Weise süß. Reife Früchte beispielsweise sind immer von süßem Geschmack durchdrungen. Honig wird durch die Bienen aus dem Nektar der Blüten auf Wiesen und in Wäldern zusammengetragen. Eine enorme Arbeit ist vom Bienenvolk erforderlich, um nur eine geringe Menge Honig zu produzieren. Tausende von Blüten und Baumwipfeln müssen angeflogen werden, damit der wertvolle Nektar gefunden wird. Isst der Mensch nun den Honig, jene Substanz, welche der Nektar aus dem weiten Blütenmeer der Natur zugrunde liegt, so nimmt er damit auch teil an dieser Weite. Er nimmt die Süße von Hunderten von Blüten in sich auf. Dies ist für ihn oftmals zu viel, sodass er unterschiedliche Reaktionen auf den Honiggenuss beobachten kann. Gerade der Mensch, der sich recht bewusst ernährt und seine Geschmacksnerven an die natürliche Süße von Früchten und Getreide gewöhnt hat, wird leicht mit dem Gefühl des nervlichen Gereiztseins und dem Empfinden, dass sein Bewusstsein den Körper verlassen möchte, reagieren. Auch Kinder, die in den ersten Jahren noch in eine andere Sphärenwelt eingebettet sind, reagieren oft mit lebhaften Allergien und Ausschlägen.

Die Bienen erstellen Wabe für Wabe als Brutstätte der Königinneneier. Als mathematisches Gesetz ergibt sich bei optimaler Ausnutzung des Raumes die Sechseckform.

Den direkten Gegensatz zum Honig bildet das Salz. Mit Salzigem und Süßem sind zwei große Weltenströme verbunden. Das Verlangen nach verschiedenen Speisen, die einmal salzig, das andere Mal süß sind, beschreibt einen natürlichen Rhythmus im menschlichen Leben. Im Geschmackssinn lebt ein verborgenes Bewusstsein, und dieses angelegte Bewusstsein ist ganz im Inneren mit dem gesamten Leben verbunden. Das Erlebnis des Schmeckens ist nicht materieller Natur, sondern findet ganz gelöst von jeder körperlichen Gebundenheit statt. Im Schmecken erlebt das menschliche Bewusstsein einen spezifischen Seinsstrom des Lebens, und zwar die Nuancen des kosmisch-astralen Lebens.

Führt man sich beispielsweise eine salzige Speise zu Munde, so werden durch das Mineralische die Geschmacksnerven wachgerufen. Eine Kraft der Zusammenziehung strömt in den Menschen hinein. Er wird von dem Salz ergriffen und beginnt sogleich, lebhaft darauf zu reagieren. Das Salz und auch der Körper sind eine besondere Materie. Die gesamte Physiologie ist ein in der Materie stattfindender Prozess. Mit dem Schmecken an der Zunge wird jedoch ein völlig anderer unmittelbarer Sinnesimpuls wachgerufen. Im Geschmackserleben liegt ein bewusstes Hereintreten

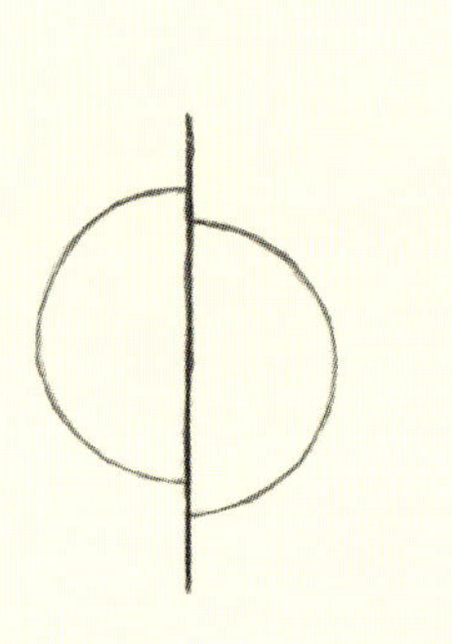

Die Empfindung des Schneidens

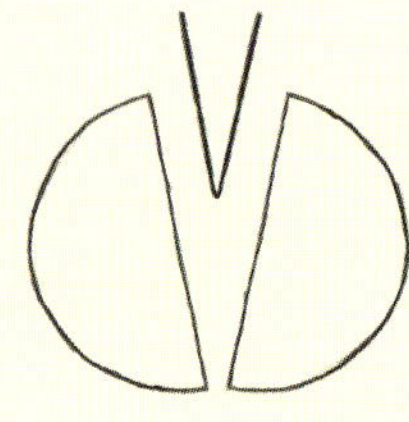

Die Empfindung des Zerbrechens

Wer sehr viel Salz isst, entwickelt gerne graue Haare. In Indien, wo man sehr wenig Salz zu sich nimmt, bleibt den Menschen meist noch sehr lange die dunkle Haarfarbe erhalten.

eines astralischen Seins, eines in der Weltenschöpfung verborgenen Wesens. Das Schmecken ist nicht als ein mechanischer Vorgang zu verstehen. Der Sinnesreiz steht in der Folge mit dem Bewusstsein in Verbindung. Das Salz ist nun ein sehr starkes Mittel, das deutlich an der Zunge mit einem recht eindringenden Gefühl, mit einem nahezu beißenden Charakter bemerkt wird. Der materielle Stoff des Minerals, der in die Berührung mit dem Menschen kommt, erweckt im Moment direkt den Geist. Dieses untergründige Erleben lässt die Materie, wenn man bildhaft den Vorgang studiert, zerbrechen. Beim Schmecken von Salz zerbricht im Moment der Körper. Ein stark abbauender Impuls ergreift das bisher Feste. Dieses Zerbrechen findet natürlich nicht in offensichtlicher Form statt. Unter der Schwelle der bewussten Wahrnehmung erfolgt beständig dieser tiefgreifende Prozess und bringt in der Folge eine Dynamik nach außen mit sich.

Eine enorme Kraftquelle liegt in diesen untergründigen Vorgängen der menschlichen Natur. Im alltäglichen Leben achtet man viel zu wenig auf die Auswirkungen von äußeren Reizen. Alle Sinneseindrücke betreffen den Menschen in seiner Ganzheit aus Körper, Seele und Geist. Ein Kräftespiel wird durch die von außen kommenden Sinne wachgerufen. Dieses drängt die gesamte Persönlichkeit in ein bestimmtes weiteres Entwicklungsgeschehen. Der Nervenimpuls des Schmeckens wird von der Zunge zum Gehirn weitergeleitet und schließlich lenkt er sich auch dynamisch zu den anderen Organen fort. Der Körper erschafft mit der Berührung eines Stoffes auf feinste Weise wieder eine neue Struktur. Er zieht sich durch das Schmecken des Salzes zusammen. Jeder, der aufmerksam schmeckt, merkt, wie sein Körper sich durch das Salzige zusammenzieht, ja vielleicht sogar zusammenkrampft. Ein seelisches variables Transformationsgeschehen ist immer mit den Vorgängen im Körper verknüpft. Es werden beispielsweise durch das Salz die Wesenszüge von Ordnung, Gewissenhaftigkeit, Verantwortungsbewusstsein und Zusammenhalt gefördert, gleichzeitig aber wird bei einem Zuviel an Salz der Körper in seiner Gesamtkondition schwächer und die Nerven manchmal schmerzempfindlicher.

Anders verhält es sich mit dem Schmecken von Süßem. Isst man eine reife Frucht oder Honig, so wird ebenfalls ein intensives Empfinden am Gaumen hervorgerufen. Dieses lässt jedoch nicht wie das Salz den Körper zerbrechen, sondern es zieht ein einschneidender Impuls direkt in die leibliche Erfahrungswelt. Man könnte sagen, der Körper wird unter der wahrnehmbaren Schwelle zerschnitten. Das Süße bringt einen ganz anderen dynamischen Impuls als das Salzige. Jeder Reiz über die Sinne hat eine Auswirkung auf den Menschen in seiner Ganzheit. Würde man alles, was man mit seinen Sinnen täglich empfängt, direkt und unmittelbar im Bewusstsein erleben, so würde man beständig einen körperlichen Zerfall spüren. Man beachtet aber im normalen Leben die gesamten Sinneseindrücke nicht, man lässt sich nicht mit dem ganzen Bewusstsein auf sie ein. Unbewusst lenkt sich der Mensch von der Gegenwart des Sinneslebens durch Handlungen und Denkprozesse ab. Durch die Aufnahme

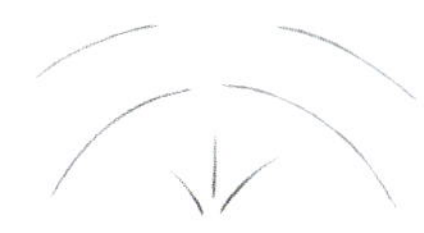

von Süßem erbaut sich die innere Menschennatur eine Hülle, die die Persönlichkeit in eine andere Welt einbettet. Wie eine Droge kann das Süße, wenn es zu viel wird, den Menschen in einen dem Hier und Jetzt fast fremd anmutenden Zustand heben.

Die polaren Gegensätze von Süßem und Salzigem erzeugen ein Kräftespiel, das beständig die inneren Vorgänge in der Menschennatur beeinflusst und sich in Formen und Reaktionsweisen nach außen zeigt. Wir alle wissen, dass der Griff nach einer Süßigkeit meist unbewusst dann erfolgt, wenn man sich von einer Situation überfordert fühlt. Es ist auch die Sehnsucht des Menschen, sich von der Schwere des Alltags, von Verantwortung und Pflichten ein kleines Stück weit zu befreien und eine neue Welt, eine Art sehnsüchtiges Paradies zu erleben. Die Umhüllung, die das Süße bringt, kann aber, wenn es zur Kompensation wird, auch zur Illusion werden. Dies wird vor allem durch den weißen Kristallzucker aufgebaut. Als ein isoliertes Kohlenhydrat kann er in keinster Weise die seelisch-geistige Natur des Menschen positiv beeinflussen, ja, er ist in körperlicher Hinsicht sogar gesundheitsschädlich.

Der Honig vermag ein ähnliches Empfinden wie der Kristallzucker hervorzurufen. Er aber ist ein reines Naturprodukt und hat schon aus diesem Grunde eine Berechtigung auf dem Speiseplan. Nur muss die Menge dieser starken Süße auf ein sinnvolles Maß kalkuliert sein, dann kann der Honig zu einem Heilmittel werden. Für die zukünftige Ernährungsweise mit Getreide, Gemüse und Früchten hat er sogar eine ganz wichtige Bedeutung.

Weite Blütenkraft lebt in der Süße des Honigs, weshalb eine anregende und aufbauende Wirkung mit diesem Heilmittel verbunden ist. Mit jedem Lebensmittel nimmt sich der Mensch etwas aus der Natur und misst sich an diesem. Er muss sich durch Nahrungsaufnahme mit den vielen Umständen in der natürlichen Ordnung auseinandersetzen. Auch die Struktur des Bienenvolkes hat für die Honiggewinnung eine Bedeutung. Der Mensch schafft die Bedingungen durch ein Bienenhaus, er legt besondere Kammern und Fächer darin an, sodass die Waben später gut nutzbar sind. Die Arbeit der Bienen kann er durch seine handwerklichen Fähigkeiten und durch sein Wissen unterstützen, er kann aber nicht in die Struktur eines Bienenvolkes eingreifen. Das, was in einem Bienenvolk lebt, ist von hoher Weisheit und Sorgfalt geprägt. Die Bienen bilden einen idealen Staat für sich. So wie die gesamte Ordnung der Natur von übergeordneter Weisheit richtig gelenkt wird, so bilden die Bienen ein ganz eigenes Volk, das nach höchsten Ordnungen und Prinzipien seine Arbeiten und Aufgaben in Gemeinsamkeit ausführt. Der Mensch kann den Honig, der aus der weiten Blütenpracht stammt und durch den Wärmebereich des Bienenvolkes hindurchgegangen ist, für sich nehmen. Es lebt in diesem Nahrungsmittel die Heilkraft von einer Blütenkraft und auch von einer Wärmekraft und es fördert Weisheit und Ordnung.

Die Salzkristalle besitzen auf besondere anschauliche Weise die kubische Form. Sie sind ein Ausdruck für das Salzhafte, das Erdenelement. Der Honig hingegen kommt aus dem Blütenmeer und regt das kosmische Element an.

Häufig glaubt man, dass der Genuss von Zucker das Nervensystem stärkt. In Wirklichkeit ist aber eine Schwächung mit dem Zuckergenuss verbunden, da das Bewusstsein sehr einseitig mit der süßen Substanz angeregt wird.

Allgemein wird im Yoga der Zuckergenuss nicht unbedingt als schlecht eingestuft. Für diese hier getätigte Betrachtung jedoch lässt sich der weiße Kristallzucker nur sehr schwer integrieren, da er durch seine zu starke süße Reizwirkung meist ein Ungleichgewicht in jede Speise bringt. Auch führt der häufige Zuckergenuss leichter zu Wassereinlagerung im Gewebe.

Honig-Salz-Brot
Aus den Zutaten Getreide, Honig, Salz und Wasser entsteht durch spontane Gärung über einen sehr langen Zeitraum geführt eine optimale Verbindung und ein Aufschluss des Getreides.

Das Fermentbrot in der Weiterentwicklung von Monika und Thomas Lepold aus Frankfurt-Oberursel (Kontaktadresse siehe Anhang) ermöglicht eine der bestmöglichen Verarbeitungsweisen von verschiedenen Getreidesorten zu einem stabilen wie auch durchlichteten und zentrierten Brot.

Unsere Zeit ist geprägt von sehr großem intellektuellen Wissen und einem äußeren Selbstbewusstsein. Dem Menschen aber fehlen die Weite und Tiefe im Wissen, die Weisheiten der höheren Erkenntnisse sowie auch die Kräfte des inneren Stoffwechsels. Der Honig aber eröffnet ein weiteres und tieferes Bewusstsein und gibt eine Anregung zu einem sehr intensiven, dynamischen Kräftewirken im Stoffwechsel. Das Getreide gibt die Kraft im Herzen und die Weisheit im Gedankenleben, denn ohne dieses hätte der Mensch sicher nicht die geeignete Substanz, der Entwicklung mit ihren Anforderungen förderlich gegenüberzutreten. Bei allen Gerichten, besonders aber beim Getreide, soll man die natürliche Süße schmecken. Gibt man eine Spur Honig dazu, so strömt die Weite des Blütenmeeres in die Kraft der Körner hinein. Es sollte aber keine allzu große Menge Honig verwendet werden, denn dieser Stoff ist sehr wertvoll und bereits eine geringe Menge genügt, um das Schmecken zu einem dynamischen Kräftespiel anzuregen und damit das Leben ein kleines Stück dem Kosmos näher zu führen.

Eine sehr kraftvolle Verbindung lässt sich durch Getreide und Honig erzeugen. Das Brot ist ein Urbild der Nahrung. In ganz frühen Zeiten der Menschheit hatte es noch eine breiförmige Konsistenz. Mit der Entwicklung des Gedankenlebens bekam das Brot immer mehr Form. Schließlich kam der Sauerteig, der das Brot mit dem Element Luft zusätzlich bereichert und somit auch die Verdaulichkeit erleichtert. In unserer Zeit liegt der Beginn einer Epoche von spirituellem Erleben und Geben. Rudolf Steiner hat in seiner Geisteswissenschaft das Honig-Salz-Brot genannt und gleichzeitig die Bedeutung des neuen Brotes für die Zukunft erläutert. Der Honig ist das hinausstrebende, das Salz das zusammenziehende Element. In einem bestimmten Verhältnis zueinander ergeben diese beiden extremen Substanzen eine treibende Kraft für den Brotteig. Die Backfermente wurden nach dieser Idee entwickelt. Der Mensch, der sein Leben bewusst ausrichtet und die tieferen Gedanken der Seele verwirklichen möchte, wird zum Geben aufgerufen und benötigt eine bestmögliche Grundlage, um eine wirkliche Liebe praktisch zu verwirklichen. Der Honig im Brot gibt dem Menschen eine Art Zündfunken, um das weite Feuer des Lebens brennen zu lassen, und das Salz fördert doch wieder das Brot dahingehend, dass es auch ganz als Erdenstoff wahrgenommen wird.

Honig – hinausstrebend

Salz – zusammenziehend

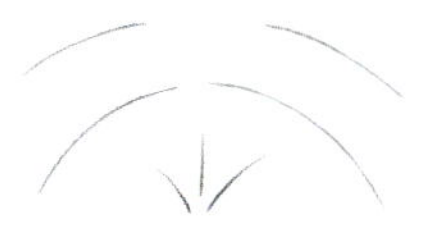

Die Süßungsmittel

Die Frage, welche Substanzen ideale Süßungsmittel darstellen, lässt sich aus einer Schau der ätherischen Kräfte wohl relativ sorgfältig und umfassend beantworten. Die übersinnliche Sichtweise zu den Stoffen ist noch keinesfalls eine wissenschaftliche und wird wohl in ihrer Methodik noch nicht so schnell wissenschaftlich anerkannt werden. Sie schenkt aber eine Möglichkeit der intensiven Annäherung zur Substanzkunde und schließlich auch zu einer beginnenden analytischen Substanzbeurteilung. Wenn jemand die Ätherkräfte in ihren Formen, Farben und bewegungsdynamischen Richtungen schauen lernt, so kann er recht sicher sein, dass dieses typische Kräftewirken, wie es in der Art und Dynamik im Nahrungsmittel erkennbar ist, auch im Menschen seine Fortsetzung erhält.

Die wissenschaftliche Analyse beschäftigt sich meist mit einzelnen Stoffen, wie Vitaminen, Mineralien, Spurenelementen, sekundären Pflanzenstoffen und untersucht diese in ihrem Wirkungsverhältnis zum menschlichen Organismus. Zucker ist ein Kohlenhydrat von kristalliner Struktur. Hauptquellen sind Zuckerrohr und Zuckerrübe. Der Nachteil des gewöhnlichen Kristallzuckers ist jedoch jener, dass er nahezu alle Mineralien, Vitamine und Spurenelemente infolge des Raffinierungsprozesses verloren hat. In diesem Sinne ist die weiße, süße Substanz auf einer Seite frei von Schadstoffen und auf der anderen Seite arm an wertvollen aktiven Mineralien.

Welche Bedeutung nimmt der Zucker als isoliertes Produkt für die Ernährung ein? Diese Frage wird ganz besonders interessant, wenn der Zuckerkonsum über viele Jahre hinweg erfolgt. Das Hauptsüßungsmittel in konventionellen Kuchen und Gebäcken sowie in Getränken bildet der weiße Kristallzucker. Über die Jahre hinweg muss dieses isolierte Produkt auf den gesamten Stoffwechsel und schließlich auf die Aufbauvorgänge des Körpers einen nicht unwesentlichen Einfluss ausüben. Es sind wohl nicht die Kurzzeitwirkungen, sondern die Langzeitwirkungen beim Zuckerkonsum von großer Bedeutung.

Allgemein bildet nach einer ätherischen Schau der weiße Kristallzucker nicht unbedingt disharmonische Formen, jedoch erscheint das Produkt von den Kräftewirkungen nicht integer und die rosafarbenen, bläulichen Ströme, die sich in der Äthersicht zeigen, können im Organismus nicht wirklich ausreichend eine Integration finden. Es ist anzunehmen, dass der langjährige Zuckergenuss die Kalk- und Kieselverhältnisse im Organismus stört und im Laufe der Jahre zu größerer Steifheit und eventuell auch Arterienverkalkung beiträgt.

Die Süße, die das zuckerhaltige Wesen verleiht, braucht der Organismus, und er könnte sie idealerweise im Vollrohrzucker finden. Dieses Produkt, das aus Eindicken, Trocknen und Mahlen des Zuckerrohrsaftes gewonnen wird, wirkt von den Ätherströmen sehr ausgeglichen und die Mitte

Nährwerte Honig, Kristallzucker und Melasse

	Gewicht	Honig	Kristallzucker	Melasse
Eiweiß	g	n.n.	0	1,6
Fett	g	n.n.	0	0,4
Kohlenhydrate	g	81	100	76,2
Ballaststoffe	g	0	0	0
Calcium	mg	5	1	0,5
Eisen	mg	1,3	0,3	17
Vitamin A	mg	1	0	n.n.
Vitamin B 1	mg	0,01	0	0,1
Vitamin B 2	mg	0,01	0	0,2
Vitamin C	mg	5	0	n.n.
Wasser	g	17	0	26

Die Nährwertangaben beziehen sich jeweils auf 100 g und unterliegen den bei Lebensmitteln üblichen Schwankungen.

Wie Wissenschaftler herausgefunden haben, werden Mineralstoffe, die aus Pflanzen stammen, vom menschlichen Körper weitaus besser aufgenommen als mineralische Salze.

Vollrohrzucker ist braun. Brauner Zucker ist im Handel eine Sammelbezeichnung für alle braunfarbenen Zucker, wobei dunklere Farbstoffe auch nachträglich dem weißen Rübenzucker zugesetzt sein können.

Acrylamid wird als gesundheitsschädigender, kanzerogener Stoff eingestuft, der bei Erhitzung von kohlenhydratreichen Lebensmitteln über 120 °C entsteht. Auf der anderen Seite ergaben weitere Forschungen, dass sich unter Zugabe von Vitamin C oder E die Bildung von Acrylamid stark reduziert bzw. fast verhindert wird. Weiterhin werden schonende Verarbeitungsverfahren, wie die Vakuumverdampfung (Wasser verdampft so schon bei niedrigerer Temperatur), statt des normalen Erhitzens bei der Zuckergewinnung praktiziert.

des Menschen fördernd. Allgemein kann die Süße des Vollrohrzuckers das Herz und die Lungen sehr günstig stärken. Einerseits schneidet im ersten Moment die Süße das Gewebe in zwei Teile auseinander, aber in unmittelbarer Folge findet auf harmonische und ausgeglichene Weise die Seele besser in ihren Leibzusammenhang. Diese Wahrnehmungen sind natürlich esoterischer Art und können in diesem Sinne noch nicht wissenschaftlich sofort nachgemessen werden. Das Süße jedoch gibt, je harmonischer es gewählt wird, dem Menschen eine Einkehr in seine ruhige Innerlichkeit und auch in seine ausgeglichenen Atemprozesse. Das Geschmackserleben einer harmonischen Süße fördert deshalb nicht das Egohafte des Menschen, sondern mehr ein gesundes Mitten- und Selbstempfinden.

Ein sehr gutes Süßungsmittel bildet auch das Gerstenmalz. Das Gerstenmalz enthält sehr viele Mineralien. Der Unterschied zum Vollrohrzucker besteht aber darin, dass es weniger die Bewusstseinskräfte des Menschen, sondern mehr die aufbauenden Stoffwechselprozesse anregt und wie ein Kraftelixier zu werten ist.

Die Melasse, die das Abfallprodukt der Zuckergewinnung darstellt, hingegen ist kohlrabenschwarz. Sie ist weniger ein Süßungsmittel, sondern mehr ein Heilmittel. Die Schadstoffbelastung ist jedoch neben ihrem reichen Mineralstoffgehalt durchaus bedenklich. Sie enthält durch den Verarbeitungsprozess einen hohen Acrylamidanteil und sollte deshalb im Zusammenhang mit Obst und Zitronensaft eingenommen werden. Auch sollte unbedingt auf eine biologische Grundlage Wert gelegt werden.

Der Ahornsirup ist mehr als Diätmittel geeignet, da er weitaus weniger Kalorien hat. Über längere Zeit verwendet, wird er wohl die süße Grundlage nicht ausreichend ersetzen können. Apfeldicksaft oder Zuckerrübensirup sind allgemein sehr mineralstoffreich und kräftigend, jedoch kommen sie nicht ganz an das harmonische Gleichgewicht, wie es der Vollrohrzucker liefert, heran. Der Honig selbst als Süßungsmittel ist fast zu schade, da er, wie bereits beschrieben, mehr ein Heilmittel für den Menschen darstellt.

In der Gesamtsumme einer gesunden Ernährungsplanung ist in den Speisen eine milde Süße durch natürliche Süßungsmittel oder allgemein durch Trockenfrüchte und süße frische Früchte erstrebenswert. Die natürliche Süße mit ihrer harmonischen Abstimmung verleiht die beste Grundlage zu einem Selbstempfinden und natürlichen Gefühl gegenüber dem eigenen Körper.

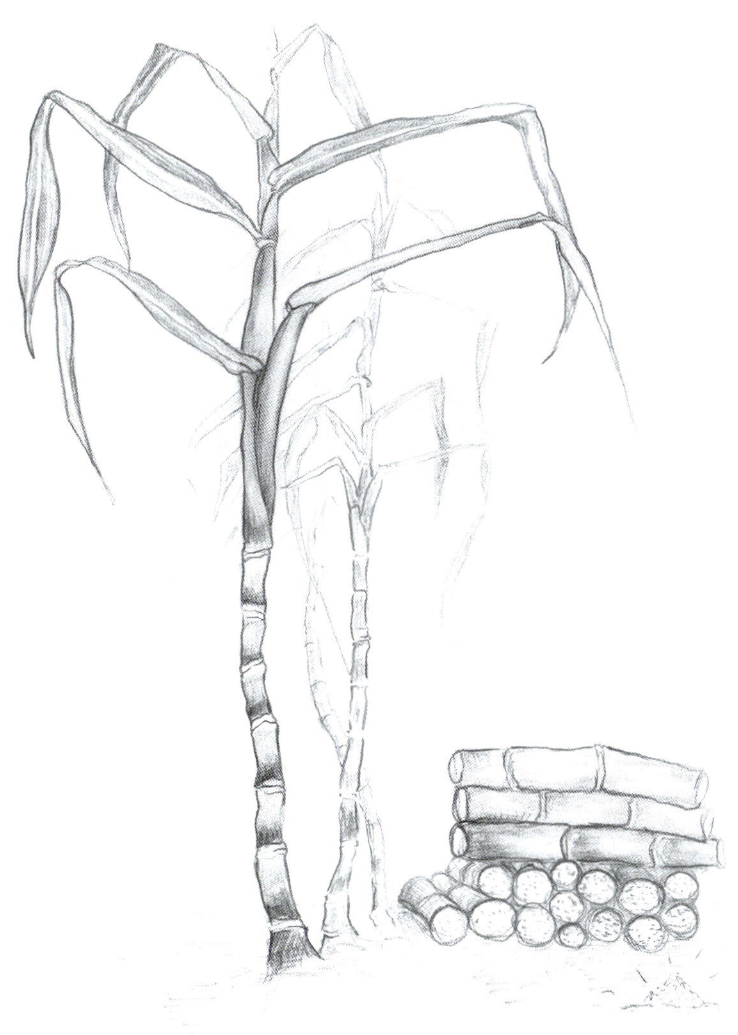

Heiße Melasse mit Zitronensaft
Die Kombination mit Zitrusfrüchten ergänzt die Melasse mit dem so wertvollen Vitamin C, das die belastende Wirkung von Acrylamid stark reduziert.

Zuckerrohr ist eine Pflanze aus der Familie der Süßgräser und hat ihren Ursprung in Ostasien. Sie wird heute in allen klimatisch geeigneten Regionen angebaut.

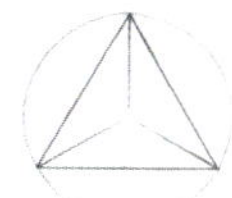

Die Gewürze und Kräuter

Kochen mit den verschiedenen Gewürzen ist eine wahre Kunst. Hier sind für den Menschen der Zukunft jene gewaltigen Möglichkeiten einer schöpferischen Küchenpraxis offen. Das menschliche feine Gefühl für Harmonie und Gesundheit kann beständig wachsen und die vielseitigen Möglichkeiten zu einer ästhetischen Zubereitungskunst vervollständigen. Die Gewürze sind beispielsweise aus der Familie der Lippenblütler, *Lamiaceae*, der Majoran, Salbei, Rosmarin, Basilikum, Thymian, Bohnenkraut, Ysop und Oregano wie auch die Melisse und die Pfefferminze. Von den ölhaltigen Samen, die meist aus der Familie der Doldenblütler, *Apiaceae*, stammen, sind hauptsächlich Kümmel, Fenchel, Anis, Koriander und Kreuzkümmel zu nennen. Aus dieser Pflanzenfamilie kommen auch die Petersilienblätter, der Kerbel und die Korianderblätter, welche als die „Petersilie des Ostens" bezeichnet werden könnten. Fernöstliche Gewürze sind der so intensive Gelbwurz (Kurkuma), der Zimt, die Ingwerwurzel, der Kardamom, die Vanille, Paprika und auch der natürlich sehr bekannte Pfeffer. Auch die Curryblätter aus der indischen Küche sind sehr erwähnenswert. Die Auswahl an jenen Stoffen, die früher hoch im Handelskurs und edel in der Gunst des Menschen standen, ist umfassend und es sind mit ihnen sehr vielseitige kreative Möglichkeiten gegeben.

Ein edles Gewürz ist der Lorbeer, der gerade beim Mitkochen den Getreidespeisen eine aromatische Note verleiht.

Lorbeerzweig

Ein Getreidegericht oder auch eine Gemüsespeise ist ohne Gewürz schwerer verdaulich. Die Gewürze in ihrer spezifischen Bedeutung haben die wohlwollende Eigenschaft, dass sie die Natur des Nahrungsmittels auf sanfte Weise mit ätherischen Ölen, Harzen oder Aromastoffen durchdringen und sie auch zu verändern vermögen. Sie führen die Speisen dem Verdauungsvorgang näher. Eine gute Küche benötigt deshalb eine reichhaltige Auswahl an Gewürzen. Dabei sollte man beachten, dass man nicht erst am Ende, nach dem Kochen, das Gewürz passiv hinzufügt, sondern dass man es im richtigen Moment in den gesamten Gestaltungsprozess der Zubereitung miteinbezieht, denn das Gemüse oder Getreide sollte sich nicht nur an der Oberfläche, sondern im ganzen Geschmack mit dem Gewürz verbinden. Dann, wenn das Würzen im richtigen Maße und in der Qualität der Auswahl gelingt, entsteht ein in der Harmonie gesteigertes Gericht. Verbindet sich beispielsweise der Salbei mit Gerste, so entsteht eine milde, anregende Komponente, und das ganze Essen erscheint um eine Stufe näher zum Menschen hingeführt. Eine gute Hand für die richtige maßvolle und qualitative Auswahl der Kräuter und Gewürze kann durch Erweiterung der Kenntnisse, durch Erfahrung und einfühlsames Spüren schon nach kurzer Zeit entwickelt werden.

Der Pfeffer ist in westlichen Landen eines der gebräuchlichsten Gewürze. Im sinnvollen Maße verwendet, eventuell kombiniert mit einigen wenigen anderen grünen oder auch ölhaltigen Gewürzen kann er sich sehr gut in den Speiseplan einfügen. Allein verwendet fügt er sich weniger gut ein und bringt gerne Reizerscheinungen für das Nervensystem hervor.

Sowohl die ayurvedische Kochkunst als auch allgemein jede gute Ernährungslehre empfehlen die Gewürze für die verschiedenen Speisen. Alle Getreidespeisen erhalten erst durch das Würzen einen belebenden, erhebenden und blütenhaften Charakter. Manche Gewürze bringen eine stark anregende Wirkung auf die Stoffwechselprozesse, andere dagegen

Je nach Tageszeit bildet der Rosmarin in seiner Ätherform mehr Sternchen aus (Kieseldynamik) bzw. saugt er das Blau als Farbe des Lichtäthers direkt in sich auf.

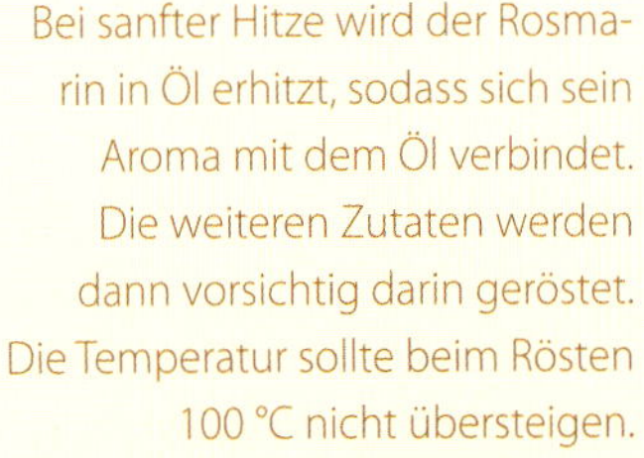

Bei sanfter Hitze wird der Rosmarin in Öl erhitzt, sodass sich sein Aroma mit dem Öl verbindet. Die weiteren Zutaten werden dann vorsichtig darin geröstet. Die Temperatur sollte beim Rösten 100 °C nicht übersteigen.

besitzen einen sanften, dämpfenden Charakter mit harmonisierender Wirkung auf die Drüsentätigkeit und Nerven. Es liegt nahe, dass der Koch den Phlegmatiker mit feurigen Gewürzen wie Curry, Ingwer oder Paprika belebt und den zappeligen Sanguiniker mit milden Gewürzen wie Anis, Fenchel oder Koriander in seinem Gemüt harmonisiert.

Wie ist die Wirkung, wenn ein Gewürz wie beispielsweise Oregano einem vollwertigen Nudelgericht hinzugefügt wird? Bestreut jemand beispielsweise die bereits servierte Speise nur mit einigen Prisen Oregano, so verbindet sich in der Regel dieses stark blütenhafte, aromatische Kraut nicht mehr mit den Vollkornnudeln. Aus diesem Grunde erscheint es besser, wenn es in eine Soße oder in eine letzte Phase des Hitzeprozesses eventuell mit einem guten Öl einbezogen wird, sodass sich das Aroma nicht nur nach außen, sondern auch bis hinein in die Speise niederschlägt. Das Öl sollte jedoch nicht zu sehr erhitzt werden, damit es keine schadhaften Stoffe produziert. Solange es auf 80 bis 100 Grad kurz erwärmt wird, erhält es noch seine dynamische Lebendigkeit. In dieser Phase nimmt es das Gewürz auf sehr lebensvolle und gute Weise auf.

Am besten ist die Küchenpraxis mit Gewürzen verständlich, wenn sich der Praktizierende jener Vorstellung hingibt, dass er ein Gericht überwürzt oder durch eine ungeordnete Mischung von Gewürzen einseitig überlädt. Wie wirken die Empfindungen, wenn jemand eine solche überladene und überwürzte Speise zu sich nehmen muss? Er erlebt nicht mehr das eigentliche Grundnahrungsmittel, sondern vielmehr die irritierende, aufdringliche Behauptung der Gewürze. Ein Essen auf dieser Grundlage würde seinen Nerven schaden und ihn im Organischen schwächen. Sowohl ein überwürztes, einseitig überladenes Gericht wie auch eine ungewürzte Speise, die ihre stoffliche Schwere demonstrieren kann, bringen diverse Unstimmigkeiten.

Das Würzen als Kunst erweckt das Harmoniegefühl für die Substanz. Vielleicht wäre es zu viel, wenn man bei Verwendung der Gewürze von der alchimistischen Küchenpraxis sprechen würde, denn die Transsubstantiation findet durch die Gewürze noch nicht ausreichend statt. Jedoch können durch die Gewürze harmonische Gleichgewichtszustände in der Speise entwickelt werden. Damit aber der Koch diese Harmonie erfährt, muss er sowohl die Maßeinheit, das heißt die quantitative Verwendung, als auch die qualitative Verwendung ausreichend experimentell ergründen und auf dieser Basis zu einer guten, gehobenen Küchenpraxis hinarbeiten.

Es ist günstig, wenn man von einem Standpunkt des geistigen Wahrnehmens beobachtet, welcher Vorgang auf welche Weise bei der Verwendung des Gewürzes im Kochprozess beginnt. Die aromatischen Blätter oder die stark würzigen orientalischen Stoffe greifen förmlich willentlich die Getreide- oder auch die Gemüsesubstanz an. Sie attackieren mit einer Art Zugriff den Getreidestoff oder das Gemüse. Selbst Zimt oder Ingwer, auf eine Obstschnitte hinzugefügt, attackiert die rohe Fruchtsubstanz. Indem das Gewürz diese Fähigkeit durch seine aromatische und

Die Ingwerwurzel mit ihrer Ätherkraft, die sich sehr dynamisch, leicht zur Verdichtung und Konzentration zeigt. Die Farbe wirkt wie gelblich und leicht rosa.

Nicht erwähnt wurden der Meerrettich und der Senf. Diese beiden Gewürze mit ihrem stark schwefligen Charakter helfen manchmal bei Migräne. Werden sie für eine Speise verwendet, so können sie auf intensive Weise die Verdauung stärken und die Assimilation der Nahrungssubstanz wesentlich fördern.

Die Transsubstantiation entspricht einem Verwandlungsprozess. Eine Steigerung in einen neuen, höher transformierten Zustand findet schon durch das Erhitzen von Flüssigkeiten beim Kochen statt. Über diese chemischen und physikalischen Prozesse hinaus kann auch eine Substanzerhöhung auf einer feinstofflichen, nicht sichtbaren Ebene durch den Wärmeäther des Menschen erfolgen.
In der Brotbereitung mit Fermenten und sinnvoller Hitzeanwendung im Backprozess wird beispielsweise der Wärmeäther, der im Getreide enthalten ist, auf eine höhere Stufe angeregt.

Die Ätherform des Basilikums in der Zeichnung deutet eine ausstrahlende, flammenbildende, stark stoffwechselanregende Wirkung an. Die gelben Linien zeigen diese anregende Wirkung, während die blauen die zentrierenden Lichtätherwirkungen andeuten.

Am Koriander lässt sich allgemein eine sehr starke und harmonische Lichtäthertätigkeit feststellen. In der Küchenpraxis werden meist nur die getrockneten Koriandersamen als Brotgewürz verwendet. Im Allgemeinen empfiehlt sich aber auch die Verwendung der Korianderblätter für Speisen.

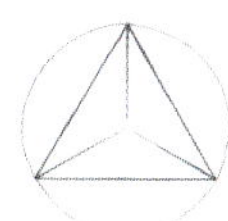

stoffwechselfreudige Wirkung entfaltet, setzt sich auch im Inneren des Menschen die Fähigkeit fort, das Leben besser zu ergreifen, es willentlich mehr in die Hand zu nehmen. Nicht nur, dass das Verdauungssystem durch eine rechte Verwendung der Gewürze angeregt wird, es wird das ganze menschliche Willenssystem, das aktive Wollen des Menschen zu besseren Impulskräften erweckt. Bei Krankheiten wie Osteoporose können ganz besonders die Lippenblütler als Gewürzfamilie einen begleitenden oder auch prophylaktischen Beitrag geben. Indem das Willenssystem ausreichend angeregt wird, kann auch der gesamte Kalkstoffwechsel günstiger in der Entwicklung ergriffen werden.

Die grünen Gewürze sind außerordentlich kalkhaltig. Sie können durch ihre blütenhaft-aromatische Wirkung den Kalkstoffwechsel befeuern.

Auf der einen Seite schenkt das Gewürz Harmonie und auf der anderen Seite kann die rechte Verwendung dieser so wertvollen aromatischen Stoffe eine Willenserkraftung im Menschen fördern. Auch das Sinneserleben wird zu einem gewissen Grade durch das Gewürz angesprochen und erweckt. Es ist eine gute Schulung für jeden Menschen, sich mit dem Geschmackserleben und der möglichen harmonischen Zubereitungskunst auseinanderzusetzen. In der Harmonie der Speise, die anregend auf die Sinne und ausgleichend auf das Gemüt wirkt, begegnen sich nahezu auf höherer Ebene alle Kulturen, sowohl die östliche makrobiotische, die indische ayurvedische und die westlichen verschiedenen Länderkulturen.

Je mehr sich ein Mensch geistig entwickelt, desto weniger Ansprüche wird er an das Leben stellen. Er wird wohl nicht Kaviar und Trüffel bevorzugen, sondern die Substanz und ihren wirklichen Wert. Er wird vom ganzen Luxus des Lebens nur das für ihn wirklich Notwendige nehmen und eine Steigerung nicht in einer Gourmetküche sehen. So wird er auch die Nahrung nicht in ein exzessives Stadium mit immer mehr Reizen und außergewöhnlichsten Schlemmereien führen. Die Gewürze und auch die Kräuter des Gartens wollen nicht zu viel und nicht zu wenig Verwendung erhalten, sondern sie wollen die Stoffe der Grundnahrungsmittel zur Erde und zur Ruhe führen. Eine Speise, die durch Gewürz oder durch Gewürzstoffe lichtvoll erhoben ist, schmeckt in der Regel nicht wie eine sogenannte Schlemmerei. Sie spricht weniger das ekstatische emotionale Lebensgefühl an, sondern das wirkliche Sinnesgeschmacksempfinden und beruhigt bereits auf dieser Grundlage die Nerven. Das wirkliche Erleben einer Speise kann ein recht deutlicher Entwicklungsweg werden, den man gerade in jüngerer Zeit wieder bei immer mehr Menschen beobachtet. Eine substanzielle Kost aus Getreide und Gemüse muss man eventuell erst wieder verdauen lernen, denn wenn man sehr viel Zucker, Fleischwaren oder sehr viele denaturierte Produkte, wie beispielsweise Ketchup, zu sich genommen hat, verliert man den natürlichen Geschmackssinn. Für denjenigen, der gerade seine Ernährungsweise auf neue Grundlagen umstellt, können die Gewürze eine wahre Hilfe sein, denn durch die Gewürze werden ihm die Speisen besser schmecken und ihm auch nicht schwer im Magen liegen. Aber auch für den langjährigen Vegetarier, der ebenfalls leicht zu Einseitigkeiten neigen kann, bringen die Gewürze immer wieder neue Möglichkeiten zur Verfeinerung der Gerichte.

Auch Salate bedürfen des Gewürzes. Bekannt ist natürlich das Basilikum, weiterhin können aber auch andere Gewürze, eventuell mit einem kürzeren Wärmeprozess verbunden, für allerlei Salate Verwendung finden. Sehr angenehm sind beispielsweise auch gekochte Selleriescheiben, die intensiv mit Kräutern und eventuell etwas Essig oder Zitronensaft und Öl als Brotbelag serviert werden. Aber auch Käse ist mit Gewürzen, ebenfalls mit Essig oder Öl kombiniert, leichter verdaulich als im ungewürzten Zustand. Der Pfeffer sollte bei Käse wie auch bei einem Ei nicht fehlen.

Nach einer geistigen Schau lässt sich am Petersilienkraut eine formende, zentrierende, stark zentripetale Wirkung mit gleichzeitig ausstrahlender Kraft beobachten. Diese greift sehr stark in die Materie ein. Man sollte die Petersilie in Maßen anwenden, das heißt man sollte sie nicht wie grüne Salatblätter verwenden.

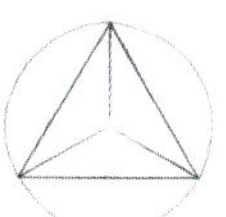

Die Petersilie zur Herztherapie und die anziehende Wirkung des Ätherleibes

Die Blätter der Glatten Petersilie

Die Petersilie wirkt besonders formgebend auf das Herzorgan. Ihr leicht zusammenziehender Geschmack regt einerseits das Gedankenleben und andererseits die formbildenden Kräfte zur harmonischen Gestaltung im Körper an. Neben dieser formgebenden Wirkung der gewöhnlichen rundblättrigen Petersilie besitzt diese auch eine große Menge an Kalium und fördert über diese Komponente den Fluss aller wässrigen Substanzen. Sie kann über diesen Weg eine leichte Gewichtsreduzierung herbeiführen.

Der übertriebene Konsum eines Gewürzes, sei es Basilikum, sei es Petersilie oder beispielsweise auch die scharfe Chilischote, ist keinesfalls anzuraten, da das Körpermilieu unnötig in ein Ungleichgewicht geführt werden würde. Die Petersilie eignet sich ganz besonders im Zusammenhang mit Karotten, Getreide oder auch verschiedenen Brotaufstrichen oder nur mit Essig und Öl als leicht zusammenziehende geschmackliche Beigabe zu allen Gerichten.

Kalium, das in der Petersilie in hohem Maße vorhanden ist, kann man nach einer geistigen Sicht als das feine flüchtige Metall bezeichnen, das die Bewegungen des Äthers im Menschen und auch im weiteren Sinne sogar ausstrahlend um den Menschen herum aufrecht erhält.

Grundsätzlich besteht bei der Nahrungsaufnahme eine falsche Vorstellung, die für die zukünftigen Jahre und Jahrzehnte einer dringendsten Erweiterung oder, besser gesagt, sogar Überholung bedarf. Wenn jemand ein Gewürz wie beispielsweise die Petersilie isst, so nimmt er sehr viel Vitamin C und das so wertvolle Kalium in großen Mengen auf. Man könnte der Versuchung des Denkens nun verfallen und die Nahrung nur noch nach ihrem stofflichen Gehalt untersuchen. Die besten Nahrungsmittel wären demnach auch die vitamin-, protein- und mineralstoffreichsten und deshalb müsste man gerade auf diese den meisten Wert legen.

Der Lichtäther zeigt empfindungsmäßig eine ins Räumliche ausstrahlende Weite, während der Wärmeäther Rundungen und Umkreiswirkungen entfaltet.

Die Petersilie wird in sanfter Weise fein gehackt und findet in der Küche eine vielseitige Verwendung. So lässt sie sich gut den Karotten beimengen und unterstützt damit die zusammenziehende, vitaminöse und mineralische Tendenz und fördert die Gesamtharmonie der Speise.

Verhält es sich aber nicht gerade in jener Eigenart, dass der Konsument sowohl beim Essen gewisse Empfindungen wahrnimmt als auch noch Stunden nach der Nahrungsaufnahme ein ganz spezifisches Empfinden bei sich erspürt? Während des Essvorgangs wenden sich die Sinne bewusst oder unbewusst den einzelnen Geschmacksrichtungen hin und knüpfen auf diese Weise eine Beziehung zu den Licht- und Wärmekräften des Kosmos. Die Sinne streben mit der Berührung der Zunge oder bereits nur mit der Ambition, etwas essen zu wollen, in die Weite nach außen.

Diese Weite bleibt aber noch intensiver und unmittelbarer beim Verdauungsvorgang bestehen, wenn der Sinnesprozess bereits abgeschlossen ist und die Nahrung im Inneren der Organe metabolisiert wird. Jene Ätherkräfte, die einmal mit dem Kosmos in die Pflanze hineingedrungen sind oder an ihr gearbeitet haben, arbeiten nun ebenfalls wieder aus der Weite eines Gesamten im Menschen wie eine Sonne mit ihrem Licht von außen und prägen das Innere im genau spezifischen Sinn. Nach der stofflichen Einschätzung metabolisieren sich Kohlenhydrate, Eiweiße, Fette, Spurenelemente und Vitamine von innen, während das Kräftewirken durch den einverleibten Stoff weiterhin von außen angezogen wird. Die Eingebundenheit in die Sphäre eines großen gesamten Energie- und Dynamisierungsprozesses ist deshalb immer gegenwärtig. Je nachdem welche Nahrung der Einzelne zu sich nimmt, zieht sein eigener Stoffwechsel weiterhin die entsprechenden Ätherkräfte aus dem Kosmos und aus der Umgebung an.

Nimmt jemand beispielsweise ein Getreidegericht mit den Gewürzen Kreuzkümmel, Fenchel und Anis zu sich, so arbeitet nach der Nahrungsaufnahme nicht nur sein Stoffwechsel abgeschlossen für sich, sondern seine inneren Bewegungen ziehen weiterhin die Ätherkräfte, die mit dem Anis, den Fenchelsamen und dem Kreuzkümmel, die auch mit der jeweiligen Getreideart verbunden sind, an und binden den Menschen in eine ganz spezifische Gefühls- und Empfindungswelt ein. Unbewusst und nur für das geistige Auge sichtbar erscheint dieser ätherische Anziehungsprozess.

Zusammenfassend lässt sich diese metaphysische Komplexität deshalb dahingehend beschreiben, dass eigentlich nicht allein die Verdauung mit der Stoffumsetzung den Menschen bestimmt, sondern dass vor allem die ätherische Anziehung, die bestimmte kosmische Kräfte fortwährend mit dem Leibe in Verbindung bringt, das weitere Gefühlsleben und das Wohlbefinden des Menschen nach der Nahrungsaufnahme determiniert.

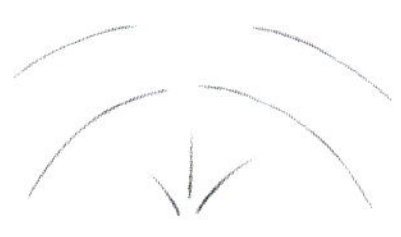

Der Essig als Gewürz

Ein guter biologischer Obst- oder Weinessig ist als Gewürz zu vielen Gerichten sehr gesund. Allgemein darf dem Essig eine prophylaktische Wirkung gegen die Krebskrankheit zugeschrieben werden.

Betrachtet jemand eine Speise, die beispielsweise gut mit Essig gewürzt ist, so kann er sehen, wie diese eine ätherisierende Dynamik gewinnt, die das Bewusstsein des Menschen förmlich nach außen treibt. Der Essig lässt den Menschen nicht nach innen sinken, in seinen eigenen, scheinbar sicheren Boden, sondern fördert ihn dahin, sich mit seiner Aufmerksamkeit nach außen zu orientieren. Während ein schweres Gericht den behäbigen Kräften, die sich bis zur sogenannten ignoranten Selbstzufriedenheit steigern, dem sogenannten *tamas*, wie es nach der ayurvedischen Medizin bezeichnet wird, sehr leicht einen Dienst erweist, überwindet der Essig durch seine ätherisierende, nach außen treibende Kraft die eigene Körperwelt.

Nicht nur Salate, sondern ganz besonders Käse oder schwerere Speisen sollten eine dynamische Ergänzung durch den guten biologischen Essig erhalten. Eine Speise steigt von *tamas* zu *rajas* und schließlich durchaus bis zu *sattva* durch das Hinzugeben des Essigs auf. Ein Salat ist viel zu schwer verdaulich, wenn er nicht ausreichend mit Essig durchtränkt wird.

Das ätherische Bild zeigt, wie sich durch die Essigkomponente eine förmliche Schubkraft zur Weite entwickelt, fast wie Flammen, die nach außen drängen und eine größere Umkreissphäre eröffnen.

Man kann eine Ahnung gewinnen, wie die Sphärenkräfte durch die Zubereitung mit Salz, Essig, Öl und Gewürzen aufsteigen.

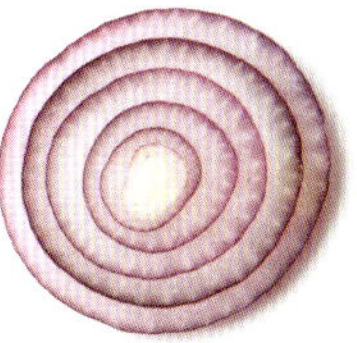

Die linke Zwiebel wurde kurze Zeit in Essig eingelegt. Sie scheint sich stärker nach außen zu „verströmen". Deutlich ist zu sehen, wie sich die Farbe in einen aufhellenden Ton verwandelt.

Der Essig zeigt eine verwandelnde Kraft, die sich in der Farbveränderung und auch im Neutralisieren des Schwefelgehaltes zeigt. So lässt sich die rohe Zwiebel in Verbindung mit Essig, Öl und Salz als Brotbelag oder in Kombination mit Getreidespeisen verwenden und gibt ein würziges Aroma. Der Essig selbst besitzt wertvolle Säuren wie Essigsäure und Zitronensäure (unterstützende Wirkung des Kalkstoffwechsels) und des Weiteren beinhaltet er Kalium, Magnesium und Zink. Essig wirkt außerdem geringfügig antiseptisch und kann gerade bei Rheumakranken einen wertvollen Dienst leisten, denn das Rheuma benötigt zur Heilung eine Lichtdynamik.

Über das Trinken

Von den meisten Therapeuten wird als Sollmenge für den Tag zwei Liter, oftmals sogar drei Liter Flüssigkeit vorgeschlagen. Diese Menge ist nahezu unvorstellbar groß. Sehr leicht lassen sich viele Personen von dieser Angabe antreiben und trinken fast wie automatisiert die Getränke in sich hinein. Allgemein herrscht ein Bewusstsein, dass der Körper durchaus sehr gut durchspült sein sollte und dass sich durch die Zufuhr von viel Flüssigkeit die Ausscheidungstätigkeit von Toxinen leichter vollzieht. Für eine gesamte tiefere Betrachtung stellt sich aber die entscheidende Frage, ob diese Denkansätze für die Gesundheit einen dauerhaften Vorteil bewirken können. Besteht nicht gerade in der Betrachtung des Ausscheidungssystems, die sich sehr stark an der Idee orientiert, dass man Organe wie vor allem die Nieren ganz besonders gut durchspülen müsse, eine doch sehr einseitige materielle Vorstellung? Wie wirken die Flüssigkeiten, so stellt sich die Frage auf tieferer Ebene, wirklich im gesamten Körperhaushalt?

Als beste Getränke eignen sich der Tee und das Mineralwasser und ergänzend auch sicher die verschiedenen Fruchtsäfte. Die bewusste Ernährungsweise ist ein Weg, der eine ästhetische Formung des Lebens erstrebt, und so ist es notwendig, dass sich das Herzensfühlen mit dem wirklichen Wissen über die tieferen Bedeutungen der einzelnen Nahrungsmittel und auch über die einzelnen Möglichkeiten der Zufuhr von verschiedenen Flüssigkeiten ergibt. Der sehr materielle Gedanke, dass der Körper außerordentlich viel Flüssigkeit bedarf, erweist sich für eine ganzheitliche und auch von Spiritualität begleitete Betrachtungsweise als einseitig.

Der Mensch braucht einerseits eine gewisse Menge an fester Nahrung. Diese dient zum Aufbau seiner Körperlichkeit und auch zur Erhaltung seiner Konzentration und Gedankenkraft. Feste Nahrung wie beispielsweise Brot, Getreide und ganz besonders auch die kompakteren Gemüsesorten fördern eine Art Konzentrationsbildung im Körper. Je mineralischer eine Nahrung tatsächlich ist, desto mehr entwickelt der Mensch an dieser eine gedankliche Aktivität.

Gleichzeitig ist aber andererseits auch eine gewisse Menge Flüssigkeit für die Drüsentätigkeit, für die natürliche Schweißbildung und die Blutverdünnung notwendig. Je weniger Flüssigkeit der Mensch zu sich nimmt, desto weniger arbeiten in der Regel die Schweißdrüsen und allgemein kann es sein, dass sich tatsächlich leichter Verfestigungen wie Nierensteine und Ablagerungen in Geweben bilden. Die Theorie aber, dass eine erhöhte Zufuhr von Flüssigkeit der Anregung der Drüsentätigkeit dienen würde, die dann im weiteren Verlauf die Ausscheidungsfähigkeit des Körpers erhöhen könne, ist aber deshalb so einseitig, da sie auch sehr schnell wieder eine Schwächung hervorbringen kann, wenn man zu viel Flüssigkeit zu sich nimmt. Beispielsweise reduziert sich die Magensäure

Zitronenmelisse
Tees eignen sich als Getränk und besitzen je nach Kombination bestimmte Heilwirkungen. Zitronenmelisse beispielsweise wirkt beruhigend auf die Magen- und Verdauungsregion und daher indirekt auch auf die Nerven.

Fruchtsäfte sind ein sehr gutes Lebenselixier. Es wäre aber nicht anzuraten, dass man sie als reine Durstlöscher trinkt, denn sie sind essenzielle Energiespender, die man gezielt, eventuell täglich und in Begleitung zur allgemeinen Kost zu sich nimmt. Mit dem Fruchtsaft nimmt man die Essenz einer Frucht auf. Dabei sollte man unbedingt biologische Säfte wählen.

Bild gegenüber:
Hibiskustee mit Rosmarin, Thymian und etwas Honig
Dieses Teerezept empfiehlt sich zur Förderung eines gesunden Schlafes ganz besonders, wenn man einen guten Löffel Zuckerrohrmelasse hinzugibt.

Viele Heilkräuter wie die Brennnessel und die Schafgarbe bieten sich zur Teebereitung an. Die Ätherwirkung der Brennnessel ist grazil, mit feinen, lichten, nahezu wärmehaft anmutenden runden Entitäten. Diese besitzen einen eher bläulichen Charakter.

Bei der Schafgarbe zeigt sich eine relativ stark zentrierende, zentripetale Wirkung des Äthers. Diese Beobachtung wurde am Abend gemacht. Am Morgen hingegen wies sie mehr ein Gleichgewicht zwischen zentripetalen und zentrifugalen Kräften auf.

in ihrer Abwehrtätigkeit gegenüber Bakterien und Viren, wenn das Milieu mit einem Zuviel an Trinken geschwächt und im wahrsten Sinne erweicht wird. Es ist jemand beispielsweise auf einer Reise in fremde Länder besser gegen Viren und Bakterien gerüstet, wenn er wenig Flüssigkeit zu sich nimmt. Wo kann nun die Wahrheit liegen? Liegt sie im vielen Trinken oder in der Enthaltung von größeren Mengen Flüssigkeiten?

Grundsätzlich ist aus einer spirituellen Sicht die Zufuhr von Flüssigkeit, beispielsweise von Wasser, wie eine ätherisierende, belebende und dadurch im wahrsten Sinne energieanreichernde Maßnahme zu verstehen. Die Leber ist das Organ, das sehr stark mit dem Flüssigkeitsorganismus korrespondiert und eine möglichst ausgeglichene und gute Quantität von Flüssigkeiten im ganzen Leib organisieren möchte. Das Trinken muss eigentlich viel mehr als belebende Energetisierung betrachtet werden und erst sekundär als eine Möglichkeit dafür, dass aufgrund von einer aktiven Ätherisierung auch eine gute Ausscheidung erfolgen kann.

Die dritte und nicht bekannte Nahrung bildet die Atemtätigkeit im Menschen selbst. Diese ist mit dem luftigen, das heißt mit dem noch freieren oder nahezu immateriellen Element des Daseins verbunden. Je mehr jemand in freier Weise atmet und auf sinnvolle Weise in Beziehung zum Leben tritt, desto günstiger ernährt er sich über den Luftweg. Auf diese Ernährung über den Luftweg entstehen in der Regel auch günstige Ausscheidungsprozesse. Das Ausscheidungssystem ist nahezu mehr mit der Art und Weise des Atems verbunden als mit dem Flüssigkeitsorganismus.

Die feste Nahrung dient zunächst einmal dem Aufbau des Körpers. Auch für das Seelenleben benötigt der Mensch die Zufuhr von fester und durchaus auch mineralischer Substanz. Der Säugling beispielsweise kann nur Milch und dann im Laufe der Zeit schließlich Brei zu sich nehmen. Ein kleines Kind besitzt auch noch keine eigene Gedankenaktivität, sondern es wird ganz von den äußeren Mächten und Kräften der Umwelt geleitet. Mit der festen Nahrung kommt schließlich langsam auch das lernende Bewusstsein in die Geburt.

Die feste Nahrung erhöht in der Regel die Ausstrahlung der Persönlichkeit. Der Mensch wird nicht nur in seiner Körperstruktur kompakter, sondern auch in seiner gesamten psychischen Verfassung zur guten Konzentrationsfähigkeit ausgerichtet. Er entwickelt seine Denktätigkeit durch die Kraft, die ihm auch die Organe und das intakte Nervensystem geben. Die Flüssigkeit hingegen gibt mehr eine energetische, tatsächlich fließende und mehr verbindende Komponente. Sie reinigt die Gewebe und Organe und führt aber auf der anderen Seite ebenfalls zu einer Erkraftung jener Fähigkeit, die richtigen Gedanken, Gefühle und Aktivitäten im richtigen Moment nützen und umsetzen zu können. Die Flüssigkeit gibt dem Menschen im wahrsten Sinne den geeigneten Äther.

Alle Säfte und Körperflüssigkeiten bestehen ja aus dem Grundelement des Wassers. Das Gemütshafte im Menschen, seine Phantasie und seine emotionalen Stimmungen bewegen sich innerhalb dieses Elementes, und wenn es im Gleichgewicht ist, so fühlt sich natürlich der Mensch wohl. Das Trinken sollte deshalb im sinnvollen Maße mit dem Leben abgestimmt werden.

Es ist sehr vorteilhaft, wenn das Trinken bewusst geschieht. Selbst dann, wenn jemand sehr viel Durst hat, sollte er langsam, bedächtig die Flüssigkeit zu sich nehmen, damit er die Organe nicht mit der schnell eindringenden Flüssigkeit überfordert. Ganz besonders das Trinken von kalten Flüssigkeiten wie auch das begierige Trinken können sehr starke Irritationen im Stoffwechsel hervorrufen. Viele zu kalte Getränke können sogar Arteriosklerose und Ablagerungen fördern.

Wird die Ernährung mit Getreide und Gemüse als Grundlage gewählt, so bedarf es in der Regel keiner allzu großen Menge an Flüssigkeit. Wenn man Durst hat, so soll man natürlich trinken. Ein heißer Tee zum Essen bereichert meist besser die Tafel als ein zu kaltes, nicht recht integrierfähiges Getränk. Eine sinnvoll ausgewählte Kost, mit niedrigem Anteil an Milchprodukten und ohne schweres tierisches Eiweiß wird kaum zu Ablagerungen in den Organen und Geweben führen. So erübrigt sich auch die allgemein bekannte Forderung, eine bestimmte Sollmenge an Flüssigkeit zu trinken.

Die vielen Wassereinlagerungen, die heute beim Durchschnittsmenschen gegeben sind und schließlich auch mitunter in Begleitung der Adipositas (Fettleibigkeit) stehen, zeigen, dass der Organismus die Flüssigkeit nicht wirklich bewältigen kann. Eine gute Ernährungsweise mit Beachtung der Atemtätigkeit und der Flüssigkeitszufuhr könnte therapeutisch dem Gesamten sehr gut entgegenwirken.

Der dunkle wie auch der helle Traubensaft enthalten sehr intensiv die Essenz der Frucht.

Dem Traubensaft wird eine reinigende Wirkung auf das Verdauungssystem und allgemein auf den Stoffwechsel zugesprochen.

Wenn jemand Fruchtsäfte sehr gerne als Getränk wählt, so empfiehlt sich die Mischung mit bestimmten Anteilen, etwa bis 50 Prozent, von leicht kohlensaurem Mineralwasser. Die Kohlensäure kann das Aroma des Saftes in seiner sinnesfreudigen Wirkung mehr in das Blütenhafte zurückerheben.

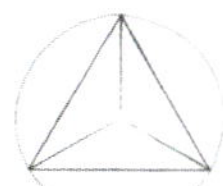

Praktische Hinweise für die Küche und die Zubereitung der Nahrung

Zusammengefasste Mitschriften aus den Jahren 1992 und 1993

Die Küche ist ein wunderbarer Ort der Kreativität. Ein Herd steht zur Verfügung, die verschiedenen Pfannen und Kochtöpfe befinden sich in den Regalen und die unterschiedlichen Instrumente, Messer und Löffel können zu ihrem Gebrauch in den Einsatz gelangen. Die Ordnung, die in einer Küche besteht, von der Lagerung der Lebensmittel, der Gewürze und Öle bis hin zu den bereit gehaltenen Schüsseln, Sieben und Schneidevorrichtungen, schenkt ein erstes Bild über die alchimistische Gestaltungsstätte, die reine Wesen, das heißt reine, feine Substanzialitäten durch die Zubereitungskunst kreieren möchte. Wäre die Ordnung nicht gegeben, so könnte sicher der Koch auch nicht im ausreichenden Maße einen geordneten Gedankenablauf denken und seine Ideen in eine systematische Umsetzung bringen. Aus diesem Grunde sollte die Ordnung in der Küche unbedingt Beachtung finden.

Das Feuer des Gasherdes kocht den Reis, das Getreide oder das Gemüse. Das Brot geht durch den Sauerteig oder die Fermentierung auf. Das Aroma von Gewürzen führt die feine Abschmeckung der Speisen während des Kochprozesses oder auch an dessen Ende herbei. Nachdem das Getreide ausreichend das Wasser im Kochtopf aufgenommen hat, quillt es noch einmal und schlüsselt sich dadurch noch besser auf. Alle diese Prozesse laufen in einer geordneten Folge und fügen sich in einer entsprechenden natürlichen Ordnung zueinander. Sie werden durch die dienenden, führenden und gestaltenden Hände des Kochs zur rechten Zeit in Bewegung gesetzt. Die Aufmerksamkeit für die zu verrichtenden Arbeiten ist von gezielten Gedanken und idealen Vorstellungen begleitet. Das Kochen ist eine künstlerische, geführte und doch sehr freie produktive Tätigkeit. Es ist eine Arbeit aus dem Wissen und erfordert die Kraft, die Nahrung, die zubereitet wird, nicht mit den eigenen Emotionen oder einem persönlichen Ergreifen in Besitz zu nehmen. Man sollte frei von den eigenen Körperkräften seine Weisheit gebrauchen lernen. Die Nahrung wird durch die Weisheit gestaltet und im rechten Maße der Hitze und dem Wasser übergeben, so dass die Elemente, die mit den Ätherkräften in Verbindung stehen, für sich arbeiten können und das Essen nicht aus der persönlichen, sondern aus der höheren Weisheit zubereitet wird.

Wie wichtig die persönliche geordnete Seelenhaltung ist, kann an einem sehr schönen Beispiel erklärt werden. Es gibt Phasen, in denen das Backen von Brot wunderbar gelingt. Obwohl man sich vielleicht gar nicht an die vorgegebenen Gehzeiten hält, wird das Brot lichtvoll und locker. Dann aber gibt es auch wieder jene oftmals so schwer verständlichen Backergebnisse, die wiederholt und im wahrsten Sinne bedauernswert auftreten.

Zubereitung von Reis

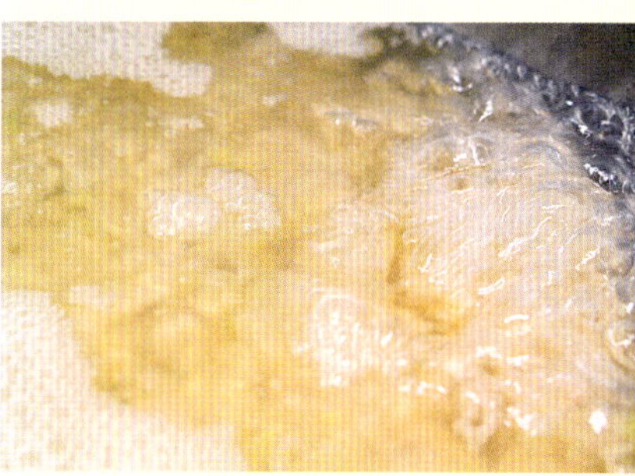

Quell- und Kochphase

Die letzte Ruhephase am Tisch

Ätherkräfte können sich viel leichter entfalten, wenn der Mensch im gedanklichen und körperlichen Dasein entspannt ist. Je mehr Fixierungen oder auch emotionale Unruhen den Kochprozess begleiten, desto mehr überträgt der Koch diese eigenen körperlichen Umstände auf die Nahrung. Das Kochen in freier Verfügbarkeit erfordert deshalb eine sehr gute ideale Bewusstseinsausrichtung und eine Ordnung im Tun.

Der Reis kann vor dem Kochen über Nacht eingeweicht werden.

Erst nach dem Kochvorgang wird das Öl der Wahl hinzugegeben und für eine süße Form, wie hier abgebildet, Rosinen, Ingwer und Kokosflocken zugefügt.

In Abstimmung mit Gewürzen und Öl wird der Reis eine komponierte und kräftigende Einheit. Der am Ende beigefügte Apfel kann kurz, etwa eine halbe Minute, gedünstet werden, um seine Form und Nährstoffe harmonisch in das Gesamte einzugliedern.

Das Brot wird sauer oder hart, teigig oder eingefallen. Wie sehr übt doch die persönliche Haltung einen Einfluss auf das Back- und Kochergebnis aus. Nicht immer lässt sich die vollständige Erklärung für Gelingen oder Misslingen in der Art der Teigbereitung oder des Kochprozesses finden.

Ein Seminarleiter, der einen Wochenendkurs zum Erlernen des Brotbackens anbieten möchte, beginnt einige Tage zuvor mit experimentierenden Vorbereitungen. Mit Hilfe des Backferments bereitet er am Montag einen Teig. Er wägt hierfür die Zutaten genau ab und hält sorgfältig die Zeiten der Säuerung ein. Das Brot will jedoch nicht aufgehen. Es wird hart wie Stein. Am Dienstag experimentiert er deshalb weiter und bereitet wieder einen Teig, wobei er diesmal die Zeiten und Zutaten etwas variabel wählt. Das Brot aber will sich nicht einen Zentimeter in die Höhe begeben. Es wird wieder hart wie Stein. Am Mittwoch übt er schließlich ein weiteres Mal und begibt sich dadurch immer weiter in eine stressgeplagte Fixierung. Wieder aber wird das Brot hart wie Granit. Schließlich wechselt er in aller Verzweiflung sein Backferment aus und bereitet am Donnerstag mit größter und schon verärgerter Fixierung auf das Gelingen einen neuen Teig. Es wird für ihn das Ergebnis zur endgültigen Enttäuschung, als er das harte Brot aus dem Ofen nimmt. Das Wochenende rückt näher und schließlich muss er den Teilnehmern das Gesetz des Brotbackens vorstellen. Mit einem bescheidenen Blick zu den Teilnehmern und mit einer zurückhaltenden Achtsamkeit beginnt er seinen Unterricht, demonstriert die praktischen Abläufe und beobachtet nun, wie die einzelnen Verhältnisse sich der Reihe nach entwickeln. Seine Augen sind nun nicht mehr auf die persönliche Sphäre gerichtet, sondern auf das Brot und dessen Zubereitung selbst und auch auf die Fragen und Interessensvorschläge der Teilnehmer. Das Brot, das nun gebacken wird, geht auf – es ist leicht, süß und bekömmlich. Der Seminarleiter erkennt, dass er mit seiner eigenen so sehr persönlichen Willensfixierung das Brot nicht zum Aufgehen bringen konnte.

Der Wille sollte sich nicht aus einer zu sehr fixierten, eitlen oder engen Vorstellung in die Kochprozesse einmischen. Vielmehr sollen die Sinne nach außen gleiten und so natürlich und dennoch objektiv wie möglich an den Verrichtungen teilnehmen, denn es ist der Astralleib, der sich mit dieser objektiven Beziehungsaufnahme ordnet. Wenn die Köche und Köchinnen diesen Zusammenhang verstehen, können sie die Speisen in einer ätherischen Steigerung zubereiten und ästhetische Möglichkeiten hinzuentfalten. Eine gewisse Weisheit jedoch bedarf es zu entwickeln. Jedes Fachgebiet benötigt ein Grundlagenwissen wie auch die Fähigkeit zur weiteren rhythmischen Gestaltung und den Mut zur schöpferischen Belebung. Eine Freude wird sich in dieser objektiven und freiheitlicheren Bewusstseinsverfassung entzünden. Die Möglichkeiten sind vielfältig, denn das Gebiet des Kochens ist unerschöpflich.

Für die meisten Menschen bedeuten Rezepte eine Sicherheit in der Küche. Gerade aber mit Rezepten, die nach bestimmten Richtlinien erstellt sind,

können sich die natürliche Phantasie und auch der Mut, neue Möglichkeiten zu erproben, verlieren. Ein Rezept ist das Ergebnis eines schöpferischen Erfahrungsprozesses und kann natürlich in diesem Sinne betrachtet werden. Je besser die Kenntnisse über die einzelnen Nahrungsmittel sind, desto vielseitiger können diese kombiniert werden.

Beispielsweise erlaubt der Reis eine nahezu unendliche Vielfalt in der Zubereitungskunst. Zunächst kann die Überlegung sein, dass dieser Reis etwa 40 Minuten Kochzeit und etwa 10 Minuten Nachquellzeit bedarf. Allgemein ist dann der Vollkornreis nicht mehr hart, sondern mild und weich. Dennoch ist seine Konsistenz noch nicht breiig, sondern lässt eine Differenziertheit in den einzelnen Körnern erkennen. Eine gewisse ideale Konsistenz kann die Köchin auf diese Weise in die Geburt führen.

Nun erfolgt die Überlegung, ob der Reis nun süß oder salzig serviert werden soll. Wieviel und welches Öl benötigt er? Für eine Süßspeise beispielsweise eignet sich die Zugabe von Sonnenblumen-, Sesam- oder Distelöl, für die salzige Speise wird meist das Olivenöl bevorzugt. Die Süßspeise lässt sich mit unmittelbar untergemischtem Honig im Geschmack verstärken, während der salzige Reis die verschiedensten Gewürze aufnehmen kann. Beispiele hierfür sind der Kreuzkümmel, der Curry, verschiedene Arten von Pfefferkörnern, dann der Lorbeer, der Ingwer oder die verschiedenen Arten von Kräutern. Für die Süßspeise wiederum können ebenfalls Ingwer wie auch beispielsweise Anissamen eine geschmackliche Richtung unterstützen.

Ein Reisgericht, das nicht nur als Beilage dient, sondern in sich selbst eine ganze, komponierte Einheit darstellt, ist vom Nährwertgehalt sehr hochwertig und auch sehr leicht bekömmlich. Von dieser Grundlage ausgehend können die weiteren Gemüse oder andere Zutaten kombiniert werden. Für den süßen Reis eignen sich die verschiedensten Früchte, seien es Beeren, Äpfel, Orangen oder Bananen. Auch Trockenfrüchte geben eine sehr intensive süße Bereicherung. Fast immer ist es der Zimt, der die Früchte mit einer Prise hervorheben kann. Eventuell können diese Früchte einem ganz kurzen Hitzeprozess unterzogen werden. In letzter Konsequenz sind mit dem Gericht im Wechsel die verschiedensten Nüsse kombinierbar. Will man eine Eiweißkomponente hinzufügen, so erscheint der Joghurt oder die Sauermilch für die süße Reisspeise sehr günstig.

Für ein pikantes Gericht können tatsächlich die verschiedensten Gemüse oder auch Soßen mit partiellem Gemüseinhalt hinzugenommen werden. Quark, gut mit Öl vermengt und mit einigen grünen Kräutern oder auch mit leicht gedünsteten Zwiebeln, kann beispielsweise die Eiweißseite ergänzen. Oder man wählt zur Eiweißverstärkung gelegentlich ein Gericht mit Kichererbsen, die mit guten und vielseitigen Gewürzen, eventuell mit Kreuzkümmel und Curry, zubereitet sind. Die Auswahlmöglichkeiten sind auf dem pikanten Geschmacksniveau sehr vielseitig und können von leicht bitteren Gemüsesorten bis hin zu scharf gewürzten Soßen reichen.

Ätherforschungen anhand von Kristallisationsbildern:

Reis gekocht

Im Kristallisationsbild zeigen sich mehrere Zentren – ein Phänomen, das oft bei gekochtem Getreide beobachtet wird.

Reis gekocht und gewürzt

Dieses Kristallisationsbild ist sehr typisch, denn ein Zentrum muss nicht unbedingt auf einen Punkt allein gerichtet sein. Ätherkräfte können viele verschiedene Zentren entwickeln. Man wird bei der übersinnlichen Sicht niemals ein einzelnes Zentrum bei einem Getreide entdecken. Es wird immer ein Zentrum im Getreide sein und dennoch auch außerhalb.

Formen und Farben und die verschiedensten Gestaltungen lassen sich mit reger Phantasie zu einer gesamten Harmonie aufbauen.

Buttermilch wie auch Joghurt eignen sich außerordentlich gut für Süßspeisen, ihr leicht säuerlicher Geschmack gibt eine ideale anregende Komponente.

Ein im Spätherbst gewachsener Grünkohl, gut gekocht, mit einer Anzahl von grünen Gewürzen oder auch mit Samen wie Fenchel, Koriander und Kreuzkümmel zubereitet, gibt zum Grundgetreide eine wahrlich herzhafte Ergänzung. Ein Glas Buttermilch schenkt als Eiweißergänzung und für die Kräftigung fast immer einen harmonischen Ausgleich.

Indem die einzelnen Nahrungsmittel und ihre Möglichkeiten, wie sie rhythmisch zubereitet, gestaltet und schließlich veredelt werden können, eine ausreichende Aufmerksamkeit bekommen, entwickelt sich eine sehr gute und weisheitsvolle Küchenpraxis.

Wie lässt sich beispielsweise die so wertvolle und kräftigende Buttermilch verwenden? Bevor man einen Becher öffnet, sollte man sie rhythmisch kräftig schütteln, sodass sie fast ein lebendiges Schäumen entfaltet. Sie wird auf diese Weise durchaus in der Ätherkraft belebt. Nun kann die Buttermilch als leicht herbes Getränk direkt serviert werden. Oder sie wird beispielsweise mit etwas Honig, Vanille und Sesamöl kräftig gerührt und als süßes Anregungsgetränk zubereitet. Auch kann die Buttermilch für Obstsalate dienen. Ein besonderes Gericht in pikanter Hinsicht kann beispielsweise mit Buttermilch entfaltet werden, wenn man altes Brot in Würfel schneidet und dieses mit verschiedensten Gewürzen, beispielsweise mit Kräutern wie Rosmarin oder auch mit anregenden östlichen Gewürzen wie Kreuzkümmel und Curcuma, zusammen mit der Buttermilch vermengt und es dann im Backrohr bei niedriger Temperatur gut aufwärmend zu einem gesamten Auflauf zubereitet. Eine Gabe von Öl ist dabei sehr sinnvoll. Auch kann man, wenn man dieses Gericht etwas erdenschwerer haben möchte, eine gute Menge Knoblauch hinzufügen. Die Zubereitungsmöglichkeiten sind bei der Buttermilch jedenfalls sehr vielseitig. Damit aber die wertvolle Milchsäure nicht zerstört wird, sollte man keine zu starken Erhitzungsprozesse auf sie anwenden.

Indem das Studium über die Nahrungsmittel erfolgt, entstehen automatisch jene Bedürfnisse, diese auf ästhetische und gesunde Weise zuzubereiten. Die Kreativität ist immer mit einem lebendigen spirituellen wie auch praktischen Studium verbunden. Wichtig erscheint es, dass der Koch seine gedanklichen, seine empfindsamen und seine ästhetischen Sinnesfähigkeiten nicht zu sehr an den Körper bindet, sondern sie tatsächlich nach außen in die Möglichkeiten der Gestaltkraft und gestaltbringenden Anwendungen führt. Der Kochprozess ist dann immer von einem wachsenden Bewusstsein und von einer kreativen Gestaltfähigkeit begleitet. Das Kochen und das Essen führen schließlich den Menschen zu einer größeren Freiheit.

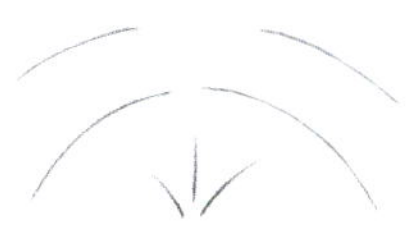

Biologische Buttermilch

Dieses Kristallbild zeigt ein gut ausgebildetes Zentrum, eine große, runde Hohlform, von der die Hauptnadelzüge rund gebogen und verstrahlt nach außen bis zur Randzone verlaufen. Das Kristallbild wirkt gut strukturiert.

Biologische Buttermilch, handgerührt

Im einzentrigen Kristallbild sieht man die paarige Hohlform. Von hier aus verlaufen die Hauptnadelzüge in einer kräftigen, straffen Verstrahlung zur Randzone. Es wirkt gut differenziert und zentriert. Bei der Betrachtung dieses Kristallbildes drückt sich gerade durch das bewegte Rühren der Buttermilch eine zusätzliche wärmebildende und den Lichtäther harmonisierende Wirkung aus.

Generell fördert mehrmaliges oder besonders langes Aufwärmen und längere Lagerung von nitrathaltigem Gemüse – wie zum Beispiel Spinat, Kohlrabi, Rote Bete, Fenchel – die Umwandlung des Nitrats in die Toxine Nitrit und Nitrosamine, was durch saurer werdendes Milieu und zunehmende Zersetzung der Vitamine verstärkt wird.

Die Zwiebeln, Pilze und der Spinat, aber auch nahezu jedes andere Gemüse sollten nicht zweimal gekocht werden. Es bilden sich sowohl bei zu langer Aufbewahrung der bereits gekochten Gemüse als auch bei wiederholter Aufwärmung beginnende Toxine, die beispielsweise als dunkle Punkte in der Substanz metaphysisch sichtbar werden. Bei manchen Beobachtungen versacken förmlich die bislang tätigen Ätherkräfte in eine Art leblose Schwere.

Getreide ist nach dem Kochprozess noch länger stabil, jedoch sollte es nicht zu lange im Kühlschrank lagern oder auch nicht zu oft in erneute Aufwärmung gelangen.

Die wiederholte Aufwärmung von Gemüse, wie beispielsweise Zucchini und Tomaten, führt ebenfalls zu einer Wirkung, die den außenliegenden verbliebenen Restäther nach innen zu einer Krustenbildung, einer abgeschlossenen Ummantelung des Nahrungsmittels führt. Zudem gehen weitere Vitalstoffe verloren.

Der Äther strahlt nicht mehr aus, vielmehr schließt er die Substanz in sich zurück und ein.

Der Äther erscheint in der aufgewärmten Speise stellenweise wie dunkle Flecken, die nach unten wegsacken oder gar „entfliehen".

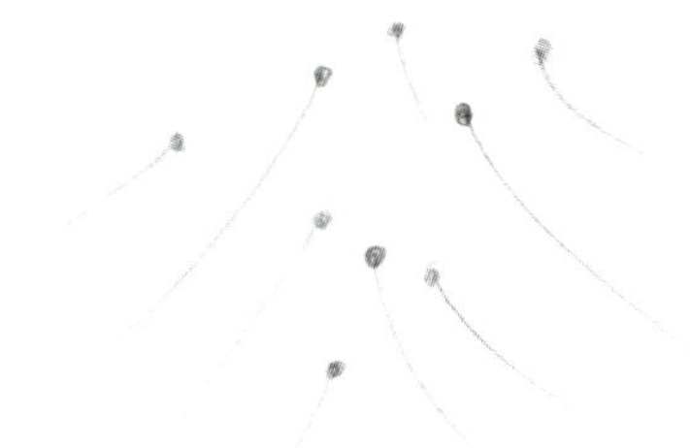

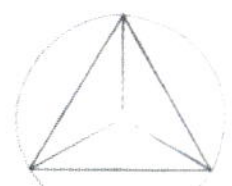

Das Bewusstsein und das Leben nach dem Tode

Vortrag vom 5. März 1992

Das Bewusstsein des Menschen ist das Ergebnis eines Kräftewirkens, das von den Gestirnen des Kosmos ausgeht und sich in der individuellen Haltung widerspiegelt. Jeder Mensch hatte bereits ein beziehungsweise mehrere frühere Erdenleben und diese sind verantwortlich für die Offenheit und Weite des Bewusstseins, die der Einzelne in seinem Leben hat. Das Bewusstsein bestimmt durch das individuelle Denken und Fühlen die Einordnung des Menschen innerhalb des ganzen Universums.

Nach der anthroposophischen Einteilung nimmt das Bewusstsein die Stelle des Astralleibes ein. Darüber hinaus existiert ein Ich, das dieses Bewusstsein aktiv führen kann.

Mit diesem Bewusstsein, das aus einer gesetzmäßigen Folge von mehreren Verkörperungen eine bestimmte individuelle Note hervorbringt, sieht der Mensch die Umgebung, die Mitmenschen, und er bildet sich eine Meinung über das Leben. Er sieht die Nahrung und wählt sie entsprechend seiner Bedürfnisse aus. Er bereitet sie nach seinen ihm eigenen Ideen und seiner Phantasie wie auch nach seinen erworbenen Kenntnissen zu. Er isst das zubereitete Essen mit jener Haltung, die seinem Bewusstsein entspricht.

Es ist sehr wichtig, dass das gewöhnliche Bewusstsein, wie es jedem Einzelnen auf sehr unterschiedliche Weise eigen ist, als eine Wirkung der kosmischen astralen Sphäre betrachtet wird. All das, was man täglich mit seinem Nervensystem spürt und wahrnimmt, geht nicht vom Gehirn aus, sondern die vielen Gedanken und Bilder werden empfangen und durch das Gehirn reflektiert. Gedanken sind Kräfte aus dem Kosmos.

In diesen Schilderungen wird eine spirituelle Sichtweise zum Ausgang der Betrachtung gewählt. In dieser ist die Unterscheidung, dass Gedanken nicht aus dem Gehirn entstammen sehr wichtig, denn nach den normalen Annahmen, durchaus sogar nach den Forschungen glaubt man, dass das Gehirn der Produzent von Gedanken sei.

Das Bewusstsein jedes Menschen ist unterschiedlich, da jeder bestimmte Gedanken und Kräfte über sein Nervensystem aufnehmen kann. Das Nervensystem ist der große Träger dieser gesamten Einflüsse aus dem Astralmeer. Die kosmisch-astralen Einflüsse, die die Summe der Gefühle und Gedanken sind, wirken – und das ist das Bedeutungsvolle – auf das Seelenleben entweder begrenzend und verhüllend oder erweiternd und förderlich. Das eigene Selbst oder das Ich liegt im Menschen viel tiefer verborgen als die vielen Gefühle und Gedanken, die während des Tages vorbeiströmen. Das Ich liegt hinter den wahrnehmbaren Bereichen.

Das Bewusstsein, das das Nervensystem vermittelt, entspricht dem äußeren Seelenmenschen. Das ist jener, der täglich arbeitet, spricht, diskutiert, sich über die Erfolge freut und über das Leidliche beklagt, der so ganz im Auf und Nieder des Lebens steht. Hier ist es nun wichtig, auf den Begriff des intellektuellen Idealismus näher einzugehen. Intellektuelles, idealistisches Gedankengut entsteht leichter, wenn die wirkliche geistige Seite des Lebens ausgeklammert wird. Wohl jeder Mensch besitzt ein gewisses Maß von dieser Art des äußeren intellektuellen Idealismus.

Das verführerische Ziel eines äußeren Bedürfnisses, das viel Kraft und Energie erhofft, hat sich gerade in den letzten Jahren aus der einseitigen idealistischen Bestrebung nach und nach in die Herzen vieler Menschen eingenistet. So gewinnt die Nahrung eine recht wichtige Rolle, da die einzelnen Nahrungsmittel und die Art und Weise ihrer Zubereitung auf die leibliche und gemütshafte Verfassung einwirken. Die verschiedenen Ernährungslehren sind heute meist, ohne die geistige Wirklichkeit zu sehen und zu erkennen, von mehr idealistischen Anschauungen geprägt. Aus diesem Grunde ist es heute schwerer geworden, eine wirkliche Beziehung zu den verschiedenen Nahrungsmitteln zu gewinnen. Eine Beziehung zu den Nahrungsmitteln entsteht tatsächlich dann am vortrefflichsten, wenn der Einzelne einen Sinn für die geistige und kosmische Bedeutung der Substanzen, der Formen und Qualitäten gewinnt.

Der Begriff des Idealismus ist hier nicht wie in der Philosophie von Fichte oder Hegel gebraucht, bei der noch der Gedanke oder die Idee als die existenzielle Grundlage der Wirklichkeit angesehen wird. Hier in diesem Zusammenhang ist mit Idealismus mehr das Fehlen von wirklichen Gedanken gemeint, sodass sich der Mensch Sehnsüchten und intellektuellen Vorstellungen hingibt, die kaum mehr einen Bezug zu der sogenannten Welt der Ideen, wie sie Platon nannte, haben. Es fehlt ihm somit auch eine wirkliche, eindeutige, klare Sicht zu den existierenden und einstmals erlebbar gewesenen geistigen Gedanken.

Die Ernährung muss deshalb nicht eine Weltanschauungsfrage beinhalten, sondern im Allgemeinen mehr eine Erkenntnisorientierung mit den Möglichkeiten einer intensiven Beziehungsaufnahme.

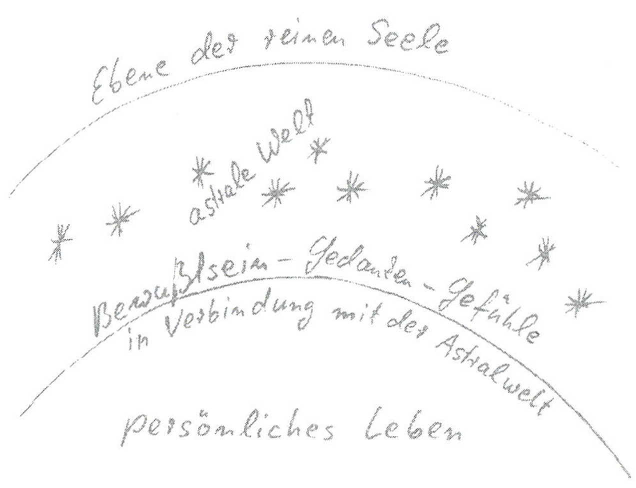

Diese Zeichnung ist anlässlich des Vortrages vor etwa 20 Jahren entstanden. Es ist zu beachten, dass die Begriffe in verschiedenen Zusammenhängen manchmal unterschiedlich belegt sind. Die Ebene der reinen Seele entspricht im Zusammenhang dieses Buches mehr der geistigen Dimension, die durch das Ich des Menschen repräsentiert ist.

Gerade im Hinblick auf die Ernährungslehren ist ein Verstehen mit dieser Unterscheidung sehr wichtig. Ein geistig schauender Mensch wird nicht einzig und allein das Dasein zwischen Geburt und Tod betrachten, sondern wird auch über die Todespforte hinaus die Folgen und Wirkungen der Taten so gut wie möglich studieren, denn die Ernährung ist zunächst eine Angelegenheit der physischen Welt. Aber die Frage, die über die materielle Seite der Nahrung hinausgeht und die geistige Sphäre berührt und die mehr das „Wie" sowie auch die Kulturkraft der Ernährung berücksichtigt, besitzt auch nach dem Tode noch eine Bedeutung. Wer bewusst die Nahrung auswählt, mit ihr eventuell arbeitet und seine individuelle Entwicklung durch Diät unterstützt, wird nicht nur innerhalb des sichtbaren Lebens Einflüsse auf sich selbst ausüben, sondern er wird auch eine Folge von weiteren Wirkungen mit in den jenseitigen Bereich nehmen.

Es ist interessant, dass der Einzelne durch die hier vorgeschlagene Erforschung der seelisch-geistigen Hintergründe zur Ernährung nicht nur für sich selbst eine bessere Qualität finden kann, sondern auch kulturbildend für andere wirksam wird.

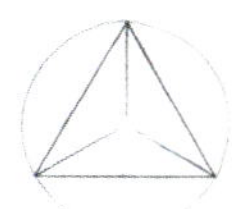

Das folgende Beispiel des extremen Rohkostessens soll nun nicht eine Richtung für das Leben aufzeigen, sondern auf das bisher Gesagte allgemein etwas mehr Licht werfen. In den letzten Jahren haben sehr viele Menschen die gesundheitsbringende Wirkung der Rohkostdiät erfahren. Eine ganz beträchtliche Zahl von Menschen isst nur noch rohes Gemüse, Obst und Nüsse. Sie meiden jegliche gekochte Kost. Bücher wie „Willst du gesund sein? Vergiss den Kochtopf!" weisen beispielsweise darauf hin. Die Auswirkungen dieser Diät, die eine sehr extreme Ausrichtung darstellt, sind allgemein auf den ersten Blick gesehen sehr positiv. Die meisten Menschen fühlen sich von Beginn dieser Diät an kräftiger und leiden nicht mehr an Kränklichkeiten. Die unangenehmen, müden Phasen des Tages verschwinden. Vor allem sieht man den Betreffenden das Vitalisierende und Erfrischende im Gesicht an. Die Ausstrahlung ist hell, direkt leuchtend. Der ganze Mensch blüht und lebt.

Das Beispiel der Rohkostdiät geht bereits 20 Jahre zurück und ist heute sicher nicht mehr so aktuell wie zu der damaligen Zeit. Dennoch kann das Gesagte durchaus lehrbildhaft angeführt werden.

Durch die Rohkostdiät verändert sich die menschliche Leiblichkeit. Ein energetisches Kräftefließen beginnt aus den Organen über den ganzen Körper bis zur Peripherie, zur Haut. Dieses Kräftefließen, das den Ursprung in den Organen nimmt und spürbar das ganze Wohlbefinden beeinflusst, schenkt dem Menschen eine bessere aufbauende Dynamik. Er fühlt sich nicht mehr durch die Schwere des Körpers belastet. Das Gefühl, das der Rohkostessende in sich spürt, erinnert fast an ein spirituelles Fühlen, das sich über den Körper hinaus erhebt und scheinbar Freiheit darstellt. Da diese Wirkungen der Rohkost so intensiv auf das ganze Befinden strahlen, vertreten auch diejenigen, die dies erfahren haben, die deutliche Meinung über die Richtigkeit der Rohkostdiät. Sie verurteilen allzu gerne die gekochte Nahrung, die wie Gift für sie ist.

Die Wirkungen der Rohkost entstehen durch die starken Kieselprozesse, die die Lichtintensität der gesamten Haut bereichern.

Überlegt man einmal mit etwas mehr Weitblick, so wird man zu dieser Tatsache doch einige Fragen finden. Ist es eine wirkliche Freiheit, die der Einzelne sich durch die Nahrungsaufnahme erisst? Tatsächlich ist sie trügerisch, denn es fehlt die wesentliche und wichtigste Kraft des Lebens: Der Weg zu dieser Freiheit wurde nicht schöpferisch aus der Seele verwirklicht. Für die im Sinne kosmischer Gesetze liegende geistige Entwicklung des Menschen ist eine Trennung der Seele vom Körper im richtigen Maße wichtig, denn diese darf weder zu tief in den Leib noch zu fern von diesem eingestimmt sein. In einer detaillierten Betrachtung ist die Seele das Lichtwesen, das in den verborgenen Schichten auf die Lebenskräfte einwirkt. Die Lebens- oder Ätherkräfte sind feine Kräfte, die einerseits mit ihren gröberen Teilen den physischen Leib aufbauen und diesen am Leben erhalten, andererseits sind sie in ihrer feinsten Beschaffenheit die substanziellen Träger, die das Erkennen und Verstehen auf höherer Ebene ermöglichen. Diese feineren Träger der Lebenskräfte müssen sich von den gröberen Trägern, die den Leib am Leben erhalten, auf richtige Weise scheiden. Mit diesem feinen Trennungsprozess beginnt die geistige Entwicklung des Menschen. Seine Erkenntnisse, die er durch die rechte Aufgliederung von Denken, Fühlen und Wollen sowie der beiden oberen Äther zu den beiden unteren Äthern erfährt, sind dann unabhängig von der Leiblichkeit. Die Erkenntnisse sind dann aus einem freien Bewusstsein gewonnen, das nicht mehr in der Leibverhaftung steht.

Die Trennung der Äther entspricht einer esoterischen Terminologie. Diese beschreibt, wie das Bewusstsein durch rechte Aktivierung von der Bindung an den Körper freier werden kann. Diese Entwicklung setzt bei den oberen Wesensgliedern, namentlich am Ich und Bewusstsein, an und geht weiter nach unten bis in den physischen Körper. Die Ernährung und so auch die Rohkost wirkt aber immer auch von unten nach oben, also vom Körper ausgehend bis auf das Bewusstsein.

Diese vier Ätherkräfte sind im Menschen zu einem einheitlichen Ätherleib organisiert. Damit dieser seine Funktion ausüben kann, genügt es nicht, sich Ätherkräfte über die Nahrung zuzuführen. Der Ätherleib muss immer auch durch eine geeignete Bewusstseinstätigkeit aufgebaut und eingestimmt werden. Die Nahrung, ganz besonders wenn sie weisheitsvoll gewählt wird, trägt im Allgemeinen sowohl zu einer gesunden Lebensgrundlage als auch zu einer gesunden sogenannten Lebensenergie bei. Grundsätzlich ist der Weg nach einer geistigen Anschauung aber derjenige, der nicht allein vom Körper ausgeht, sondern von der Weisheit des Menschen selbst, der sich eine gesunde Lebenskraft über die Nahrung organisiert und auf diese Weise schließlich einen gesunden Körper erhält.

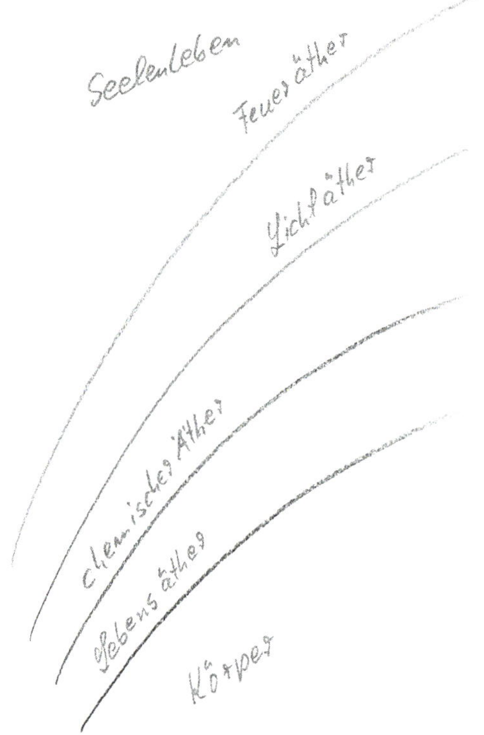

Die extreme Rohkostdiät, die über längere Zeit fortgesetzt wird, bewirkt die Trennung aber nicht an der richtigen Stelle. Der feinste Teil der Lebenskräfte, der sogenannte Feueräther, entschwindet in die geistigen Welten. Er zieht sich aus dem feineren Leibe zurück. Er steht bald dem, was schöpferisches Bewusstsein ist, nicht mehr in der substanziellen Kraft zur Verfügung. Dadurch beginnt der Mensch in der Seele zu verhärten, ohne dass er es bewusst merkt. Ein weiterer feiner Teil der Lebenskräfte, der das Licht in feiner, substanzieller Ausprägung direkt beinhaltet, wandert zur Welt des Körpers, durchleuchtet ihn und strahlt im Körper. Dadurch verändert sich eben auch so stark die Ausstrahlung des Rohkostliebhabers. Aber gerade dieser lichthafte Äther sollte nicht in die Leiblichkeit abstürzen, sondern dem Erkenntnisleben dienen. Die seelisch-geistige Entwicklung des Rohkostliebhabers wird in Bahnen gelenkt, die nicht im Sinne der Gesetze des Kosmos und der Einswerdung des menschlichen Ich mit dem schöpferischen Geiste liegen.

Der Begriff der Einswerdung wird in der Mystik häufig mit einer Art Selbstaufgabe und einem Aufgehen in einer überwältigenden kosmischen Erfahrung in Verbindung gebracht. Hier in diesem Zusammenhang ist damit mehr die individuelle Erforschung und Durchdringung des Lebens anhand von konkreten Gedanken, die auch in der geistigen Welt existent sind, gemeint.

Die falsche Aufgliederung der Leib-Seele-Organisation und der Lebenskräfte entsteht immer dann, wenn der Betreffende die Verhältnisse des irdischen Lebens nicht im richtigen Sinne erkennt, sondern aus den verschiedenen Möglichkeiten einen einseitigen Nutzwert entwickelt. Die Ernährung sollte natürlich einen Nutzen für den Menschen darstellen und dennoch sollte man darauf achten, dass diese Ernährung nicht einseitig eine Art materialistische Spiritualität wird. Die Rohkostdiät stellt eine extreme Form der Ernährung dar, die bei bestimmten Degenerationsleiden

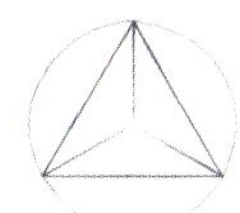

sehr hilfreich ist. Sie wird von vielen Menschen heute aufgesucht, da sie gute und schnelle Erfolge für Gesundheit und Wohlbefinden bringt. Über einen längeren Zeitraum betrieben, findet durch die extreme Rohkostdiät aber eine seelische Verarmung statt. Wenn nun der Rohkostliebhaber mit seiner extremen Ausrichtung stirbt und seine Seele in den geistigen Raum wandert, das heißt frei vom Körper wird, dann erlebt diese Seele ihr wirkliches Verhältnis, das sie zur Nahrung eingenommen hat. Das Verhältnis, das der Mensch zur Nahrung hat, ist nämlich im Nachtodlichen ein ganz besonderes.

Natürlich sollte man sich in jedem Fall gesund ernähren. Die Gefahr jedoch besteht, dass man die Gesundheit nur einseitig materialistisch für dieses Leben wählt und den sozialen und mitmenschlichen Aspekt dabei vergisst. Es ist ein großer Unterschied, ob man streng, nur um seiner eigenen Gesundheit willen, biologische Kost isst oder ob man diese in der Förderleistung des gesamten Weltengefüges zu sich nimmt. Man kann sich mehr an den Leib zurückbinden oder durch ein Bewusstsein für größere spirituelle Ziele über den Leib hinausgehen.

Was geschieht im Nachtodlichen? Es ist tatsächlich so, dass derjenige, der sich durch Diät ein schönes gesundes Leben eressen hat, dies nun mit einem erhöhten, eventuell gegenteiligen Preis bezahlen muss. Ein Mensch, der ein Extrem nur um seiner selbst willen, um seines materiellen Selbstes willen praktiziert, verletzt seine ganze Umgebung, ohne es selbst zu bemerken. Er nimmt die Nahrung beispielsweise zu sehr in seine materielle Mitte und vergisst die Aufmerksamkeit für ein gesamtes soziales Bewusstsein. Die Freiheit, die er durch das Essen in seinem Befinden erlangt hat, ist deshalb trügerisch. Sie besteht auf einer Ebene, die damit vergleichbar ist, dass sich der Mensch durch die Eigenbezogenheit mit seiner Ernährung tatsächlich für die kommende weitere Entwicklungszeit reduziert hat.

Das Seelenleben, das in die Astralsphäre hineinwandert, benötigt nun einen Reinigungsprozess, um von all den materialistisch gebundenen Taten und Werken, in die es verwickelt war, frei zu werden. Diese Ebene wird im Sanskrit *kāma loka* genannt, im Sinne der Bibel ist es das leider so in Missstand geratene, nahezu wie in eine Strafebene versetzte Fegefeuer. Alles nicht für die Seele oder für das Wachstum Förderliche verbrennt in dieser Region. Diejenigen Menschen, die sich mit Rohkost oder mit einer einseitigen materialistischen Diät ein Leben „genommen" haben, werden auf leibfreier Basis in dieser Ebene ein Gefühl erleben, als ob sie mit schweren Gewichten beständig erschlagen würden. Sie nehmen aus diesen Gefühlen nun für ein zukünftiges Leben ein ganz intensives Bedürfnis auf, ihre Nahrungskultur auf eine sehr soziale, auf eine gemeinschaftliche Stufe zu führen.

Es ist in keinster Weise vorteilhaft, wenn beispielsweise mit Spiritualität oder auch mit Ernährungslehren ein geistiger Materialismus betrieben wird. Der geistige Materialismus wirkt aus den astralen Zonen wieder zurück auf die Mitmenschen und verursacht sehr viele Ängste.

Die gesunde geistige Entwicklung beginnt immer in der Aktivität des Bewusstseins selbst. Ändert man die Nahrung, so ändert man die äußeren Verhältnisse, aber man hat sein Denken und sein Gemüt noch nicht entwickelt. Das Gesundessen kann allein noch nicht zur Reife der Seele führen, es kann lediglich den Körper auf einem bestimmten Niveau gesund erhalten. Die wirkliche Reife, die im Sinne der geistigen Entwicklung zu Einheit und Verbundenheit mit den förderlichsten Lebenszielen führt, liegt in der innersten Aktivität des Bewusstseins. Diese eigenständige Denk- und Empfindungsentwicklung ist zu vergleichen mit einem Maler, der sich nicht nur in das sichtbare Umfeld vertieft, um es schließlich genau dem Auge entsprechend auf die Leinwand zu malen, sondern der sich auch

Viele Personen neigen immer wieder zu Fastenkuren, da es leichter für sie ist, eine körperliche Reinigung mit Disziplin zu bewerkstelligen als ihr Bewusstsein auf nächst höhere Ebenen durch eine unmittelbare Auseinandersetzung anzuheben. Obwohl Fasten manchmal sinnvoll sein kann, so sollte es nach den Gesichtspunkten einer geistigen Entwicklung nicht zu oft getätigt werden, da es sonst das Leib-Seele-Gleichgewicht zu sehr schwächt.

Man kann auf verschiedene Weise das Problem des Essens lösen: Beispielsweise kann jemand nur dasjenige essen, was wirklich gesund ist. Oder man kann in allen Situationen schließlich all dasjenige essen, das angeboten wird und um der Höflichkeit willen gegessen werden sollte. Der gesunde Weg des Ich und des Bewusstseins liegt aber sicherlich nicht in diesen beiden Extremen. Auf der einen Seite muss die Gesunderhaltung des Körpers respektiert und auf der anderen Seite der Gemeinschaftssinn im richtigen ausgeglichenen Verhältnis gewahrt bleiben. Durch Spiritualität entsteht der rechte Sinn, wie das Ich das Bewusstsein für die Kunst des Essens lenkt.

in das Wesenhafte und das seelische und geistige Leben hineindenkt, es erkennend in seinem Selbst wachruft und somit den Charakter einer tieferen, geistigen Welt mit seinen Farben und Formen zum Ausdruck bringt. Da es sich aber in der spirituellen Schulung je nach Maß und Intensität, wie sie der Einzelne betreibt, immer um eine sehr feine und ernste Aktivität handelt, weichen die meisten Menschen auf die äußeren Disziplinen des Lebens aus. Für das Gemüt ist es tatsächlich leichter, die Nahrung arbeiten zu lassen, als sich selbst in der Seele den Gedanken und Erscheinungen des Lebens mit Erkenntnis und Schaffenskraft hinzuwenden.

Eine geistige Entwicklung erfordert diese Aktivität im Selbst, in den Seelenkräften des Denkens, Fühlens und des Willens. Um zu einer wirklichen Weiterentwicklung in der Bewusstheit zu gelangen, muss der Mensch seine eigenen Meinungen immer wieder überprüfen, seine eigenen Denkvorstellungen beispielsweise über Glaubensinhalte durch hinzukommende, neue Gedanken erweitern. Das übersinnliche Leben der Seele ist ein ganz anderes, als es die eigene subjektive Erfahrungswelt des Gemütes widerspiegelt. Die Aktivität, die im Denken und Fühlen entwickelt wird, schenkt die wirkliche Kraft, um über die eigenen Schranken der emotionalen Gebundenheit hinaus ein Bewusstsein von einer bleibenden Realität aufzunehmen. Weiterhin bedeutet die Aktivität auf der Seelenebene ein Gewahrwerden für das Leben anderer, denn das Seelenleben ist immer mit den Mitmenschen in einer Verbindung. Aus diesem Grunde kann man die Ernährung nicht nur als Einzelangelegenheit sehen, man muss die Ernährung im Zusammenhang mit den sozialen Verhältnissen betrachten. Aus der eigenen subjektiven Gefühlswelt ist ein Verstehen für die Mitmenschen nicht möglich, da der Horizont der Gefühle nicht über die an den Leib gebundenen Eindrücke hinausreicht. Die selige Bereitschaft des Herzens, die eigenen Gefühle zu überwinden und sie als äußeres, emotionales Kräftewirken zu betrachten, also als äußeres Produkt, öffnet erst das Tor und ein Verstehen aus dem reinen und freien Herzen wird möglich. Solange eine Summe von Emotionen das Herz begleitet, wird der Blick für die Mitmenschen und das Verstehen für den anderen, für sein Wesen und sein Leben getrübt sein. Die Aktivitäten aus der Seele selbst führen schließlich zu einer Reinheit, die auch nach dem Tode einen bleibenden Wert besitzt und in eine nächste Inkarnation förderlich hinübergeht.

Die innere Aktivität des schöpferischen Ich-Selbst führt zu einem weiten, sich ausdehnenden Bewusstsein. Die Ordnung innerhalb des Kosmos ist auch gleichzusetzen mit einer gut gelungenen Sozialität und diese kann jeder durch seine schöpferische Auseinandersetzung verbessern. Diese Auseinandersetzung anzuregen ist die Absicht dieser Ausführungen. Indem sich jemand der Kunst des Essens auf diese Weise widmet, entdeckt er erst die Möglichkeiten und das Bewusstsein wird dadurch von der Vergangenheit und von den vielen Lasten und Schranken freier. Das Bewusstsein ist jene große Hülle, die jeder wie ein lichtes Kleid bei sich trägt und dennoch mit den Sternen und der Sonne gleichzeitig die ganze Erde umkleidet.

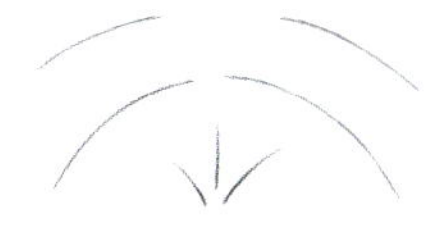

Das Problem der Übersäuerung (Acidose)

Vortrag vom 6. März 1992

Was bedeutet in der Naturheilkunde das Wort Acidose? Wie äußert sie sich? Welche Ursachen liegen der Übersäuerung von Seiten der physischen Wirklichkeit als auch vom Seelenleben her zugrunde? Auf welche Weise kann die gewöhnliche Acidose, die im Gewebe besteht, behandelt werden?

Acidose bedeutet in der Schulmedizin in der Regel das Vorliegen einer schweren Stoffwechselentgleisung, die beispielsweise gegeben ist, wenn ein diabetisches Koma bevorsteht. Von diesen schweren Entgleisungen wird hier in dieser Betrachtung nicht gesprochen, denn die Acidose, die hier interessant ist, soll mehr auf die grundlegenden Konditionen des Bindegewebes bezogen interpretiert werden.

In der Medizin wird der Säuregehalt der Körperflüssigkeiten mit einer 14-teiligen Skala angegeben. Die Bezeichnung pH-Wert liegt dieser Einteilung zugrunde. Der Wert 7 ist neutral, unter 7 bedeutet sauer, über 7 bedeutet basisch oder alkalisch. Das Blut ist leicht basisch mit 7,3 bis 7,4. Verantwortlich für das basische oder saure Milieu ist, vom Körper und seiner Chemie her betrachtet, die Wasserstoffionenkonzentration. Steigt diese Konzentration an, die ein sehr feines energetisches Kräftefließen in den Geweben darstellt, so dehnen sich verschiedene körperliche Zonen auf unmerkliche Weise aus, und das Milieu wird sauer.

Es ist in der Wissenschaft bekannt, dass sogenannte Spender von Wasserstoffionen als Säuren gelten (lat. *acidum*), während Wasserstoffionen aufnehmende Moleküle als Basen bezeichnet werden. Das Säure-Basen-Verhältnis bei den aufgenommenen Nahrungsmitteln ruft im Körper entsprechende Verdauungs-, Ausgleichs- und Ausscheidungsvorgänge hervor. Zu stark säuernde Ernährung überfordert den Körper auf Dauer.

Allgemein wirken Mineralien wie Eisen, Magnesium, Kalium, Natrium und vor allem Kalzium auf den Körper mit seinen unterschiedlichen Gewebearten festigend und konzentrierend. Das Kalzium führt zum Aufbau von Knochengewebe, es ist das wichtigste und substanziell am meisten vorhandene Mineral. Daher wirkt es auch den säurebildenden Tendenzen entgegen. Besteht jedoch Mineralstoffmangel und liegt eine Störung oder Verminderung im Kalziumstoffwechsel vor, so wird der Körper immer mit Säuerung reagieren. Bei Hunger, bei starker physischer und psychischer Beanspruchung, bei Infektionen oder anderen Krankheiten benötigt der Körper verstärkt Mineralien und auch weitere Nährstoffe. Da er aber diese in seinem ihm gemäßen Gleichgewicht nicht immer finden kann, übersäuert sehr häufig das Blut und wenn dieses sein Gleichgewicht durch eine Pufferung der Mineralien herstellen muss, übersäuert schließlich das Bindegewebe. Indem das Blut lange sein leicht basisches Milieu aufrechterhält, muss es auf die Mineralienreserven im Gewebe zurückgreifen.

Die Gabe von Kalzium und anderen Mineralien kann vorübergehend einer Übersäuerung entgegenwirken. Ein gesundes Säure-Basen-Gleichgewicht kann aber auf diese Weise noch nicht dauerhaft hergestellt werden, denn der Körper benötigt die entsprechend gesunde Nahrungsgrundlage und sollte nicht zu einseitig mit isolierten Stoffen ausbalanciert werden.

Die Acidose äußert sich mit vielfältigen Krankheitsbildern, von leichten Beschwerden wie Kopfschmerzen und Müdigkeit bis hin zu schweren Stoffwechselentgleisungen und Arterienverschlüssen. Die meisten chronischen und degenerativen Krankheiten entstehen aus einer chronischen Übersäuerung des Bindegewebes, die sich in den häufigsten Fällen über verschiedene Erschöpfungsphasen entwickelt. Wie erkennt man nun die Acidose? Die körperlichen Erscheinungen und Reaktionen sind so vielseitig, dass es schwierig ist, ein einheitliches Bild der Symptome darzustellen. Gerade heute achten viele Menschen zu sehr nur einseitig auf den Körper und dessen Symptome und beobachten diese, um die entsprechenden Antworten zu finden. Allgemein gilt der Hinweis, den Körper

Die lichte Berührung des Bewusstseins mit der Außenwelt ist hier in diesem Kontext auf eine umschriebene Weise ausgedrückt. In genauer Betrachtung können nur die Sinne die Außenwelt berühren und das Bewusstsein bildet sich darauf, gemäß dieser Außenberührung, eine adäquate Vorstellung. Die Berührung des Bewusstseins mit der Außenwelt bedeutet deshalb so viel wie eine tatsächliche objektive, wahrnehmende, denkende und fühlende Außenorientierung, die die eigene emotionale subjektive Wesensseite überwindet. Der Einzelne sagt zu dem Außengegenstand nicht die schnellfertige Bewertung, dass er ihm gefalle, sondern weilt mit der Wahrnehmung und Konzentration in der außenstehenden Sache und kann diese infolgedessen objektiv beschreiben.

Die heute so häufig auftretende Form der Erschöpfung tritt normalerweise nicht plötzlich ein, sondern es gehen ihr längere Phasen der Über- bzw. Unterforderung mit den beschriebenen Anzeichen der Übersäuerung voraus. Die Heilung der Erschöpfung erfordert in der Regel eine größere Neuorientierung im Leben, damit der Astralleib wieder Anschluss an seine Entwicklungsmöglichkeit findet.

und dessen Reaktionen schon zu studieren, aber diesen nicht mit zu stark hypochondrischen Voraussetzungen und Ängsten zu beobachten. Die Übersäuerung ist meistens durch Schmerzhaftigkeit in den Geweben spürbar. Allgemein wird das Gewebe leicht entzündlich, wie dies gerne in der Wadenmuskulatur mit Druckschmerzhaftigkeit oder sogar bis hin zur Krampfneigung entstehen kann.

Wesentlich aber erscheint ein Studium des Seelenlebens auf sorgfältige und genaue Weise. Die Übersäuerung des Blutes und allgemein die Überdehnung in den Körperzonen bewirkt im Bewusstsein einige deutliche Zeichen. Gerade die sauren Reaktionen plagen sehr offensichtlich das Gemüt mit einem wirklichen Unwohlsein, mit Gereiztheit, nervlicher Schwäche, Unduldsamkeit, stressgeplagter Erschöpfung oder auch mit Müdigkeit, Schwere, Desinteresse und mangelnder Empfindsamkeit. Diese Reaktionen, die entweder ein überdurchschnittliches nervliches Reizsyndrom oder ein mangelndes nervliches Reagieren darstellen, zeigen an, dass der Astralleib oder das gesamte Bewusstsein nicht mehr in einem richtigen kosmischen Anschluss steht. Wenn der Astralleib in seinem naturgemäßen kosmischen Zusammenhang webt und Verbindungen herstellt, gleichermaßen wie jemand, der die Maschen seines Teppichgewebes zu einer Ganzheit ausarbeitet, befindet sich der Mensch in einer natürlichen Gleichgewichtssituation, die ein gesundes Milieu hervorbringt. Auch kann dieses kosmische Zusammenwirken des Astralleibes mit einem Bewusstsein verglichen werden, das in einer Berührung mit der Außenwelt steht, die so sensitiv wie die Berührung des Lichtes selbst ist, das einerseits den Gegenstand erhellt, diesen aber andererseits nicht gefangen nimmt. Die Erscheinungen von zu starker nervlicher Übereiztheit oder im Gegensatz von zu starker Abgestumpftheit sind vom Körper ausgehende gewaltige, große Mächte, die über das Gemüt herrschen, und dies ganz besonders, sobald das natürliche Gleichgewicht in der Seele und im Verhältnis zum Körper gestört ist. So spürt jener, der in seinem Organismus übersäuert ist, im täglichen Gemütsempfinden viele unangenehme, reizende Gefühle, die ihn physisch und psychisch belasten, ihn plagen, ihm das Leben erschweren und ihn auch erschöpfen. Aggressionen, Trauer, Jammern, Depressionen, Unruhe, Müdigkeit, Unlust zur Arbeit und disharmonisches Fühlen zu den Mitmenschen sind Zeichen, die durchaus von Seiten des Seelenlebens auch auf eine körperliche Übersäuerung hinweisen. Sie beschweren das Leben von der Seite des Gemütes her und führen zu körperlichen Störungen.

In unserer Zeit stellt die einfache Erkenntnis der seelischen Umstände eine recht große Schwierigkeit dar. Der Körper und all die Symptome, die er zeigt, lassen sich zwar registrieren und eine Diagnose kann durch die weit entwickelten Untersuchungsmethoden leicht angenommen werden. Wichtig aber erscheint es, den Zusammenhang, der nicht nur ein sogenannter psychosomatischer, sondern ein viel größerer, ein wirklicher Leib-Seele-Zusammenhang ist, zu erkennen. Die wesentlichen Strukturen und die daraus entstehenden Wirkungen zu sehen, erfordert vom Einzelnen

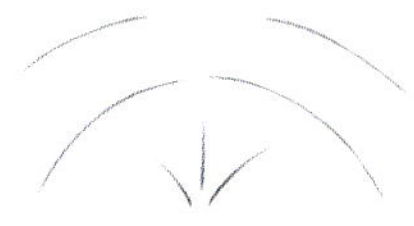

eine erhöhte Wachheit und natürlich auch eine klare Vorstellungsbildung, die es schließlich ermöglicht, die wesentlichen von den unwesentlicheren Erscheinungen zu unterscheiden. Die Übersäuerung ist eine Erscheinung, die sehr viele Gesichter besitzt und dennoch in ihrer Bedeutung immer auf den gleichen Zusammenhang stößt und das ist jener, dass das Bewusstsein aus seinem kosmischen Eingebundensein herausfällt, und somit die Beziehungsverhältnisse zu den Mitmenschen oder auch zu den verschiedenen Objekten der Welt nicht mehr ausreichend geordnet und natürlich stattfinden können.

Immer wenn ein wesentlicher Rhythmus auseinanderfällt, übersäuert das Gewebe. Der Astralleib ist der kosmische Leib des Menschen. Indem dieser Astralleib isoliert herausfällt, beispielsweise durch einseitige Bewegung ohne genügende Atemtätigkeit, entwickelt sich auch eine sogenannte Dissoziation, eine Missstimmung zwischen Seele und Leib.

Die Acidose kann in den meisten Fällen durch eine sinnvolle Umstellung der Ernährung sehr gut beseitigt werden. Allgemein darf man dem Verdauungssystem weder zu viel noch zu wenig zumuten. Die höchste Anforderung, die man an sein Verdauungssystem stellen kann, ist die reine Vollkorn-Getreidekost ohne Gemüse, Milchprodukte und Obst, denn das Getreide benötigt zu seiner Verdauung und Resorption eine innere Wärmekraft, die bereits aus einer gewissen spirituell entwickelten individuellen Ich-Dimension entsteht. Am wenigsten Anforderungen an das Verdauungssystem stellt hingegen die herkömmliche Zivilisationskost mit Weißmehlprodukten, Zucker, Fertiggerichten, Eiern, Fleisch und den vielen daraus entstandenen Mischerzeugnissen. Obwohl bei dieser Kost meist die Eiweiße schwerer verdaulich sind und der Körper somit mehr mit Substanz belastet wird, müssen sich doch die Organe nicht so sehr anstrengen, um die Nährstoffe aufzunehmen und in eigene Körpersubstanz umzuwandeln. Diese Nahrungsmittel sind stärker den einfachen Bedürfnissen nach substanzieller Grundlage angepasst. Die lebendigen Kräfte der Natur, die in der Pflanzenkost und ganz besonders im Getreide als eine dem Menschen, vom Ätherleib gesehen, entfernte Dimension enthalten sind, sind in den raffinierten Produkten, in Dosen und auch in der Fleisch- und Eiernahrung nicht vorhanden. Die vegetarische Kost mit viel Vollgetreide benötigt ein sehr gut arbeitendes Verdauungssystem. Das Getreide kann roh gar nicht leicht resorbiert werden. Getreide muss zu Brot, Gebäck, Bratlingen, Pfannkuchen und Brei verarbeitet oder als Grütze gekocht werden. Ganze Körner sind bei Reis, Hafer, Hirse und Buchweizen zu empfehlen und müssen aber doch vom menschlichen Verdauungssystem ausreichend ergriffen werden. Schließlich sollte das menschliche Bewusstsein mit der aufgenommenen Nahrung eine Harmonie bilden.

Allgemein kann man sagen, dass jede Stoffwechseltätigkeit zu Säure- und Basenbildung führt. Mit zunehmendem Alter nehmen die Stoffwechselaktivitäten ab, wodurch es auch zu vermindertem Säureabbau kommt.

Die seelische Realitätsebene bezieht sich vor allem auf das innere Beziehungsfeld des Einzelnen zu seinen Mitmenschen und in letzter Konsequenz zu aller Natur und allen Erscheinungen in der Natur. Wer sich der Erde und all den Angelegenheiten, die das Leben auf Erden hervorbringt, nicht gerne mit spirituellem Interesse hingibt, der kann Pflanzenkost meist schwerer und vor allem Getreide schlechter verwerten. Das Leben stellt beständig Herausforderungen an den Menschen und jeder muss während seines Lebens vielfach Dinge tun, die er nicht gerne tut. Das ganze Leben erfordert in diesem Sinne ein Hinopfern von Zeit und

Auch im sozialen und beruflichen Leben können die individuellen Fähigkeiten in der Regel dann am besten entfaltet werden, wenn der Einzelne sich weder ständig über- noch unterfordert, sondern rhythmisch einer gesunden Anforderung hingibt. Diese ausgewogene Mitte stellt sich aber in den seltensten Fällen von alleine ein, sie muss in der Regel eigenaktiv gestaltet werden.

Die kosmische Verbindung des Menschen ist gleichzusetzen mit der guten und profunden Beziehungsfähigkeit im gewöhnlichen Leben. Man muss sich nicht dem Sternenhimmel zuwenden, sondern kann sich durchaus dem irdischen Leben hingeben. Die kosmische Beziehungsfähigkeit bedeutet gleichzeitig auch eine auf Realität und Empathie bestehende Fähigkeit im irdischen Leben von Mensch zur Natur und von Mensch zu Mensch.

Der Mangel an spiritueller Entwicklung hat leider auch seinen Ursprung in der christlich-abendländischen Kultur, die dem Menschen den Geist abgesprochen und die spirituelle Erkenntnissuche als sündig deklariert hat.

Krafteinsätzen durch den Menschen. Die Bereitschaft, viele Opfer um des Lebens willen zu bringen, führt aber mit der Zeit zu einer erhöhten Kraft im Verdauungssystem. Anders ausgedrückt bedeutet diese Tatsache: Damit Getreide verdaut und wirklich harmonisch verwertet werden kann und die Eiweiße, Fette, Kohlenhydrate, Mineralien und Spurenelemente zu einer geeigneten gesunden Aufbauleistung im Organismus beitragen, ist gleichzeitig die Aktivität in einem Ich-geführten Bewusstsein oder in einem bewussten Hinwenden zu größeren philosophischen und geistigen Fragen im Leben notwendig. Dies bedeutet beispielsweise, dass der Einzelne in nächstmögliche und größere Zusammenhänge des Daseins eintreten möchte und somit seinen individuellen Astralleib im aufsteigenden und ausdehnenden Maße mit den sozialen Verhältnissen, mit den Mitmenschen und schließlich mit den kosmischen Seinsprinzipien in Verbindung bringt.

Da aber beispielsweise die Menschen in unserer Zeit und Kultur einen Mangel an dieser spirituellen Entwicklung erleiden, übersäuern sie, wenn sie sehr viel vegetarische Kost zu sich nehmen und Getreide essen. Das Getreide kann eventuell nicht mehr verdaut oder im weiteren Verlauf nicht mehr zum wirklichen positiven Aufbau verwertet werden. Es müssen deshalb das menschliche Bewusstsein und die Ernährung im richtigen Sinne zusammenwirken. Die Stoffwechselprozesse geraten aber mehr in ein Ungleichgewicht, wenn jemand beispielsweise versucht, sich sehr leicht mit viel Getreide und Obst zu ernähren, und dabei aber von seiner gesamten Konstitution die Kraft nicht hervorbringt, das Leben in eine sinnvolle Entwicklung zu steuern. Die Acidose kann deshalb im Gewebe auf zunehmende Weise entstehen, wenn sich jemand zu leicht, das heißt mit zu lichter und vegetarisch feiner Substanz ernährt. Sein Nervensystem kann auf dieser Grundlage durchaus eine Schwächung erfahren.

An die Getreidenahrung muss sich das Verdauungssystem erst langsam gewöhnen. Eine Ernährungsumstellung kostet eine gewisse Zeit. Auch wenn man schon sehr viel Gemüse und Salate gegessen hat, erweist es sich als sinnvoll, die Getreidekost nicht zu rapide als Hauptkost zu nehmen. Es empfiehlt sich eine gewisse Vielfalt und dies auch durchaus für Personen, die sehr spirituell orientiert sind. Einseitigkeiten und Extreme in der Nahrungsauswahl führen fast immer zu rhythmischen Störungen und schließlich begünstigen sie eine Übersäuerung im Gewebe. Alle Extreme können den natürlichen Werdegang eines Menschen meist nicht förderlich beeinflussen. Die Getreidekost benötigt, um integriert zu werden, nicht nur ein vorübergehendes, sondern ein beständiges inneres Aktivsein.

Das Bewusstsein kann durch das eigene Denken und Fühlen, das bestrebt ist, reiner, weiter und dennoch inniglich zu werden, erzogen werden. Ähnlich wie bei der Muskulatur, die im Körper atrophiert, wenn sie nicht trainiert wird, ist es ebenso mit der Aktivität in den seelischen Bereichen. Man kann im Leben in der Erfahrungssuche und in der Entwicklung von

Wahrheit nicht müde werden. Zu dieser Aktivität, die immer mit wachsender Umsicht und sorgfältiger Pflege der rechten Gedanken einhergeht, muss man sich jeden Tag neu disziplinieren. Die Extremformen der Nahrungsaufnahme bestehen entweder in zu leichter Kost oder auch auf der anderen Seite in zu schwerer Nahrung. Die konventionelle Ernährung bringt ebenfalls einen Übersäuerungsprozess, denn wenn der Mensch sehr viel Fleisch, Fisch, Eier, Weißmehlprodukte und Zucker, eventuell auch verbunden mit Alkohol zu sich nimmt, fördert er nicht wirklich sein Bewusstsein zu einer kosmischen Ausdehnung und somit fehlt ihm auf Dauer tatsächlich die seelische Integrität. Er fühlt förmlich, wie er nicht mehr mit seinen Gedanken und seinem fühlenden inneren Herzen im Zusammenhang mit einem Ganzen und schließlich auch nicht mehr mit dem Kosmos verbunden ist. Die Übersäuerung ist gewissermaßen eine Folgereaktion, die ebenfalls aus einer zu schweren Nahrung kommen kann.

Wie kann einer Übersäuerung im Gewebe auf längere Zeit sowohl mit dem Bewusstsein als auch mit einer sinnvollen Ernährungsgestaltung entgegengewirkt werden? Aus den bisher angeführten Gedanken lässt sich sehr deutlich erkennen, dass jede Übersäuerung aus einer bestimmten Art Disharmonie des Leib-Seele-Verhältnisses entsteht. Je mehr beispielsweise extreme Formen in der Ernährung vorhanden sind, die dem Bewusstsein des Menschen nicht gerecht werden, desto größer ist die Gefahr, dass der Astralleib aus seinem kosmischen Zusammenhang herausfällt und die Gewebeübersäuerung schließlich als Antwort entsteht.

Es ist bekannt, dass beispielsweise Stresssituationen zu einer vorübergehenden Übersäuerung des Blutes führen und sich auf dieser Grundlage eine weitere Übersäuerung in den Geweben entwickelt. Der einzelne Mensch wird durch Stresssituationen schwächer und erschöpfter. Was geschieht bei Stresssituationen im Leben? Der Einzelne fühlt sich den Überforderungen preisgegeben und es mangelt ihm schließlich an Ruhe, Sammlung und Regeneration. Er findet keinen wirklichen natürlichen, integren Beziehungsanschluss. In einer Stresssituation unterbrechen sich die natürlichen Rhythmen, und unmittelbar beginnt der ganze Mensch entweder mit Rückzugsneigungen, Verschlossenheit, Müdigkeit, Dumpfheit oder auf der anderen Seite mit Gereiztheit, Unruhe und Abwehr zu reagieren. Der physiologische Zusammenhang von diesem durch Stress entstehenden Herausfallen aus dem natürlichen, rhythmischen Eingebundensein ist sogleich die saure Reaktion im Körper.

Auch lange Nahrungskarenz oder sehr einseitig gewählte Diätformen können zu einer Übersäuerung führen. Diese aber entsteht immer aus dem Verhältnis des Bewusstseins oder Seelenlebens zum Körper. Fastet jemand beispielsweise eine Woche, so kann er am besten die Säurebildung aufhalten, wenn er sich für sein Bewusstsein und eventuell auch für die körperliche Aktivität ausreichend Ruhezeiten einräumt. Nur selten können Personen während einer längeren Nahrungskarenz auch Höchstleistungen für mentale und physische Arbeiten vollbringen.

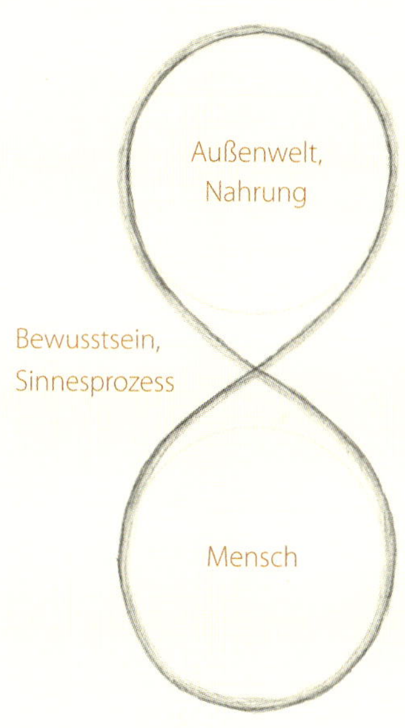

Wenn der Mensch atmet, findet ein unbewusstes Wechselspiel zwischen der Außenwelt und seinem Inneren statt. Auch mit der Ernährung nimmt der Mensch an der Außenwelt teil. Über die Sinne wird ihm dieser Prozess bewusst, wenn er z.B. die Nahrung schmeckt, sie riecht und die Farben und Formen wahrnimmt. Diese bewusste Sinneswahrnehmung ist wie der Kreuzpunkt der Lemniskate, der zwischen der Außen- und Innenwelt liegt. In der lebendigen Auseinandersetzung mit den Nahrungsmitteln bewegt sich der Mensch in einem rhythmischen Wechselspiel zwischen Außen und Innen. Er nimmt nicht nur physische Nahrung in sich hinein, sondern „beseelt" den Prozess durch sein aktives Sinnesleben wie in einem Kreuz- oder Berührungspunkt. Der Sinnesprozess ist immer wie ein feinster Berührungspunkt.

Man kann natürlich von außen Mineralien zuführen, um einer Übersäuerungstendenz entgegenzuwirken. Sehr günstig erscheint es aber, wenn die Nahrung in richtiger Weise auf die Notwendigkeiten des Menschen abgestimmt wird.

Im Allgemeinen sind Vitaminpräparate in isolierter Weise nur in sorgfältiger Abstimmung mit einem Arzt oder Heilpraktiker zu wählen, denn eine isolierte Vitamingabe kann Ablagerungen im Körper mit ungesunden Folgen bewirken.

Mineralgaben hingegen sind gelegentlich bei Mangelerscheinungen sinnvoll. Magnesiumgaben, Kalzium oder Kalium können manchmal notwendig sein, während Eisengaben in isolierter Weise nicht ohne therapeutische Kontrolle eingenommen werden sollen.

Durch eine ausgeglichene Ernährung kann keine Überdosierung von Vitaminen und Mineralien entstehen.

Am günstigsten wirkt man Übersäuerungstendenzen entgegen, wenn zum rechten Zeitpunkt Früchte, Salate und leichte Kost gegessen werden und dann, wenn es der Körper und die Bedingungen verlangen, auch wieder mehr Eiweiß und festere, kompaktere Kost zugeführt wird. Auf Dauer gesehen wird aber die gewöhnliche konventionelle Nahrung mit viel Fleisch, Kartoffeln und Zucker dem Bewusstsein keine förderliche Grundlage geben können. Die seelisch-geistige Entwicklung des Menschen will gleichzeitig in einer aufsteigenden Bewusstheit zu neuen Möglichkeiten gelangen und hierzu bedarf es des rhythmischen, gesunden Zusammenwirkens mit der Ernährung. Damit die Acidose verhindert wird, kann der Einzelne sein individuelles Gleichgewicht auf möglichst gesunde Weise mit der Ernährung fördern.

Anmerkung:

Nach Rudolf Steiner besitzt alles Basische die Tendenz, Prozesse im Menschen zu unterstützen, die „von vorne nach rückwärts" verlaufen. Darunter kann man nicht nur den im Mund beginnenden und in der Verdauung sich fortsetzenden physischen Vorgang der Nahrungsaufbereitung verstehen, sondern alle vom Ich zum Astralleib gerichteten Bewegungen, denn die Vorderseite des Menschen kann man nach Angaben von Heinz Grill dem Ich und die Rückseite dem Astralleib zuordnen. Ein Prozess, der von hinten nach vorne oder vom Körper ausgehend das Bewusstsein erreichen möchte, bewirkt eine Übersäuerung. Aus diesem Grunde ist eine spirituelle Disziplin, die nicht im Geiste gegründet ist, sondern die vom Körper ausgehend den Geist erreichen möchte, mit einer starken Säurebildung verbunden.

Dabei ist noch eine dritte Richtung von oben nach unten von Bedeutung, die das Salzige betrifft. Das Salzhafte ist zur Erde ausgerichtet und verläuft damit senkrecht zu der Bewegung, die den Säuren und Basen entspricht. So reagiert Kohlensäure als Säure mit Calciumhydroxid als Base zu dem salzhaften Calciumcarbonat, das Knochen und Zähne stabilisiert. Das heißt, dass sich der Mensch von oben nach unten stabilisiert.

Das Salzige ist nach Rudolf Steiner mit der festen Erde verwandt, das Säure-Basenhafte mehr mit Bewegung: „Wenn man schematisch die Erde zeichnet, so hat das Salzige die Tendenz zur Erde hin und das Basische und das Säurehafte die Tendenz, im Kreise um die Erde zu laufen".

Die Gesundheit, die Mäßigung und die Ausrichtung der Sinne nach außen

Vortrag vom 10. September 2005

Im Allgemeinen kennen viele Menschen das Empfinden, dass eine Mäßigung auf allen Gebieten förderlich ist für das gesunde körperliche und psychische Niveau. Ganz besonders tritt diese Empfindung ein, wenn eine Mäßigung beim Essen, beim Konsumieren von Speisen gegeben ist. Die Bedürfnisse des Gaumens brauchen durchaus eine gewisse Ordnung und rechte Erziehung. In der Regel gibt die Mäßigung oder auch die regelmäßige Essenspause eine natürliche Grundlage für das gesunde Leben. Wir können davon ausgehen, dass die Verhältnisse im Körper besser im Gleichgewicht bleiben, wenn wir in allen Teilen der Nahrungsaufnahme, der Gaumenfreude oder des Gaumengenusses einige Kontrolle walten lassen können.

Es ist ganz interessant, wenn einmal beim Essen die Empfindung dahingehend betrachtet wird, wie einerseits viel gegessen und gut auf sättigender Grundlage die Nahrung aufgenommen werden kann, und wie im Gegensatz dazu auch ein gewisses Gefühl gewahrt bleiben kann, nicht zu viel nach innen hinein zu nehmen, sondern mäßig und überschauend zu essen. Es ist ein großer Unterschied im Bezug auf das Körperbefinden, wenn die Gaumenfreude in etwas zu reichlichem Maße nach innen, nach Seiten des begehrenden Körpers befriedigt wird und dadurch Schwere bis hin zu Überdruss empfunden werden kann. Natürlich ist es kein Maßstab, wenn sich jemand den Hunger über zu lange Zeit auferlegt und damit ein natürliches Bedürfnis unterdrückt. Essen soll der Mensch, aber er soll auf jene Weise essen, die ihn sowohl in seiner Gesundheit stärkt als ihn auch mit der Außenwelt mehr in Verbindung bringt. Es könnten unendlich viele Empfindungen geprüft werden, die mit dem Essen zusammenhängen, beispielsweise Empfindungen, die in verschiedenster Weise auf Gleichgewichte im Astralleib und namentlich in der Aussteuerung des Begehrenstriebes hindeuten.

Betrachtet jemand aber nur einseitig das Essen, so kann er unter Umständen bei sich selbst in Zwänge geraten, denn allein die Problematik des Essens und des rechten Verteilens der Genüsse, der Genuss-Sehnsüchte, ist in der Regel zu schwierig. Da das Essen mit der Triebkraft verbunden ist, entwickelt sich mit dieser Disziplin durchaus sehr leicht eine Form der Abhängigkeit. Das Essen ist nämlich gerade dasjenige Glied, das den Menschen im gesunden Sinne in Leib und Seele zusammenhält und durch diese Funktion das Bewusstsein auch in seinem Kräftehaushalt ordnen kann. Die menschliche Einschätzung könnte nun davon ausgehen, dass die Nahrung an allem Anfang steht, so wie sie auch häufig in der Makrobiotik als primäre Quelle aller Krankheiten bewertet wird. Es könnte sein, dass diese durchaus noch sehr materiell geprägte Anschauung

Die Mäßigung sollte nicht mit Lebensrückzug und einem starken Asketismus oder auch nicht mit einer besonderen Betonung von intellektueller, überspitzfindiger Genauigkeit in der Nahrungsauswahl verwechselt werden. Die Zeichnung zeigt eine überbetonte Ausstrahlung der Nerven-Sinnestätigkeit und ist charakteristisch für das Gegenteil der Gier. Es ist ein sehr deutlicher physiognomischer Ausdruck der einseitig überbetonten Verstandeskräfte gegeben. Eine genießende, im Ideologischen schwelgende Bewusstheit kann nach der Anthroposophie als „luziferische" Geistigkeit benannt werden und diese entsteht durch intellektuelle Einseitigkeit, während die hier vorgeschlagene Ausrichtung den Menschen mehr mit der Außenwelt verbinden möchte. Die Quantität und Qualität der Nahrung soll deshalb entsprechend harmonisch durch das Bewusstsein und durch die möglichst erworbene Weisheit des Menschen abgestimmt werden.

schlussfolgert: Wenn jemand viel arbeitet, dann muss er viel essen, denn als Grundlage für den Leib muss schließlich die Nahrungsversorgung ausreichend sein. Das Denken folgt in der Regel automatisch diesen verführenden Kräften nach und glaubt, es müsste in jeder Weise zu einem ausreichenden Leibesgefühl gereichen, damit die Energiehaushalte erbaut werden und ausreichend gearbeitet, gehandelt und schließlich das Leben geführt werden kann. Allem Anfang jedoch liegt nicht die leibliche Energiegrundlage vorherrschend zugrunde, sondern an allem Anfang steht der Gedanke als die feinste Seinsexistenz in allen Abläufen des Lebens.

Wie dieses Ich des Menschen allen Erscheinungen zugrunde liegt, wird beispielsweise auch daran ersichtlich, dass es keinen Stuhl, kein Auto oder Haus geben kann, wenn es nicht auch den Gedanken dazu gibt, der durch den Menschen gedacht und in die Umsetzung gebracht wird. Nach einer esoterischen Betrachtungsweise liegen aber auch der Natur, allen Pflanzen, Tieren und sogar Erdformationen auf apersonale Weise Gedanken zugrunde.

Der Gedanke bildet die primäre Ursubstanz des gesamten menschlichen Wesens. Der Gedanke ist der verborgene eigentliche Geist, das eigentliche Ich-Selbst. Dieses Ich-Selbst liegt allen Erscheinungen apersonal und dem Menschen personal zugrunde. So ist es auch wahr, dass allem Körperlichen und Wesenhaften, allen Erscheinungsformen ein Gedanke innewohnt. Eine geistige Wissenschaft oder Forschung muss deshalb auch davon ausgehen, dass es unumgänglich ist, von diesen Gedanken die Interpretation der Gesundheit zu leisten. Denn wenn wir die Gesundheit, das Wohlbefinden und schließlich auch alle weiteren Feststellungen am Körper nehmen, welche in der Disziplin des Essens und im Leben eine gewisse Verhältnismäßigkeit in diesem Gefüge bestimmen, dann werden wir nur einseitig die Daseinsbedingungen systematisieren können und schließlich sogar in strenge Formeln pressen müssen. Wesentlich ist es für die weitere Erklärung, dass der Gedanke in die Mitte rücken kann und das ist allgemein der Gedanke und damit der Geist der Sache, der ein Zentrum in sich selbst einnimmt.

Man nehme das Beispiel, dass ein sehr großer Durstdrang besteht. Gierig befriedigt jemand diesen Durst, indem er einen Liter Fruchtsaft schnell in sich hineintrinkt. Die Begierde nach dem Trinken setzt sich meistens sehr stark in das Innerliche und Körperliche fort und lässt kaum mehr die Sinne nach außen zu dem Geschmack und schließlich auch gar nicht mehr zu den wirklichen Empfindungen hinausgleiten. Jede Gier bewirkt deshalb ein stärkeres Zurückgeworfensein zum Körper.

Der Gaumen ist ein recht zweideutiges Instrument des Menschen, denn der Gaumen beziehungsweise der ganze Rachen-Mund-Raum ist auch nach außen, beispielsweise mit dem Sprechen, ausgerichtet. Das menschliche Wesen gibt Worte nach außen und gestaltet diese Worte in einem bestimmten Sinne. Indem diese zweideutige Funktion des gesamten Zungen-Mund-Bereiches betrachtet wird, gewinnt auch die schöpferische Seite eine viel gewichtigere Benennung. Der Mensch lebt nicht von dem, was er konsumiert, sondern der Mensch lebt in Wirklichkeit von dem, was er in Gedanken umsetzt und in dem, was er nach außen gibt. Es ist nur auf dem physischen Plan scheinbar umgekehrt. Auf dem physischen Plan möchte man glauben, es würde der Mensch davon leben, was er konsumiert, und er würde schließlich auch dasjenige darstellen, das er in sich hineinnimmt. Das ist aber nur auf dem physischen Plan infolge der Sinnestäuschungen, infolge der Wesenhaftigkeit der Täuschungen in der Welt ersichtlich. In Wirklichkeit ist diese Erscheinung, die man fast als wissenschaftlich belegen könnte, nicht richtig. Es ist nämlich richtig, dass der Mensch dasjenige in seiner Seele ist, was er gibt, und dasjenige ist, was er nach außen erlebt, formuliert, wie er fühlt, spricht, wie er sich wirklich in Beziehung setzt, wie er in all seinen Gedanken, Gefühlen und Taten zu den Mitmenschen, zur Natur und zur Schöpfung hingehend hinauswirkt.

Die Gier ist eine Existenzerscheinung des Menschseins, die darauf beruht, dass gewisse entwicklungsnotwendige und allgemeine psychische oder sensitive Aktivitäten im menschlichen Wesen unterlassen wurden. Die Last und Bedrängnis der Gier tritt gewissermaßen entgegen der schöpferischen Wirklichkeit des Denkens, des Ich-Tätigseins und des realen In-Beziehung-Stehens ein. Je weniger die Sinne nach außen gleiten und je weniger sie sich bewusst mit einem Gedanken orientieren, desto mehr kann die Wollens- und Wunschkraft im Menschen zur wahren Triebmacht aufsteigen. Die Gaumengier beispielsweise tritt auch aus den unzufriedenen Gefühlen herein. Der Mensch glaubt, wenn er sich einmal der Gier preisgegeben hat, dass er ohne Befriedigung dieser nicht leben kann. In der Regel ist aber die Gier, wie es in der Bhagavad Gītā heißt, eine Erscheinung aus dem *raja-guna* und sie ist alles verschlingend, *mahāśano*, wie sie trefflich heißt. *Mahāśano* heißt alles verschlingend, alles aufzehrend. Wenn der Mensch der Gier unterworfen ist, dies sowohl in einer kurzen Phase oder auch in einer längeren Phase, so bemerkt er, wie er langsam in weitere Spaltungen gegenüber der wahren Wirklichkeit oder der freudigen Verbindung zu anderen gerät. Die Verhaftung an das Begehren spaltet. So spaltet auch die Gier beim Essen. Wenn jemand gierig isst, dann kann er gar nicht anders, als sich von seinen Mitmenschen abzuspalten. So ist die Gier tatsächlich eine Erscheinung, die den Menschen immer mehr in seinem eigenen körperlichen Wesen vereinsamt und ihn selbst so in das eigene verhaftete Wollen hineinverschleppt, sodass er im eigenen Wesen sich selbst gewissermaßen verschlingt. Diese Erscheinung ist eine wahre Machenschaft des sogenannten Fleisches oder des wirklich roten Begehrens und sie führt wieder auf das körperliche Leben zurück. In diesem verschlingt sie sich innerhalb ihrer eigenen unbefriedigbaren Antriebskraft. Eine produktive, schöpferische, eine lebendige Beziehungsaufnahme, die so wertvoll wäre, ist dann von den Sinnen und schließlich von dem Bewusstsein nach außen nicht mehr möglich.

Die Gier entsteht aber auf der Grundlage einer Unterlassung von wichtigen Bewusstseinsaktivitäten, die der Mensch nach außen zu seiner Umwelt entwickeln sollte. Die Gier kann auch durch verschiedene unbewusst übernommene Wesenheiten eintreten, die beispielsweise innerhalb einer Gemeinschaft vorherrschen. Die Gier ist deshalb nicht immer nur die Einzelangelegenheit des Menschen, sondern sie kann auch dann entstehen, wenn eine Gruppe von Menschen im gesamten Umfeld bestimmte Begehrenstriebe pflegt, sodass dem Einzelnen schließlich dann leichter die Rückkoppelung beziehungsweise das Zurückgeworfensein auf das körperliche Dasein anhängig wird. Die Macht dieses nicht immer glücklichen Triebes kann wohl nur überwunden werden, wenn sich der einzelne Mensch bewusst wird, dass nicht dasjenige zählt, was er gewinnt und konsumiert, sondern nur dasjenige, was er geben und in die Gestaltung führen kann und dasjenige, was für die Mitmenschen, für die Natur, für eine Sache, für einen Aufbau und für eine solide Angelegenheit geleistet wird.

Das Wort „Wesenheiten" ist ein metaphysischer Begriff. Eine Wesenheit ist ein Teil des menschlichen Astralleibes. Meistens erscheint die Wesenheit der Gier mit rötlichen oder bräunlichen Tönen und wenn sie in einer bestimmten Gruppe von Menschen vorherrscht, so können auf diese Weise Übertragungsmuster mit Gelüsten entstehen.

Bereits beim Essen können die Sinne empfindsam nach außen gleiten und die Nahrung bewusst wahrnehmen oder sie können im Begehrenstrieb wie ertötet im reinen Wollen im leiblich Inneren versinken. Die gebende Art des Essens richtet sich nach außen zu den Nahrungsmitteln und fördert ein sensitives Bewusstsein, während sich die nehmende Art des Essens zu stark im körperlichen Genuss verliert.

Die Gier ist ein Wesen, das sich der körperlichen Organe bedient und wie gefesselt in den Sinnesbereich aufsteigt. Aus diesem Grunde gleiten die Sinne wie die Augen nicht nach außen, sondern sind ganz von den eigenen Körperaktionen und ihren gefesselten Impulsen gefangen.

Allgemein ist ein stark konsumierendes Genießen von Nahrungsmitteln wie ein Schmerz, der dem ganzen Menschsein zugefügt wird. In der starken Gaumenlust lebt deshalb nicht eine wirkliche Freude, sondern eine triste Sorge.

Wenn sich jemand dieses Verhältnis vergegenwärtigt, wie es wirklich im Menschsein mit der Gesundheit aussieht, dann wird er bei sich selbst feststellen, dass gerade die Mäßigung im Begehren in dieser Hinsicht die größte Bedeutung gewinnt, denn der Mensch muss seine Kräfte im richtigen Maße bewusstseinsorientiert nach außen zu den Möglichkeiten und Objekten der Welt einsetzen lernen. Er sollte sich auch nicht immer darum kümmern müssen, ob er einmal zu viel oder einmal zu wenig isst, er sollte nicht zu viel auf den materiellen Konsum achten, sondern er sollte auf dasjenige Kräfteverhältnis, wie die Sinne nach außen fließen, mehr Bedeutung legen. In seiner Seele, in der produktiven Ausgestaltung der Gedanken, Gefühle und Impulse wurzelt eine reinere Kraft und diese erlebt sich nur dann, wenn sich der Mensch mit seinen Kräften nach außen in Beziehung setzt und Gestaltungen, Wirkungen freisetzen lernt. Nur wenn er in diese Richtung mit den Sinnen nach außen sich selbst verlebendigt, kann er mit der Zeit die Gier beherrschen und somit auch zu einem günstigen Verhältnis in seiner Seele kommen. Er wird dann ganz naturgemäß in der Nahrungsaufnahme eine Verhältnismäßigkeit walten lassen.

Schon Aristoteles stellte fest, dass der Mensch, um gut und glücklich zu leben, Tugenden besitzen müsse. Während Verstandestugenden durch Belehrung erworben werden, kann man sich Charaktertugenden durch Übung vor allem auch im gesellschaftlichen Miteinander aneignen. Zu den charakterlichen Tugenden zählte Aristoteles unter anderem die vier platonischen Kardinaltugenden Mäßigung, Tapferkeit, Gerechtigkeit und Klugheit.

Die Mäßigung bezieht sich insbesondere auf die Lust. Diese wird von Aristoteles zwar positiv betrachtet, doch ein Zuviel an Lust wird genauso abgelehnt wie der vollständige Verzicht auf diese. Das Mitte-Halten ist das Ziel. Eine bewusst verwirklichte Tugend kräftigt auch das Umfeld. Tugenden wie die der Mäßigung regen auch andere Menschen seelisch an und sind wie fortwährende Gaben, die gesündere zwischenmenschliche Verbindungen schaffen.

In Wirklichkeit existiert diese Welt des begehrenden Genießens nicht, von der man glauben müsste, sie könnte es in manchen schönen Augenblicken des Lebens geben. Es gibt kein wirkliches körperlich abhängiges Essen, es gibt kein Konsumieren, es gibt auch kein sogenanntes Nehmen. Nun wird aber wohl jeder, der das Leben beobachtet, schon behaupten, dass es ein rein körperliches Essen, ein unabdingbares Konsumieren gibt. Solche Erscheinungen sehen zumindest die Augen tagtäglich. Die Bilder des Lebens offenbaren das Essen in allen Variationen, von vornehmen Gelüsten bis hin zu lasterhaften, gierigen Anwandlungen. Was soll diese esoterische Aussage also nun wirklich bedeuten? Soll sie hier eine Provokation für die so wunderschöne und immer schon gute Welt darstellen? Es gibt bei genauer Betrachtung aber dennoch kein wirkliches Konsumieren.

Nach den geistigen Gesetzmäßigkeiten gibt es nur diejenige Welt, die der Mensch ausgestaltet. Es gibt in der Wirklichkeit, in der bleibenden Wirklichkeit nur dasjenige, was der Mensch erschafft, und so gibt es in Wahrheit, dies natürlich nur bei ganz genauer Betrachtung gesehen, auch nur dasjenige, was der Mensch während seines Nahrungskonsums tatsächlich in feinerer Weise in seiner Seele ausgestaltet. Es gibt nicht dasjenige, was er in sich hineinnimmt, denn auch bei der Nahrungsaufnahme ist es eine Tatsache, dass der Mensch schmeckt, dass er sich mit dem Essen gefühlsmäßig in Verbindung bringt. Er bringt sich mit seiner Zunge sensitiv mit den einzelnen Geschmacksinhalten sehr genau in Verbindung. Nur kann es ihm passieren, dass er abgestumpft wird und diese Nahrungsaufnahme nicht mehr wirklich wahrnimmt, sie nicht mehr fühlt, sondern ihn seine eigene oder die kollektive Begierde so weit beherrscht, dass er nicht mehr wirklich seine Sinne betätigt. Man sagt, dass er eigentlich nur noch „völlert", denn wenn er völlert, wenn er nur noch der Gier der aufgenommenen Wesenheiten unterlegen ist, dann besitzt er keine sensitive Beziehung zur Nahrung und damit auch nicht mehr zum Geschmackserleben und weiterhin versäumt er das Erleben des möglichen und so schönen, erbauenden Essvorgangs. Er wird dann von dem Wesen des Verschlingens in sich selbst verschlungen. Er selbst verschlingt die Nahrung und gewissermaßen verschlingt er sich selbst in der Hoffnungslosigkeit der Szenerie, der Angst und der Qual des Wesens, das ihn ergriffen hat.

Es ist für das geistige Auge ein wahrhaftiges, eigentlich makaberes Schauspiel, wenn man den Menschen in irgendeiner Form der Gier erleben muss. Der Mensch weiß sich nicht mehr in Beziehung, sondern er ist außer jegliche Beziehung geraten. Er kann seine eigenen Sinne nicht mehr nach außen erleben. Das Essen ist in Wirklichkeit, wenn wir es auf eine hohe Kulturstufe führen, niemals ein Konsumieren, sondern das Essen ist ein gebender universaler Vorgang, der sich vielmehr im Äußeren und nicht im Inneren des Körpers aufhält. Es ist ein In-Beziehung-Treten zu verschiedenen Sensitivitäten der Nahrung, zu den verschiedenen Lichtqualitäten, Wärmequalitäten, zu verschiedensten kosmischen Entitäten. Wir treten mit der Nahrungsaufnahme auch mit unseren Mitmenschen in Beziehung, denn ohne unsere Mitmenschen könnte niemals ein ausreichendes Nahrungserleben beziehungsweise eine Nahrungsqualität entstehen. Das menschliche Seelenleben tritt also mit den verschiedensten Bereichen des Umfelds in eine spezifische Beziehung, sobald beim Essen eine Wahrnehmung eintritt und ein Nahrungsmittel die Zunge berührt. Dieser Vorgang des Berührens mit einem Stoff, des Erlebens und des In-Beziehung-Tretens ist tatsächlich bedeutungsvoll, denn dieser gibt gewissermaßen die sofortige produktive Antwort auf den werdenden Zukunftsmenschen. Wir sind nicht irdische Menschen, wir sind vielmehr kosmische Menschen. Indem wir in Berührung mit dem Nahrungsmittel kommen, erleben wir das Licht, die Wärme und die verschiedensten Seinsqualitäten aus dem Kosmos.

Wir antworten mit unserer Reaktion auf die aufgenommene Nahrung. Wir erleben die Nahrung und wir müssen nicht nur wach beim Essen bleiben, sondern wir müssen uns auch gewissermaßen eine Erlebensform aneignen, die geeignet ist, auf glückliche Weise dieses Beziehungsfeld zu beantworten. Nur wenn wir diesen Vorgang aus einem tatsächlich Produktiven erleben, dann können wir das Konsumierende, das es nur als Kompensation im Sinne eines Scheins gibt, ausspuren. Das Ich-Selbst tritt beim Essvorgang auf erstaunliche und souveräne Weise in seine Aktion. Wir müssen also im Essvorgang wach werden, das heißt, wir müssen uns grundsätzlich im starken nach innen, zum Körper hin Orientiertsein mäßigen, denn wenn wir uns nicht in diesem Sinne zurückhalten, dann verfallen wir allzu leicht dem reinen Wollensstoffe, der in einem gewissen Untergrund des Schlaferlebens, des nicht wachen Seins gegründet ist. Die Gier befindet sich niemals in der Wachheit des Erlebens. So wird sich auch niemand leicht in der Begegnung mit einem Stoff, der sehr ungesund, sehr scharf ist, extrem süß oder sehr derb ist, freudig erleben können. Es wird tatsächlich so sein, dass man mit der Zeit, wenn man diesen Prozess der nach außen orientierten Sinne im richtigen Verhältnis sieht, ein Erleben

Das Maß (1304-1306), Giotto di Bondone, Szene aus den Fresken in der Arenakapelle in Padua

Die Mäßigung galt im Christentum als eine wichtige Tugend, die auch in der Kunst ihre Darstellung fand. Giotto gilt als Wegbereiter der Renaissance, einer Epoche, die als typischer Ausdruck der erwachenden Ich-Tätigkeit des Menschen das ideale Maß in den Proportionen suchte. Die Mäßigung erscheint hier für den heutigen Betrachter vielleicht etwas streng und asketisch. Für die damalige Zeit ist die Gestaltung jedoch schon sehr viel plastischer und menschlicher, als die hageren Figuren der zeitgenössischen Gotik.

findet, das genau zur gesunden Mitte führt, denn ab jenem Moment, wo der Mensch mehr in das Völlegefühl oder in die Schwere und somit in die abdunkelnde Schwefligkeit seines eigenen Leibes kommt, muss er seinen Gaumen zügeln lernen, muss er sich selbst etwas mehr kontrollieren und sich wieder mit den Sinnen beziehungsvoll nach außen führen. Die produktive Begegnung auf diesem Gebiet schließt es zum Beispiel aus, schnellfertig einmal an der Eisdiele Halt zu machen und ein Eis zu verköstigen. Es schließt die produktive Umgangsweise mit den Sinnen so manche verschwenderische Geldausgabe aus. Es wird wohl niemanden geben, der das Sinneserleben eines wirklich ernsthaften In-Beziehung-Tretens in eine negative Richtung führen will.

Es sei nicht dogmatisch verboten, einmal Eis zu essen oder sich eine Süßigkeit zu gönnen, aber die Frage stellt sich: Mit welchem Bewusstsein geschieht es?

Es wird unter sinnesfreudigen, nach außen orientierten Voraussetzungen und richtigen Begegnungsverhältnissen das Erleben zu einer wirklichen Freude werden, denn das Essen soll jene sinnesaktive Begegnung in jeder Weise sein und soll auch eine Form des Genusses darstellen. Aber dieser Genuss wird nun nicht mehr an den Körper zurückverhaftet, sondern auf eine Stufe nach außen zu seinem eigenen Objekt hin orientiert. Diese Freude ist dann nicht die typische Freude des Gaumens, der sich selbst genießt, der um der Not willen konsumiert, sondern es ist die Freude am Nahrungsmittel, am Naturwesen oder an der Begegnung, die Menschen miteinander haben und die sie dann in einer bestimmten Kulturform des Essens miteinander teilen. Die Freude des Konsumierens und die Freude, eine Gier zu befriedigen, gibt es eigentlich nicht wirklich, denn wenn es so wäre, so würde der Mensch ganz in die Spaltung und in das Leiden übergehen. Wir müssen nur das Leben ausreichend und tiefsinnig beobachten, um festzustellen, dass es so etwas wie rein körperlich sinnliches oder konsumierendes Essen in Wirklichkeit nicht gibt. Essen für den eigenen Körper und seine Lustbefriedigung gibt es nicht. Damit meine ich, es gibt kein Essen im Sinne des materialistischen und damit auch körperlich gierhaften Genusses.

Die Sinnesfreude bedeutet nicht nur eine Erfrischung im eigenen Erleben, sondern führt auch zu einer feinen Veränderung an den Objekten, denen wir uns mit Interesse zuwenden. So bekommen beispielsweise Speisen, die mit sensitiver Aufmerksamkeit betrachtet werden, auch eine feine Anziehung für andere Personen.

Es gibt nur eine Begegnung, die eine produktive Schöpferkraft ist, die gewissermaßen schon in die gleiche Richtung führt, wie es die Gestaltung eines schöpferischen Sinnes ist, die Ausgestaltung eines bestimmten Bewusstseins oder einer bestimmten Handlung darstellt. Es gibt nur das seelische, sinnesgemäße Geben, es gibt nicht das konsumierende Nehmen. Es gibt nicht das lasterhafte Konsumieren, es gibt nur die konstruktive, produktive, die schöpferische, die wirklich kreative Lebensgestaltung des Menschen. Der Mensch ist durch den Geist und durch den Gedanken getragen. Es ist diese Vorstellung eine sehr freudige Seite, wenn wir diese einmal verstehen und feststellen, dass es nur die lebendige und im Zusammenhang existierende, alles gebende Lebensform gibt. Obwohl es die leidende Seite, die spaltende Seite gibt, so muss es diese nicht geben, wenn das Bewusstsein unmittelbar aus dem Gedanken und seinen Möglichkeiten aufersteht. Das Leiden wird nur hervorgerufen durch den materiellen Irrtum, aber diesen gibt es in Wirklichkeit nur als vorübergehende Erscheinung. Im Ich-Erleben, im Sinne dessen, was

Gier gilt im Kontrast zur Mäßigung traditionell als Untugend. Gier im Sinne von Lust, Begierde oder Begehren ist ein willentlicher Antrieb zur Behebung eines subjektiven erlebten Mangels mit einem damit verbundenen Anspruch dem Mittel der Befriedigung gegenüber. Anstatt die Gier direkt zu bekämpfen, kann sie durch die bewusst entwickelte Kraft der Mäßigung zurückweichen.

der Mensch an Qualitäten und Fähigkeiten besitzt, kann er mit jeder Essensgabe einen kleinen Funken des hereingebrochenen Leidens wieder überwinden. Es existiert der Gedanke und dieser ist frei von der Wesensmacht des Leidens.

Zusammenfassend lässt sich deshalb darstellen, dass die Mäßigung im körperlichen Sinne für die Gesundheit sehr wohltuend ist. Die Mäßigung darf aber nicht eine zwanghafte Einteilung sein und sie beinhaltet vor allem auch in keinster Weise dasjenige, was wir mit Verzicht oder gar mit Askese bezeichnen können. Die Mäßigung des Begehrens ist eigentlich der natürliche Vorgang, denn der Mensch kann nur so viel tun, wie er kreativ, schöpferisch leisten kann, und deshalb kann er auch nur so viel essen, wie er bewusstseinsgemäß schöpferisch im wachen, nichtbegierigen Zustand verarbeiten kann. So dürfen wir sagen: Die Gesundheit des Menschen liegt nicht in der Quantität des Essens und in den Einteilungen gewisser Quantitäten oder in der Selektierung gewisser Qualitäten. Sie liegt viel weniger an diesen äußeren materiellen Aspekten, sondern sie liegt im Wesentlichsten, im Profundesten darin, dass der Mensch fähig ist, sich durch sein Ich in das Leben hineinzubewegen und Gaben in das Leben einzubringen. Indem er sich im Begehren auf diesem Weg entsprechend seiner Möglichkeiten mäßigt, indem er die Kräfte der Sinne und der Sinnesanteilnahme in seiner Seele, im Denken, Fühlen und Wollen, richtig ausgestaltet, wird er sich ganz naturgemäß auch im Essen wiederfinden, denn er wird so in diesem quantitativen Umfang essen, dass es gerade dienlich ist, die nötigen Schöpferkräfte zu entwickeln oder sie richtig zu bewahren. Das ist eigentlich das Wesen der wirklichen Mäßigung und der Zügelung des überkommenden Begehrens. Die Mäßigung wird in diesem Kontext wie eine Kunst ausgestaltet und sie wird zu einer produktiven, schöpferischen, aktiven Fähigkeit des Menschseins selbst. In der Entwicklung dieser Gedanken liegen die Dimensionen des Ich. Diese Dimensionen des Ich müssen wir Menschen immer weiter benützen lernen, denn sonst sind wir den Wesenheiten der allgemeinen Verfallserscheinungen untergeordnet.

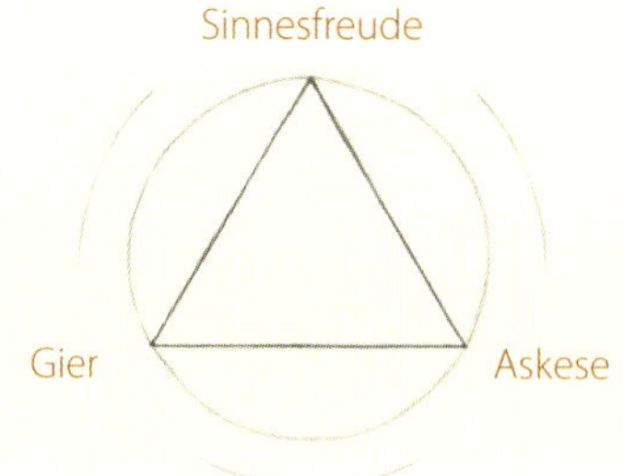

Die Sinnesfreude erhebt sich aus den Dualitäten zwischen Entsagung und reiner Gaumenfreude. Insofern entsteht das rechte Maß weniger in der Mitte der beiden Pole, sondern gleicht diese beispielsweise durch die Freude an der Begegnung mit dem Naturwesen aus. Diese Begegnung mit dem Wesen einer Sache entspricht einem künstlerisch-schöpferischen Prozess, der jedem Menschen dadurch, dass er ein Ich besitzt, möglich ist.

Zeichnungen zu den sieben Getreidearten

Es ist sicher kein Zufall, dass es gerade sieben Grundgetreidearten gibt. Die Zahl Sieben deutet auf den nahen Bezug des Getreides zum Kosmos und seinen sieben Hauptplaneten hin.

Verstehen Sie bitte die Zeichnungen der einzelnen Getreidesorten nicht zu sehr von ihrem Nutzwert. Die oberste Eigenschaft hat sehr wenig mit den Inhaltsstoffen der einzelnen Sorte zu tun. Die lebendige geistige Dimension, die über dem Getreide strahlt, schenkt dem Menschen die Liebe, die Religion, das Vertrauen, die Meditation, die gebende Kraft, das Wissen und das Licht. Dies sind alles geistige Eigenschaften, die mit den Stoffen der Materie korrespondieren, jedoch nicht primär von diesen abstammen.

Die Getreideähren sind ein Sinnbild für diese hohen, aus dem außerirdischen Reich entspringenden Ströme. Sie sind für den Menschen eine heilsame Quelle. Wer das Getreide isst, nimmt diese Nahrung, über der eine göttliche Hand webt, zu sich. Er nimmt aber auch die Grundlage zur Bewusstseinsentwicklung und Temperamentsbildung zu sich. Jedes Getreide wirkt auf spezifische Weise auf das Denken, auf das Fühlen und den Willen. Unterschiedlich werden die Organe angesprochen, schließlich benötigt der Körper auch die physische Nahrung. In den Getreidesorten befinden sich Eiweiße, Fette, Kohlenhydrate, verschiedene Vitamine und Mineralien in unterschiedlichen Mengenverhältnissen.

Hafer

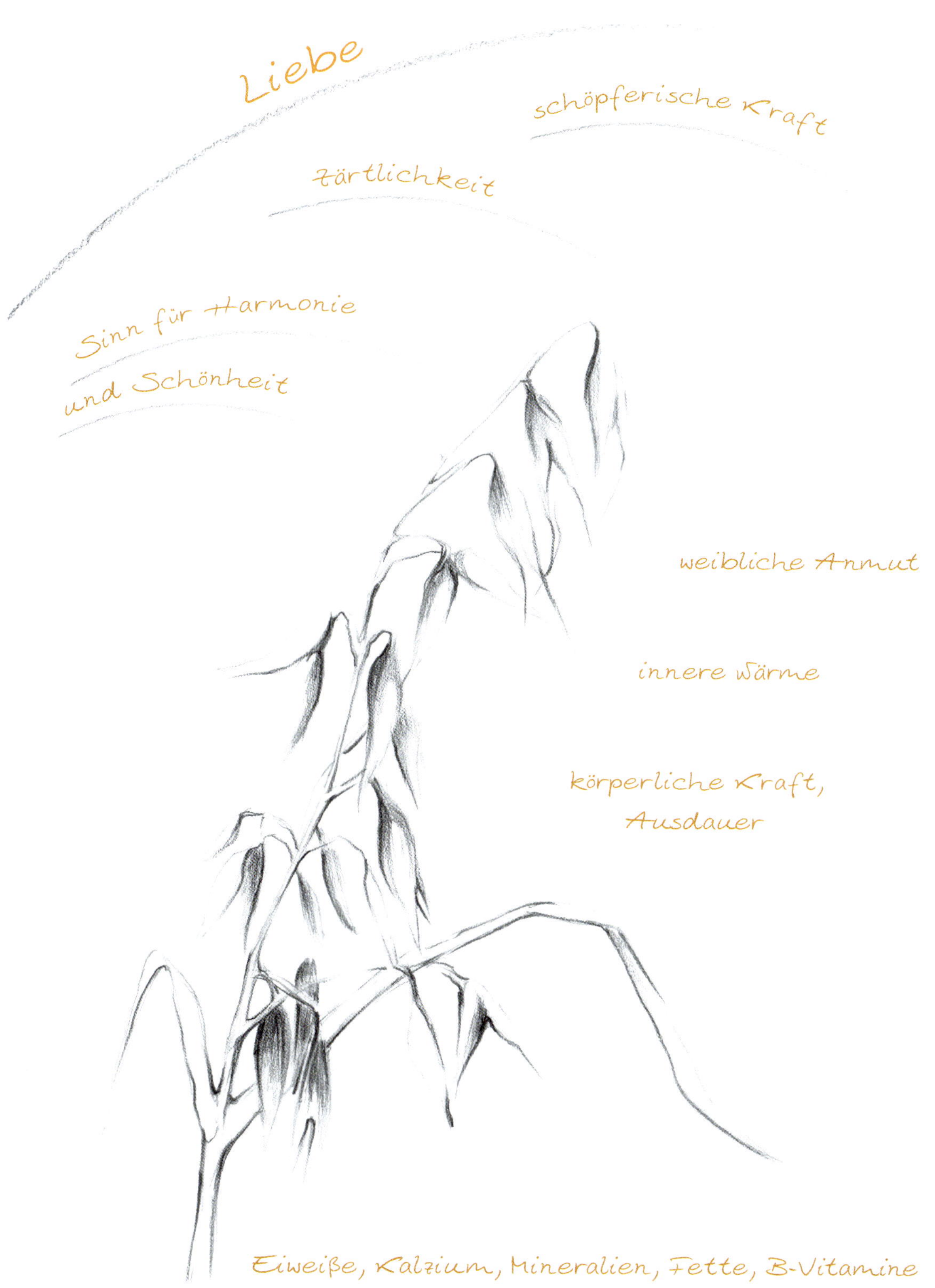

Liebe
schöpferische Kraft
Zärtlichkeit
Sinn für Harmonie
und Schönheit
weibliche Anmut
innere Wärme
körperliche Kraft,
Ausdauer
Eiweiße, Kalzium, Mineralien, Fette, B-Vitamine

Weizen

Kohlenhydrate
Kieselsäure, Eiweiße, Fette

Hirse

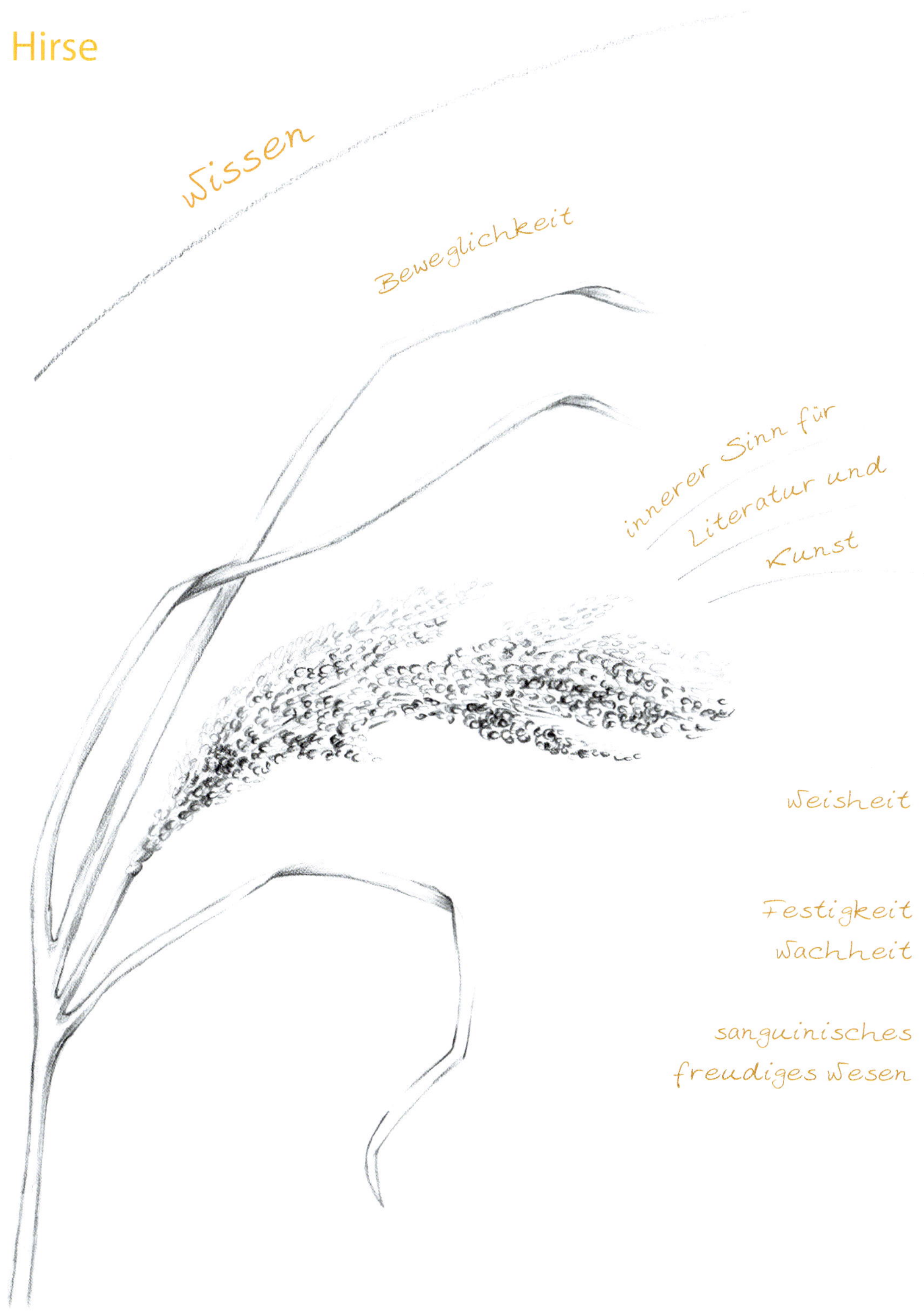

viel Kieselsäure, Eiweiße, Kohlenhydrate, Fette

Roggen

Religion
Lichtkraft
freundschaftliche Güte
Achtsamkeit
Festigkeit
körperliche Kraft
Mineralien, Kohlenhydrate, Eiweiße, Fette, Kalium

Mais

Vertrauen

Sorgfalt in allen Arbeiten

Pflichtgefühl

Verantwortungsbewusstsein

Ruhe des Körpers

Melancholisches Temperament

Kohlenhydrate, Eiweiße, Fette

Gerste

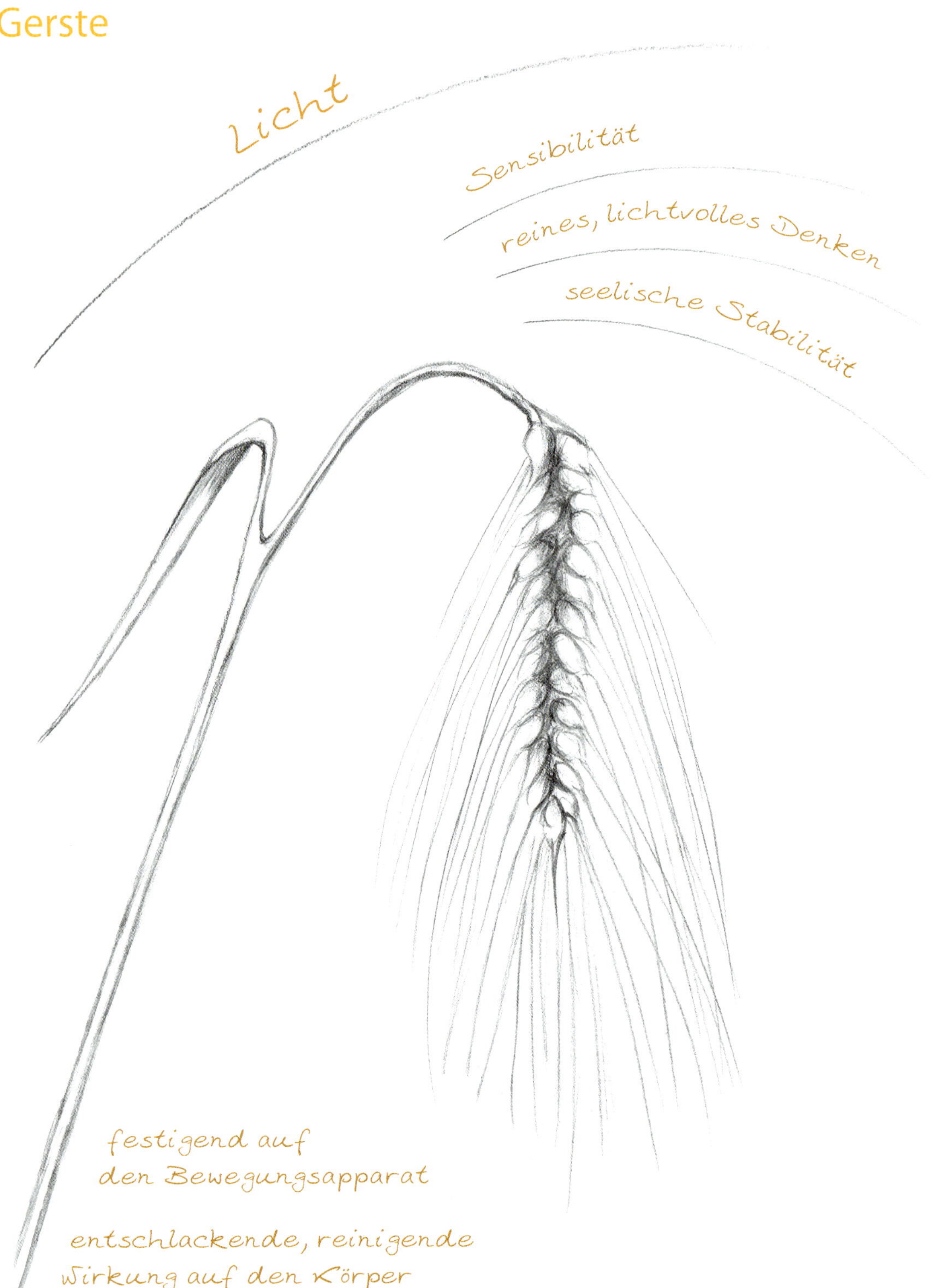

viele Kohlenhydrate, Kieselsäure, Mineralien

Reis

leicht verdauliches Getreide, Kohlenhydrate, B-Vitamine

Die Frühjahrspflanze

Aus Kreisen weiten Ätherlichtes
tastet herab feinste blütenfrohe Berührung,
gebärdet aus sonnenlichten Höhen
das werdende Frühjahrspflanzenwesen.

Das Licht aber, das sonnenleichte,
das reine Geschöpf, das außerirdische,
gibt und sinnet dem Tode,
dem Zyklus der Erdenstofflichkeit.

Es knospet, sprießt, erblühet
ein Licht aus ehemaligen Äthersphären,
zur Mitte geworden unsagbar
im Zentrum wachsender Erdenwelten.

Damit entstehen können endlich
jene frohen Töchter der Sonne selbst,
im Pflanzenwesen, im Blütenschimmer,
reine Formen, ein geschmeidiges Kleid.

Die Frühjahrspflanzen wirken nun
im sanften blauen Ätherglanz
auf den Menschenwillen heilsam
zu guten Erdentaten, ein Atem.

Anhang

Für die im Haupttext nicht näher ausgewiesenen Anmerkungen möchte ich als Verlagsleiter den Lektoren herzlich danken. Diese waren:
Monika Lepold (u. a. Kristallisationsbilder), Kerstin Löwenstein (u.a. S. 47-49, 71, 176), Elisabeth Oppermann, Dagmar Niedermair, Ulrike Leßmann, Antje Örs und Regina Spirkl.

Mein besonderer Dank gilt auch den Künstlern, den Fotografen und Zeichnern sowie Regina Spirkl für die künstlerische Gesamtleitung und Gestaltung des Buches.

Anmerkungen und Quellenangaben des Verlags

Zu den vier Geschmacksempfindungen (S. 22)

Die Wirkung der unterschiedlichen Geschmacksrichtungen auf die Wesensglieder des Menschen wird in der Veröffentlichung „Ein neuer Yogawille" im Kapitel zum „Fasten, Geschmackserleben und die Entwicklung der Sinnesfreude an der Ernährung" beschrieben.

Zur „Empfindlichen Kupferchlorid-Kristallisation" nach Dr. Ehrenfried Pfeiffer (S. 29 Randnote)

Die sogenannte „Empfindliche Kupferchlorid-Kristallisation" wurde von Dr. Ehrenfried Pfeiffer auf Anregung von Rudolf Steiner entwickelt und wird heute vielfach vor allem in anthroposophischen Einrichtungen zur Qualitätsbestimmung von Lebensmitteln herangezogen, um Lebensprozesse anschaulich zu machen. Es handelt sich dabei um eine Methode, bei der die chemische Substanz Kupferchlorid je nach zugefügter biologisch-organischer Substanz in einer arttypischen Nadelkonfiguration kristallisiert. Einflüsse durch Alterung, Art der Düngung, Standort und Saatgutsorte führen dabei zu einem bestimmten Ausdruck in den Kristallisationsbildern. Die Auswertung der Bilder erfolgt schließlich nach morphologischen Kriterien, wie beispielsweise die Art, Anzahl und Ordnung der Verzweigungen des auskristallisierten Nadelgefüges. Es gibt auch noch weitere bildschaffende Methoden, wie z.B. Steigbilder nach Kolisko, nach Hauschka oder Tropfbilder nach Schwenk. Allen Verfahren ist gemeinsam, dass eine organische Probe mit einer chemischen Substanz in eine Verbindung gebracht wird und dabei charakteristische Form- und Strukturbilder entstehen, die zur Beurteilung der Bildekräfte in der Pflanze herangezogen werden können. (Siehe auch die Literatur von Ehrenfried Pfeiffer)

Zu Dr. Max Bruker (S. 31)

Dr. Max Bruker (1909-2001) forschte nach den Ursachen von Zivilisationskrankheiten im Zusammenhang mit der Ernährung. Bekannt wurde er vor allem durch seinen Einsatz für die von ihm so benannte „Vitalstoffreiche Vollwertkost".

Zu Udo Renzenbrink (S. 36)

Udo Renzenbrink (1913-1994) war Arzt und Ernährungsforscher. Er beschäftigte sich vor allem mit dem Einfluss der Ernährung auf die Gesundheit und setzte sich für eine ausgewogene Vollwerternährung auf Getreidebasis ein. Hierzu gründete er in Bad Liebenzell-Unterlengenhardt den Arbeitskreis für Ernährungsforschung. Er ist Autor zahlreicher sehr empfehlenswerter Ernährungsbücher, die aber leider vielfach nur noch antiquarisch erhältlich sind.

Zu den vier Äthern bei Rudolf Steiner (S. 42 und S. 46)
Rudolf Steiner (1861-1925) war spiritueller Lehrer und Begründer der Anthroposophie. Er forschte in vielen Lebensgebieten nach den seelischen und geistigen Hintergründen und hat dabei mit seinen Erkenntnissen ein sehr umfangreiches, tiefgründiges Werk geschaffen. Er gilt auch als Begründer der biologisch-dynamischen Anbauweise (Demeter).
Rudolf Steiner, Grundelemente der Esoterik, GA 93a, Rudolf Steiner Verlag, Basel, 2008, S. 44 ff.

Zum Dekret der katholischen Kirche über den Vegetarismus (S. 51 Randnote)
Bei der Synode von Praga (561) wurde unter anderem folgendes Dekret erlassen: „All priests, who abstained from eating meat, should be obliege to eat vegetables cooked in meat, to avoid all suspicion of the taint of Priscillianism, and if they refused they should be excommunicated." siehe: http://www.newadvent.org/cathen/02729a.htm (Stand: Januar 2013)

Zur biologisch-dynamische Landwirtschaft nach Rudolf Steiner (S. 81)
Sinngemäß zitiert nach Rudolf Steiner, Welche Bedeutung hat die okkulte Entwicklung des Menschen für seine Hüllen und sein Selbst?
GA 145, Rudolf Steiner Verlag, Basel, 2. Vortrag, Den Haag, 21. März 1913, S. 28

Zur Bedeutung der Milch und der Leguminosen bei Rudolf Steiner (S. 91)
Rudolf Steiner, Aus den Inhalten der esoterischen Stunden, GA 266a, Band 1, 1904-1909, Rudolf Steiner Verlag, Basel, 2007, S. 139-140
Weitere Hinweise zu den Leguminosen finden sich bei Rudolf Steiner, Geisteswissenschaftliche Grundlagen zum Gedeihen der Landwirtschaft, GA 327, S. 80

Zur Lehre der drei *gunas* nach der Bhagavad Gita (S. 99 und 127)
Die drei *gunas*, sind nach der Philosophie des Yoga *tamas*, *rajas* und *sattva*. *Tamas* beschreibt das dunkle oder träge, *rajas* das leidenschaftliche und *sattva* das lichte und reine Prinzip. Diese drei Eigenschaften finden sich in unterschiedlichem Mischungsverhältnis in allen Erscheinungen des Lebens, so auch in den Nahrungsmitteln. Milch und Getreide wird beispielsweise dem *sattva*, während das Fleisch oder der Alkohol mehr dem *tamas* zugeschrieben wird, das *rajas*-Prinzip wird besonders durch scharfe Gewürze betont.
Eine tiefgründige Beschreibung zu den *gunas* findet sich bei Sri Aurobindo, Bhagavadgita Kap. 14, Verlag Hinder + Deelmann, Gladenbach, 1988

Zur Heilwirkung der Blattsalate bei Rudolf Steiner (S.119)
Rudolf Steiner, Die Schöpfung der Welt und des Menschen, GA 354, Rudolf Steiner Verlag, Basel, 2000, 6. Vortrag, Über das Verhältnis der Nahrungsmittel zum Menschen – Rohkost und Vegetarismus, S. 105-107

Zur Wirkung der Wurzeln auf das menschliche Bewusstsein bei Rudolf Steiner (S. 123)
Rudolf Steiner, Die Schöpfung der Welt und des Menschen, GA 354, Rudolf Steiner Verlag, Basel, 6. Vortrag, Über das Verhältnis der Nahrungsmittel zum Menschen – Rohkost und Vegetarismus, S. 106

Zur Kieselsäurewirkung von Wurzeln bei Rudolf Steiner (S. 123 Randnote)
Rudolf Steiner, Geisteswissenschaft und Medizin, GA 312, Rudolf Steiner Verlag, Basel, 1999, S. 174

Zur Stoffumwandlung und Vergeistigung der Nahrung bei Rudolf Steiner (S. 124)

Rudolf Steiner, Die okkulte Physiologie, GA 128, Rudolf Steiner Verlag, Basel, 1991, S. 72, S.169 Nahrung und Blut

Zum Begriff der Selbstverwirklichung bei Rudolf Steiner (S. 133)

Rudolf Steiner, Westliche und östliche Weltgegensätzlichkeit, GA 83, Rudolf Steiner Verlag, Basel, 1981, S. 148/149

Zum Wesen der Bienen bei Rudolf Steiner (S.137 Randnote)

Siehe auch: Rudolf Steiner, Mensch und Welt. Das Wirken des Geistes in der Natur. Über das Wesen der Bienen, Rudolf Steiner Verlag, Basel, 1999

Aussagen Rudolf Steiners über die Bedeutung der Honig-Salz-Brote bei Rudolf Hauschka (S.140)

Nähere Hinweise zu Aussagen Rudolf Steiners über das Honig-Salz-Brot finden sich bei Rudolf Hauschka, Ernährungslehre (Erstauflage 1951) im 27. Kapitel, Vittorio Klostermann Verlag, Frankfurt am Main, 1951

Bezugsquelle für Backferment (S. 140 Randnote)

Back Natur, Thomas und Monika Lepold, Freiligrathstr. 18, 61440 Oberursel, www.broterleben.de

Zum Ausschluss des Geistes in der katholischen Kirche (S. 174 Randnote)

Auf dem Konzil zu Konstantinopel 869 wurde unter anderem die Frage nach dem Geist des Menschen verhandelt: „Der Mensch hat «unam animam rationalem et intellectualem», er hat eine Seele, die denkend und geistig ist. Aber über diese Seele hinaus hat er nichts, nichts Geistiges weiter, denn würde man ihm etwas Geistiges zuschreiben, so würde die Bahn frei gewesen sein, sich zu einer neuen Geistigkeit zu entwickeln. – Daher wurde dem dreigliedrigen Menschen nach Leib, Seele und Geist der Geist abgesprochen und seiner Seele nur einzelne geistige Eigenschaften beigelegt. Er habe nicht Leib, Seele und Geist, sondern Leib und Seele, und die Seele habe denkende und geistige Eigenschaften, wäre rationell und intellektuell." siehe: http://www.anthrolexus.de/Topos/7456.html (Stand: Februar 2013)

Zu dem Verhältnis von Atem- und Sinnesprozess nach Rudolf Steiner (S. 175 Randnote)

Zu dem Verhältnis von Atem- und Sinnesprozess siehe auch den Vortrag „Die alte Yoga-Kultur und der neue Yoga-Wille" von Rudolf Steiner in: Die Sendung Michaels, GA 194, Rudolf Steiner Verlag, Basel

Aussagen Rudolf Steiners zur Wirkung von Säuren und Basen auf den Menschen (S.176)

Rudolf Steiner, Geisteswissenschaft und Medizin GA 312, Rudolf Steiner Verlag, Basel, 1999, 12. Vortrag, S. 245

Zum Begriff der Gier, *mahasano*, nach der Bhagavad Gita (S. 179)

Sri Aurobindo, Bhagavadgita, Kapitel III, Vers 37, Verlag Hinder + Deelmann, Gladenbach, 1988

Zum Begriff der Mäßigung bei Aristoteles (S.180 Randnote)

Otfried Höffe, Aristoteles. Die Hauptwerke. Ein Lesebuch. Narr Francke Attempto Verlag, Tübingen, 2009

Literaturempfehlungen

HEINZ GRILL

Ein Neuer Yogawille und seine therapeutische Anwendung bei Ängsten und Depressionen
Ernährung als Grundlage für ein gesundes Bewusstsein
Das Fasten, das Geschmackserleben und die Entwicklung der Sinnesfreude an der Ernährung
Die vegetarische Kost
Das Trinken und seine therapeutische Anwendung
Das Wesensgeheimnis der Seele
Methodisch aufgebautes Schulungsbuch zur Entwicklung einer metaphysischen Schau des Ätherleibes, des Astralleibes sowie zur Gestaltung von Ätheraufbauprozessen
Die geistige Bedeutung des Zitrusbaumes sowie des Lorbeer- und Olivenbaumes
Die Signaturen der Planeten und die seelisch-geistige Entwicklung in der Pädagogik
Schulungsbuch zur Entwicklung von Beziehungs- und Gestaltbildefähigkeiten zwischen Menschen
Kosmos und Mensch
Ein Weg der Selbsterkenntnis und Selbstheilung durch das Studium des Yoga, der Anatomie und Physiologie des Körpers
Erklärung, Prophylaxe, Therapie der Krebskrankheit aus ganzheitlicher, medizinischer und spiritueller Sicht
Alle Titel sind erschienen beim Lammers-Koll-Verlag, Vaihingen/Enz.

RUDOLF STEINER

Ernährung und Bewusstsein
Naturgrundlagen der Ernährung
Vom Geheimnis der Ernährung
Landwirtschaftlicher Kurs, alle Titel beim Rudolf Steiner Verlag, Basel
Der Mensch als Zusammenklang des schaffenden, bildenden und gestaltenden Weltenwortes
Die Welt der Elementarwesen, beide Titel beim Rudolf Steiner Verlag, Basel

UDO RENZENBRINK

Ernährungskunde aus anthroposophischer Erkenntnis, Verlag am Goetheanum, Dornach
Die sieben Getreide, Verlag am Goetheanum, Dornach
Vom Wert der Gewürze, weiterer Autor Gerhard Schmidt-Kennedy, Gesundheit aktiv, anthroposophische Heilkunst e.V., Berlin
Ernährung und Krebs, weitere Autoren Petra Kühne, Hans K. Mittelstraß
Ernährung bei Diabetes,
Diät bei Allergie, alle drei Titel beim Arbeitskreis für Ernährungsforschung, Bad Vilbel
Ernährung unserer Kinder, Verlag Freies Geistesleben, Stuttgart
Ernährung des Schulkindes, Verlag am Goetheanum, Dornach
Ernährung in der zweiten Lebenshälfte, Verlag Freies Geistesleben, Stuttgart

RUDOLF HAUSCHKA

Ernährungslehre, Vittorio Klostermann Verlag, Frankfurt am Main
Substanzlehre, Vittorio Klostermann Verlag, Frankfurt am Main

OTTO WOLFF

Was essen wir eigentlich?, Verlag Freies Geistesleben, Stuttgart
Zucker – die süße Sucht, Gesundheit aktiv anthroposophische Heilkunst e.V., Berlin
Grundlagen einer geisteswissenschaftlich erweiterten Biochemie, Verlag Freies Geistesleben, Stuttgart

GERHARD SCHMIDT

Dynamische Ernährungslehre Band I und II, Proteus Verlag, München

EHRENFRIED PFEIFFER

Ein Leben für den Geist, Ehrenfried Pfeiffer (1899 bis 1961), Perseus Verlag, Basel

ERNST MARTI

Die vier Äther – zu Rudolf Steiners Ätherlehre, Verlag Freies Geistesleben, Stuttgart

Alle hier aufgeführte Bücher sind, insofern sie nicht vergriffen sind, auch über den Stephan Wunderlich Verlag erhältlich.

Bildverzeichnis

FOTOS

ZEICHNUNGEN